U0938815

献 给

峰岳脚下的石阶，我尊敬的恩师张寄涛教授。

作者简介

舒化鲁，著名管理学家，企业规范化管理理论方法体系创建人，山东财经大学研究员。

1956年生于屈原故里湖北省秭归县。中南财经大学硕士研究生毕业，从事企业规范化管理研究近30年。公开发表论文100余篇，完成省部级以上课题6个，公开出版专著13部。

他把源于西方的管理学、心理学、社会学、人类学、价值工程理论与华夏文化精髓相结合，创建了独树一帜的舒氏管理学理论。他在企业管理咨询实践过程中研究管理学理论，在管理学理论研究过程中探索发展企业管理实施的技术方法，由此独创了一套系统完整且行之显效的企业规范化管理理论和技术方法体系。

他所服务过的代表性客户：广西电网、辽宁电力、安徽电力、甘肃电力、丰城电厂、清江水电、中电财、苍梧电业、兖矿集团、汇森煤业、潍百集团、比优特集团、济南二机、环宇集团、长城集团、日泰集团、长天药业、郑州卷烟、包头钢铁、中远散货、（挪）斯考根、天发集团、中信建设、中铁十四局、中建八局、正元化工、济南化纤、冶金研究总院等。

企业规范化管理

系统实施方案

Implementation plan of the normalized management system for company

舒化鲁◎著

决策制定管理

電子工業出版社
Publishing House of Electronics Industry
北京 • BEIJING

内容简介

本书主要探讨决策制定管理规范化的实施思路，内容涉及企业如何积聚现自有、可借用、可发展三种资源，如何积累交易收益、基业稳固、投资回报和社会美誉等四大价值，如何明确其要达成的标准、保证决策制定零失误，如何构建决策问题、责任岗位和决策时间这一企业三维决策框架体系，以及如何强化对应于特定决策问题确定分析方法，从而保证决策质量，实现持续快速发展，将企业做大做强。

图书在版编目(CIP)数据

企业规范化管理系统实施方案·决策制定管理/舒化鲁著. —北京：电子工业出版社，2012.3
ISBN 978-7-121-15238-2

Ⅰ.企… Ⅱ.舒… Ⅲ.企业管理-经营决策 Ⅳ.F270
中国版本图书馆CIP数据核字(2011)第241436号

责任编辑：雷洪勤
印　　刷：北京彩虹伟业印刷有限公司
装　　订：北京彩虹伟业印刷有限公司
出版发行：电子工业出版社
　　　　　北京市海淀区万寿路173信箱　邮编 100036
开　　本：787×1092　1/16　印张：20.5　字数：394千字
印　　次：2012年3月第1次印刷
定　　价：68.00元

凡所购买电子工业出版社图书有缺损问题，请向购买书店调换。若书店售缺，请与本社发行部联系，联系及邮购电话：(010)88254888。

质量投诉请发邮件至zlts@phei.com.cn，盗版侵权举报请发邮件至dbqq@phei.com.cn。

服务热线：(010)88258888。

总 序

一、写给希望成为杰出 CEO 的人

《企业规范化管理系统实施方案》系列丛书，是写给 CEO 的书，更是写给希望成为杰出 CEO 的人阅习的书。CEO 一定不是夫妻店的老板，也不是因为一个偶然的机会发了大财的暴发户。杰出的 CEO，就一定不是仅仅创造了流星般短暂辉煌的 CEO，更不是由国家权力做后盾，依靠行业垄断把企业做大的 CEO。借用《基业长青》作者的话说，杰出的 CEO 不是报晓的雄鸡，而是制造时钟的匠师。“他们主要致力于建立一个组织，一个会滴答走动的时钟，而不只是找对时机，用一种高瞻远瞩的产品构想打进市场，或利用一次优秀产品生命周期的成长曲线；他们并非致力于取得高瞻远瞩领袖的人格特质，而是采取建筑大师的方法，致力于构建高瞻远瞩公司的组织特质；他们努力的最大成果不是实质性地体现一个伟大的构想，不是表现人格的魅力，不是满足个人的自尊或累积个人的财富，他们最大的创造物是公司本身及其代表的一切。”[①]这也就是说，杰出 CEO 只能像临危受命并拯救和创造了通用汽车长久辉煌的前通用汽车总裁斯隆一样，只能像早年成功创业并为日本企业管理确立规则的松下幸之助一样，只能像联想的柳传志、海尔的张瑞敏一样，必须是企业基业长青的缔造者，必须是保证企业基业长青的组织运行规则体系的建构者，必须是领导企业把以资源（包括人才）为载体的资源竞争力转换为以组织运行规则体系为载体的组织竞争力的时钟制造匠师。

CEO 面对的是一个由众人组成的社会经济组织，并且他作为这个组织的代表所面对的仍然是人，或者是由人构成的组织，或者就是自然人。所以，杰出的 CEO 最需要的知识就是有关人的本质特性的理论探索，最需要的技能就是协调融合人际关系的方法。汉高祖刘邦明白的最透彻的道理就是人的行为选择仅仅服从于他自身利益的满足，人最大的技能就是协调、融合与他周围人的人际关系。他正是凭借这两

① 詹姆斯·柯林斯，杰里·I. 波勒斯. 基业长青. 北京：中信出版社，2002. 第 28 页.

点打败了驰骋沙场无敌手的项羽，成为古今中外少有人超越的杰出 CEO。

由此可以说，高效管理的最大奥秘就在于明白：被管理者是一个主体性存在。

阅，就是了解；习，就是实践。希望成为杰出 CEO 的人阅习的书，就一定不是空洞、晦涩、陈腐的理论说教，就一定不是表格、制度的堆砌，更不是 MBA 教程专业方法的连缀，而是企业组织运行管理的理论方法体系，是构建企业长青基业的组织运行规则体系的理论方法体系。没有理论的方法是肤浅的，没有方法的理论是迂腐的。希望成为杰出 CEO 的人想阅而能阅的必须是基于对人的本质特征把握基础上的系统理论，想习而能习的必须是以系统理论为指导的具有可操作性的方法体系。

《企业规范化管理系统实施方案》系列正是立足于这一目标进行的探索，并且作者自信也能达成这一目标。

CEO 是企业的 CEO，所以杰出 CEO 就绝对不是单打独斗的西部牛仔式的英雄，必须有一批与 CEO 紧密配合且能起互补作用的助手——企业高层管理人员，以及一批相互认同且意志统一的操盘手——中层管理人员。这两类人员也是本系列书的目标读者。对应这三类目标读者，本系列书在内容上比较明确地分为三个大的方面：一是理论思路，二是标准要求，三是实施方法。尽管这三类目标读者都需要通读整个系列，但可有所侧重：希望成为杰出 CEO 的人必须重点阅读理论思路部分的内容，只有确立了明确的理论思路，才能把握方向；杰出 CEO 的助手必须重点阅读标准要求部分的内容，只有掌握了具体的标准要求，才能传递 CEO 的智慧，使企业组织具有执行力；杰出 CEO 的操盘手必须重点阅读实施方法部分的内容，只有掌握了系统的实施方法，才能保证操盘不失误、不走弯路。

二、看不见的手与看得见的手

人是一个主体性存在，具有自我意识和自我意志。他所拥有的能保证自身福利的资源，包括内在的体能、知识、才干和外在的物质与关系，都不会轻易假于人。但在漫长的人类社会发展史中，人的这种主体性被压抑在社会奴役关系中。拥有超经济权力的人可以随意将自己的意志强加于人，无偿占有他人的资源。也正是这种奴役关系延缓了人类社会的发展，奴役关系的存在降低了社会成员个人所拥有资源的使用效率。人类从旧石器时代至公元 2000 年，在公元 1750—2000 年的 250 年间，用 0.01% 的时间创造了人类历史总财富的 97%。之所以如此，是因为工业革命带来了以承认个人权利的合法性为基础的市场经济制度的普及，也只有市场经济制度的普及，社会奴役关系才开始有实质意义上的缓解。

承认每一个人所拥有资源不被侵犯的权利，直到市场经济发展成为社会经济中占主导地位的经济联系形式时才得以实现，即个人所拥有的能保证自身福利的资源的权利在市场交换中得到保障。但保障个人权利的市场交换是有成本的，这个成本就是科斯所言的交易成本。这种交易成本的存在把个人的时间和精力浪费在不创造财富的交易过程之中。如何避免这种浪费？在2000多年前的古罗马时期，人类就找到了答案，即通过组建公司，用管理协调代替市场交易。只是在那个时候，社会奴役关系占主导，绝大多数人的主体性地位被社会奴役关系的枷锁扼杀，所以直到工业革命之后，这一问题的答案才发挥作用。并且随着信息技术的发展和普及，信息化社会的到来，社会奴役关系更加缓解之后，公司制度才成为个人社会生活中最重要的内容。据统计，2009年，全球81%的人口的工作机会是由公司提供的，全球90%的经济力量都集中在公司。这一现实揭示了这样一个事实，管理协调已经成为与市场交易同等重要的资源配置方式。所以，美国企业史研究学者钱德勒说过："公司组织这只看得见的手已经取代看不见的手，接管了原先由市场执行的资源配置功能。"（参见中央电视台第二频道大型纪录片《公司的力量》第六集）市场交换和公司组织二者作为一个整体就构成了企业丛林。市场交换就是丛林本身，它起着看不见的手的作用。管理协调就是公司组织本身，没有管理协调就没有公司组织，它起着看得见的手的作用。公司组织也就是构成丛林的大大小小、高高矮矮的树，没有公司组织，就只能有市场交换的草原，不可能有市场交换的丛林。

丛林中的企业通过管理协调实现企业的存在和发展，即达成企业组织内、外部关系协调的有效性。企业组织达成的内、外部关系协调的有效性有多大，企业就能发展到多大，这种关系协调的有效性一旦消失，也就意味着企业死亡。联想成功地收购了IBM计算机业务，这就是联想投资人与IBM投资人、计算机消费者以及联想内部等相互之间多重关系协调的有效性的达成。美国雷曼兄弟公司破产倒闭也仅仅是因为它的投资人、经营者、管理者以及与商务伙伴、服务客户之间关系协调的有效性的丧失。

三、企业丛林的生存之道

所谓管理协调，就是通过公司价值目标的设定、发展战略的构建、措施计划的拟订、个人行为的约束，在公司组织成员（包括投资人、经营者、管理者和劳动者）相互之间达成意志、意识和行为活动的统一协调，以保证每一个成员都把自己所拥有的资源，交由公司统一支配。在这里除了投资人投入的资源，作为公司经营的物质条件或价值化的资金，是独立于主体之外的，其他成员投入的资源都是与主体同在，无法独立于其主体之外的，无论是作为劳动投入的聪明才智或体能技术，还是其所拥有的社会关系，都是如此。公司作为一个整体参与市场交易行为，其风险是以投资人的投资为担保的，因而使管理协调的内容主要集中到了投资人与经营者、管理者和劳动者之间，即如何让经营者、管理者和劳动者都最大限度地根据公司发展的需要把其所拥有的以主体人为载体的资源都贡献出来。管理协调所花费的管理费用也主要是花在对这一问题上的投入。寻找投资、达成合作则仅仅是公司成立的过程以及公司增容投资的过程。但投资人与经营者、管理者和劳动者之间的关系，并不是一个简单的两两之间的交换关系，而是相互交错、纠结在一起的社会、政治、经济、文化关系的综合。要达成这些所有关系协调的有效性，其管理费用必然会随着公司规模的增大而增加，因为这种关系的复杂程度会以公司规模增加的几何级倍数增加，这就使公司的规模被限定在管理费用低于交易成本这一范围之内。而随着社会化生产的发展，规模经济的限制越来越大。如果公司规模不能满足社会化生产发展的需要，公司的生产经营本身就只能是无效或低效的。

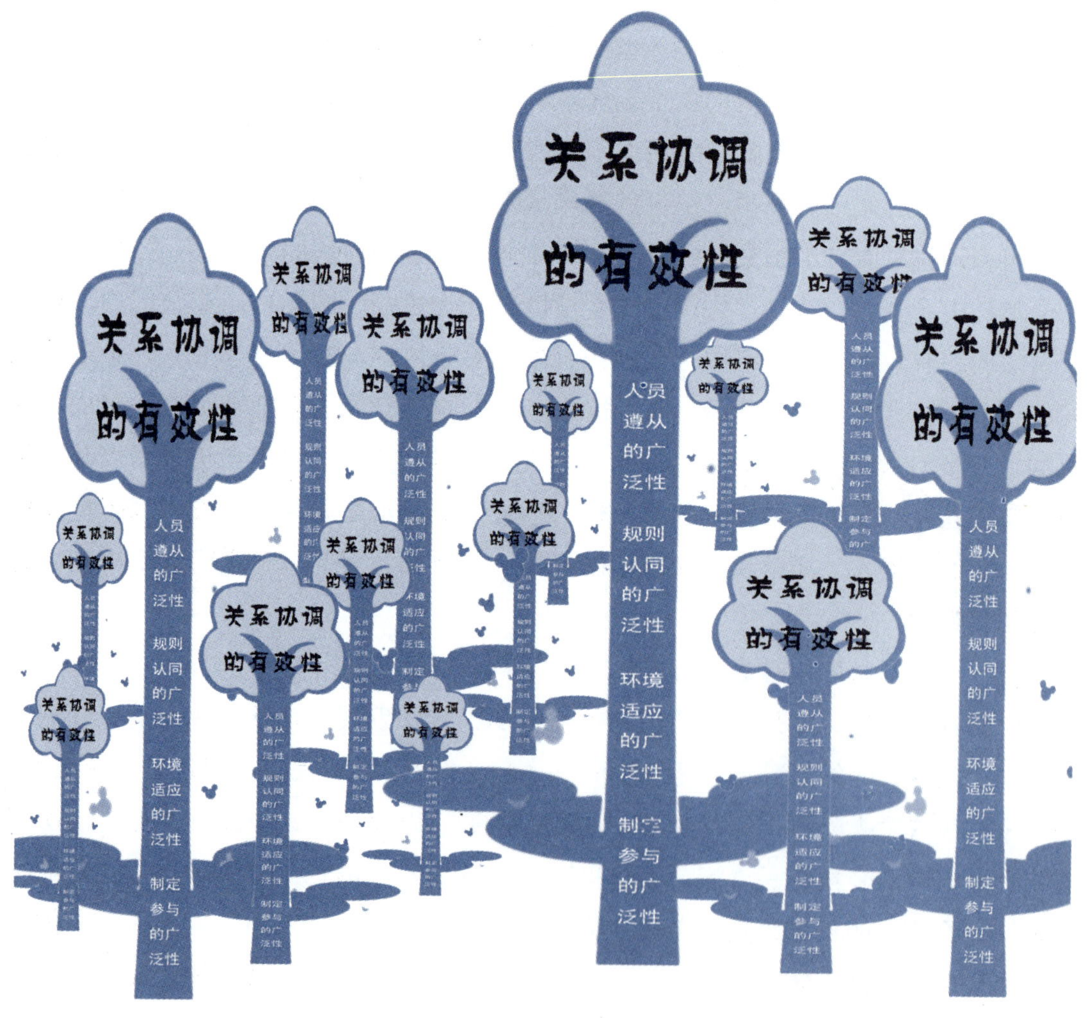

企业丛林

并不是在所有的情况下，管理协调所花费的管理费用一定小于市场交易投入的交易成本。这就是科斯交易成本理论所讨论的公司产生的原因，当管理费用低于交易成本时，公司才能产生和存在。

关系协调的有效性包括两个方面的内容：一是从协调的范围分析，所协调的关系对象必须充分广泛，即所协调的投资人、经营者、管理者和劳动者在量上足够大，能适应社会化大生产的需要。二是从协调的质量分析，达成的遵从程度必须充分高，至少能保证公司成员的绝大多数都服从公司所确定的价值目标、发展战略、措施计划、组织约束。公司的价值目标、发展战略、措施计划、组织约束等也都是对人的意志行为的一种约定。由此不难理解，关系协调的有效性越高，公司的意志行为约定就贯彻执行得越全面彻底，公司的发展也就越快越稳定。在此，关系协调的有效性也就直接表现为对公司的价值目标、发展战略、措施计划、组织约束的人员遵从的广泛性，即让广泛的人员（投资人、经营者、管理者和劳动者）全面地遵从公司价值目标、发展战略、措施计划、组织约束的约定。

如何才能实现人员遵从的广泛性呢？其途径有三条：一是等级权力管控，二是规则约束协调，三是前两条途径的组合。第三条途径从性质内容上分析又可归入前两条途径，所不同的仅仅是它们各自所占比重的大小不同。

所谓等级权力管控，就是以权威为基础，在公司内部有一个拥有至高无上权力的人，他的意志也就是公司的意志，他提出的行为要求也就是公司的行为要求，没有人敢违抗，也没有人能违抗。当这个公司规模大得他两眼不能普照时，就只能由他一级一级地委任意志代言人，进行等级控制。这就像4000多年前埃及法老胡佛修建他的陵墓——胡佛金字塔一样，把4000人的庞大施工队伍按照工程四边分成四个二级负责人，每一个二级负责人再以此下分，直到每个施工作业班组达十人为止。这就像所建金字塔一样，形成了多级的等级权力结构。在此，管理协调就通过这种等级权力结构达成了目的。在这个等级权力管控结构中，任何一个下级对于上级都只能无条件地服从。

但这一形式的管控协调存在三个无法突破的限制。

一是权威人士的健康和生命限制。再权威的人都不可能因为权威而永远健康，长命百岁。建立在权威基础上的等级权力管控如果发生了权威人士死亡或健康问题，这一结构的秩序也就不存在了，关系协调的有效性也就没有了。

二是权威形成的限制。权威不是自封的，他必须有超人的见识或建树，而这种超人的见识或建树，往往还得由时间检验。一个权威人士的退位，无法保证有另一个权威及时替补上来，否则关系协调的有效性也就中断了。

三是权威人士不可能全知全能。斯隆曾经说过："在独裁者的公司，一个机构是不能发展成为成功的组织的。如果独裁者知道所有问题的所有答案，那么独裁制度是最有效的管理方式。但没有一个独裁者能做到这一点，将来也没有人能做到。"（参见中央电视台第二频道大型纪录片《公司的力量》第六集）

规则约束协调的规则包括两大要求：一是公司的价值目标、发展战略、措施计划、组织约束内容的必要性、合理性和不容违背性；二是公司的价值目标、发展战略、措施计划、组织约束形成程序的合情、合理、合法性。达成人员遵从广泛性的规则约束必须以规则认同的广泛性为条件：不仅公司组织内部成员大多数，甚至全部都认定规则约束的必要性、合理性和不容违背性，而且与公司发展相关的资源拥有人也都认定规则约束的必要性、合理性和不容违背性。只有公司发展利益关联主体的大多数，包括内部的和外部的，都对规则约束的内容和形成程序的认同，规则才具有权威性，也才能被自觉遵从，并形成相互监督的机制，以保证每一个利益关联主体都遵从，不发生违背的事件。在此，规则约束协调，也就通过规则权威性的获得而达成了人员遵从的广泛性。

很显然，规则认同的广泛性又直接是以环境适应的广泛性为前提的。如果其规则不具有环境适应的广泛性，也就是规则内容的必要性、合理性和不容违背性没有被广泛的认同，或者是规则形成程序的合情、合理、合法性没有得到广泛的认同。这也就是说，环境适应的广泛性必须以规则制定参与的广泛性为前提。所谓规则制定参与的广泛性，也就是让与公司发展相关的所有利益关联主体都参与到规则的制定过程中来，一方面集思广益，以保证环境适应的广泛性；另一方面又通过相互妥协达成意志意识的统一协调。

在企业的丛林里，有的企业百年长青，之所以能长成参天大树而仍然枝繁叶茂，是因为它有以规则制定参与的广泛性支持的环境适应的广泛性，进而获得了规则认同的广泛性，又由规则认同的广泛性支撑人员遵从的广泛性，进而获得了关系协调的有效性，即使得公司发展壮大和强盛。相反，有的企业仅仅因为偶尔的不确定的外部原因给它带来了在企业丛林中冒尖出头的机会，得到了阳光雨露，获得了短暂的枝叶茂盛后就叶落根败，落红成了无情物，化作春泥护他花，是因为它们或者是建立在个人权威基础之上，因为权威的限制而无法延续繁荣，或者是其支撑企业发展大树的树干中规则制定参与的广泛性、环境适应的广泛性、规则认同的广泛性、人员遵从的广泛性四段中的一段或几段没有达成而脆折所致。

四、企业丛林繁荣之路的探索

如何达成规则制定参与的广泛性、环境适应的广泛性、规则认同的广泛性、人员遵从的广泛性呢？这也就是探索企业在丛林中的繁荣之路的问题。这一问题的解，就是本系列丛书所讨论阐述的全部内容。

企业规范化管理，是通过一套公开透明、上下认同、系统完整、行之有效的游戏规则实现的，目标严格指向企业价值增值和积累的管理。“目标严格指向企业价值增值和积累”，强调管理实施目的是达成关系协调的有效性，能在充分整合内部资源的基础上整合充分多的外部资源以实现企业的发展；“通过游戏规则实现”，强调管理实施不是通过建立在能人权威基础上的等级权力管控达成公司内部管理协调的目的，而是通过规则约束达成公司内部管理协调；“行之有效”，强调所确定的规则具有充分的合情、合理、合法性，以及建立在这种合情、合理、合法性基础上的不可违背性；“系统完整”，强调规则是成体系的，不是支离破碎的要求，是环境适应的广泛性要求的达成；“上下认同”，强调这套规则体系是在规则制定参与的广泛性基础上实现的，具有形成程序上的合情、合理、合法性；“公开透明”，强调这套规则体系是相对稳定的，不是任何一个凌驾于公司发展要求之上的特权人物可“暗箱操作”、随意删改的。

所以，企业规范化管理实施的过程，也就是规则制定参与的广泛性、环境适应的广泛性、规则认同的广泛性、人员遵从的广泛性，以及关系协调的有效性实现的过程。

《企业规范化管理系统实施方案》的体系结构直接建立在把企业组织作为一个有机系统分析的基础之上。从系统的角度分析，企业组织是由目标体系、组织结构、岗位员工、运行流程和企业文化等五部分构成的有机体。目标体系是这个有机体的血液养分，组织结构是这个有机体的骨骼骨架，岗位员工是这个有机体的细胞组织，运行流程是这个有机体的神经血管，企业文化是这个有机体的基因密码。《企业规范化管理系统实施方案》整个系列分为六个相对独立的部分，每一部分独立成书，并且都有其理论思路、标准要求、实施方法的探索讨论。在这五个有机构成部分之前有一个基本理论思路的清理探索，即《企业规范化管理系统实施方案·理论思路清理》，回答的是为什么需要规范化管理及如何整体实施规范化管理的问题。目标体系是决策制定的结果，其所管理协调的是决策制定问题，所以有《企业规范化管理系统实施方案·决策制定管理》，其所回答的问题是如何避免企业决策制定失误，如何提升决策质量，以最大限度地保障企业持续、快速发展。另外四个部分依次为：《企业规范化管理系统实施方案·组织架构管理》，回答的是企业组织架构怎样才能铁骨铮铮，保障企业组织执行力，提升组织竞争力的问题；《企业规范化管理系统实施方案·岗位员工管理》，回答的是如何才能让每一个岗位员工有能力素质、有意志意愿、有热情耐心，以保证完满地履行所赋予职责的问题；《企业规范化管理系统实施方案·运行流程管理》，回答的是如何才能保证每一个岗位员工都做正确的事、正确地做事、负责地做事的问题；《企业规范化管理系统实施方案·文化建设管理》，回答的是如何进行企业文化建设管理，以实现企业组织基因的改造，全面构建出能保证企业发展持续快速，基业长青的强势企业文化的问题。

《企业规范化管理系统实施方案》系列书的研究探索，吸纳并整合了源于西方的MBA课程的专业化研究成果，但超越了MBA课程专业相互独立的局限，填平了专业分割所划分的鸿沟。其研究探索的是紧紧盯住企业整体和企业发展过程中进行的，不仅看清了企业组织有机体的手、臂、脚、腿、身躯，而且是在完整的企业组织有机体基础上对企业组织运行的规律和过程进行的研究。所以，它可直接为公司CEO提供经营管控的完整框架和思路、方法。各类MBA，如果想快速满足合格乃至杰出CEO的知识技能要求，必须补上《企业规范化管理系统实施方案》这一课，即使只想做CEO的助手或操盘手，也必须补上这一课。盲人摸象式的企业管理知识和技能，即使不葬送企业的发展，也难以保障企业的发展。不能起到保障企业发展作用的CEO助手或操盘手，也是不合格的CEO助手或操盘手。

当然，《企业规范化管理系统实施方案》系列丛书还仅仅是一个开创性的探索。为丰富完善这一探索，笔者主持创建了内容丰富、体系完整的信息交流平台——“中国企业规范化管理网”（网址为：www. hwaaaaa. com，或者 www. hwaaaaa. net），旨在为专家、学者以及各类MBA交流批评、补充意见提供方便。并且笔者也殷切希望有更多的专家、学者及各类MBA加入这一研究探索中来，提出批评，进行补充，以丰富完善本系列丛书所确立的理论方法体系。

舒化鲁

2011年11月

本书内容概要

企业组织是由目标体系、组织结构、岗位员工、运行流程和企业文化五个部分构成的有机整体。这五个部分紧密联系、相互渗透、相生相克。企业管理规范化的实施，必须对应这五个部分。目标体系是企业组织的旗帜，是企业发展的血液养分，因此必须首先实现规范化管理。目标体系是由企业组织各个层次的决策结果构成的，所以目标体系管理规范化，也就是决策制定管理规范化。

本书首先分析探索了决策制定管理规范化的实施思路。决策制定的目的就是保证企业持续稳定发展，而发展的途径仅有两条：资源积聚式发展和价值积累式发展。资源积聚式发展，这就是做大。如何积聚资源，这是决策制定者必须理清的问题。资源有现自有、可借用、可发展三种存在形态，其积聚主要是通过借力、营势、合心来实现，其关键是创造和积累具有资源整合作用的支点资源，也只有支点资源的创造和积累才能实现企业经营资源的快速积聚，把企业做大。价值积累式发展，这就是做强。企业如果没有交易收益、基业稳固、投资回报和社会美誉等企业发展四大价值的均衡增值和积累，企业也就只能成规模地增长，其持续快速发展则是不可能的。

决策制定管理规范化的实施，明确其要达成的标准是前提。本书从导致决策失误的五个因素入手，分析探索了保证决策制定零失误的措施标准和五个原则要求，并讨论探索了决策问题、责任岗位和决策时间这一企业三维决策框架体系的构建方法。决策就是配置资源，所以重点讨论分析了严格企业经营资源核算管理的标准要求。同时还讨论分析了决策分析方法选择管理和严格决策制定程序管理的标准要求，以及企业十类决策制定管理的标准要求。

保证决策质量的关键是决策制定方法的选择，强化对应于特定决策问题确定分析方法，就成了决策制定管理规范化的核心内容。本书不仅分析介绍了决策制定管理的思想方法和目标决策与措施决策的相对性原理、决策选择的自由度原理，而且在分析波特价值链分析模型局限的基础上，重点分析介绍了企业经营决策分析方法——价值关联关系分析模型，同时分析介绍了波特行业市场结构分析模型。另外还分析介绍了行业选择、产品选择、市场推进、内部挖潜、人事管理等企业组织运行中的几类重大决策的制定方法。

目　录

第一篇　决策制定管理规范化实施的思路

第二篇 决策制定管理规范化的标准

第三篇 决策制定管理规范化实施方法

第一篇

决策制定管理规范化实施的思路

决策制定的目的就是保证企业持续稳定发展，而发展的途径不外乎以下两条：

一是资源积聚式发展，这就是做大。如何积聚资源，这是决策制定者必须理清的问题。资源有现自有、可借用、可发展三种存在形态，其积聚主要是通过借力、营势、合心来实现，其关键是创造和积累具有资源整合作用的支点资源，也只有支点资源的创造和积累才能实现企业经营资源的快速积聚，把企业做大。

二是价值积累式发展，这就是做强。企业如果没有交易收益、基业稳固、投资回报和社会美誉等企业发展四大价值的均衡增值和积累，企业也就只能成规模地增长，其持续快速发展则是不可能的。

第一章

保证决策制定零失误必须有的观念

在企业经营过程中，任何形式的受挫陷困，都与决策失误脱不开干系。可以说，低质量决策是企业市场竞争的最大软肋。决策要有竞争力，一个重要前提是准确把握企业所面临的内部组织和外部环境的实际情况。而要做到这一点，群策群力是关键。

如果企业老板耍弄聪明，在决策制定上搞一言堂，不听取下属有益的意见，甚至不允许下属发表意见，就难免会使下属失去参与决策的积极性，决策制定零失误就无从谈起。相反地，把决策权分给下属，将其引入决策制定过程，则可以大大增加决策的科学性，提高决策质量。

一、低质量决策是企业市场竞争的最大软肋

一个企业有无核心竞争力，《企业规范化管理系统实施方案·理论思路清理》一书已作了分析，主要体现为十大方面，而首要的则是决策竞争力。

在企业组织运行的过程中，任何形式的受挫陷困，都是决策失误的结果。如果决策质量不高，决策处于当与不当之间，尽管没有像明显的失误那样，给企业组织运行带来挫折和危机，但也会降低企业的市场竞争力。

田径运动场上，无论是长跑运动还是短跑运动的比赛，谁都不愿多走半米的弯路。因为任何一点弯路，都得付出代价。企业决策低质量，也就是因为行为活动的方向把握有误，使企业组织运行走了弯路。田径运动场

上的比赛，任何一点弯路都会使参赛者降低夺冠的可能。在市场竞争中，企业决策的任何低质量所导致的弯路，也都会直接降低企业的市场竞争力，尽管它并没有严重到让企业陷入危机的地步。很多企业成长速度慢，久久长不大，但也没有死掉，就是因它的决策没有发生重大失误，但也没有抓住外部市场机会所致。有好多百年老店，经过上百年时间的发展，仍然还只是一个规模不大的店，就是由此造成的。

虾、螃蟹是人们口中的美味，也是好多动物口中的美味。可它们既没有能飞的翅膀，也没有强壮有力的爪牙，并且运动的速度也不快。虾有虾径，蟹有蟹路，它们在残酷的动物世界中，能找到自己的活路，就在于它们各自的路径不同。

作为一个企业，可能资源积聚得不充分，没有特别的优势，面对激烈的市场竞争，生存问题很严重。但这些都不是企业发展走弯路，没有竞争力的理由。蟹有蟹路，找到了自己最好的行动途径，才能活下来。虾有虾径，虾就不可能与蟹走同样的道路，否则它也就不可能存活下来了。

一个企业的实际情况如何，并不是最重要的。重要的是准确地判断企业组织内部实际，以及所要面对的外部环境实际。把握住了这两个实际，作出了恰当的判断和决策，企业也就可以从小到大，突破种种艰难险阻，实现稳定发展。如果对这两个实际把握不准，把握有误，决策也就难免失当，与之相伴随的也就只能是企业的陷困，乃至倒闭死亡。

张瑞敏于1984年年底到海尔的前身——那个生产铁葫芦的小厂，资金没有，人才没有，技术没有，设备没有，员工的积极性也没有，有的就是净欠147万元的债务。还有比这更糟糕的企业实际吗？如果有，这个企业也就不存在了，最多只是一具进了火葬场还没有焚烧的尸体。但张瑞敏把握住了上述两个实际，作出了恰当的判断和决策。在管理上从“禁止在车间大小便，禁止偷拿企业财物”开始，它不仅生存下来了，而且从极其困难的境地走向了持久的辉煌。

一个企业无论大小，无论所处的行业如何，只要把握住了内部组织实际和外部环境实际，也就可以获得它所应该有的生存空间和发展空间。

一个企业有无决策竞争力，其关键就在于在把握住企业面对的这两个实际的基础上，从外部环境变化中寻找到机会，抓住机会。甚至是站在长远发展的高度，作出预测判断，不仅抓住现有机会，而且为将要来临的机会做好准备。

这就是张瑞敏开始到海尔时所做的工作。他用最大的努力，争取到了冰箱项目，这其中就包含张瑞敏对中国社会经济发展的预测判断。

当时的中国家庭，能买得起冰箱的太少，用得起冰箱的更少。当时全国城镇职工平均工资每月不到40元钱，全国农村农民月平均收入不到10元钱，而一台冰箱售价低的也在2400元以上。可张瑞敏竭尽全力上了这个当时一般人并不看好的项目，海尔也正是靠这个项目步入辉煌的。

虾有虾径，蟹有蟹路。企业有了决策竞争力，也就能准确地找到自己的发展出路和发展空间。

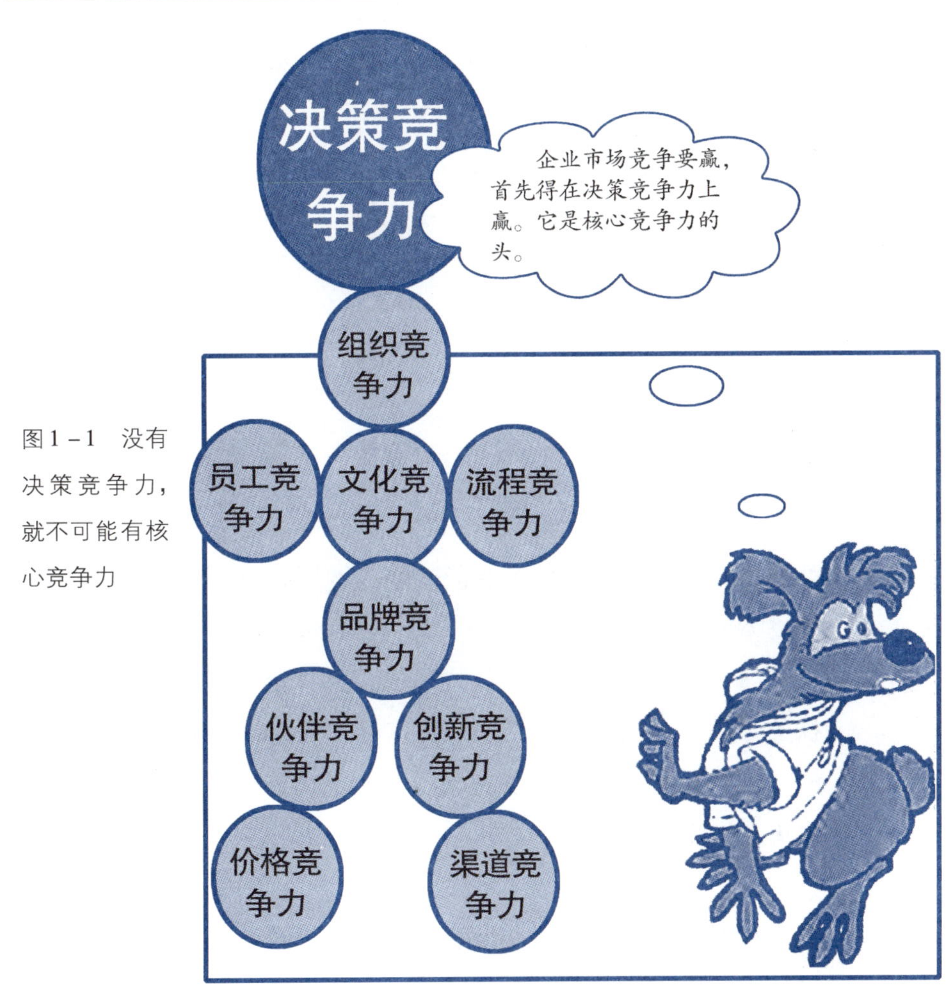

图1－1 没有决策竞争力，就不可能有核心竞争力

二、企业陷困失败都是决策失误造的孽

有与决策失误无关的失败企业吗?

对于这个问题，很多人可能做出肯定的回答。但这种肯定回答肯定是错误的。任何一个企业失败走上破产倒闭之路，都是决策失误导致的结果。

山东三株集团曾经是一个发展得非常红火、非常辉煌的企业，1996 年销售收入达到 80 亿元，成为保健品行业无人能与之抗衡的龙头老大。可仅仅隔了一年，在 1998 年它就沉重地倒下了。

三株集团的老板吴炳新，就不认为三株集团的失败与其决策有关。我们经常听到的仅仅是他的抱怨:“是社会对我的不公。”

导致三株集团走向失败的，仅仅是因为湖南常德一个老船工死亡的投诉案。这个老船工作为三株的客户，他的死，与三株产品的质量没有任何关系。所以，三株集团的老板吴炳新总是觉得是社会对他的不公，抛弃了他。

真是如此吗？非也。

老船工的死，仅仅是一个导火索。撇开这一点不论，一个客户的投诉就直接导致一个成规模企业极速陷入困境并且倒下，这本身就包含一系列的决策失误。

(1) 这个老船工的家属之所以把其死因归诸三株的产品质量，这与三株的产品广告决策有关，是三株产品广告有误导倾向。

(2) 问题出现后，没有人及时出面协调解决。这说明公司在客户管理决策上发生了失误。

(3) 客户提起了法律诉讼，公司没有积极地应对。他们以为与己无关，客户已气愤地要搬石头砸天了，可他们仍然是泰然处之。这是一种明显的决策失误。

(4) 初审败诉后，三株不是积极地从减少社会负面影响着手做工作，而是把工作重点放在诉讼的申诉上。这又是一大失误。在任何时候，在任何情况下，企业与客户之间都不是一种法律关系。客户选择你的产品，并不是存心来与你打官司的。因而诉讼无论是获胜还是失败，都是企业经营

的失败。

(5) 多家媒体对三株输了官司的事实作了报道之后，公司没有采取积极的措施，以诚心来消除客户的疑虑，而仅仅想用最后的诉讼结果说话。这又是一个决策失误。

正是这一系列的决策失误，才使三株这个在保健行业稳固地拥有领头羊地位的企业，从此一蹶不振。

可能会有人认为三株的失败是客户关系管理的失败。抛开这种判断的片面性不言，客户关系管理本身也是由一系列的决策活动构成的。客户关系管理会失败，也就是客户管理决策的失败。

可能三株的老板心中还有些不服。他会认为这些就算是决策失误，也不是他的失误，而是下属员工的失误，是下面相关部门工作不力，责任不清。即使是如此，这仍然是他的决策失误。部门机构的设置是由他批准的，人员的选择也是他认同的。即使都是下面的决策失误，也是他组织架构决策的失误和人员选择的失误。

决策问题包含着企业组织运行的每一个环节和每一个人的活动，任何一个环节或活动的受挫也都是决策失误的结果。无论这种决策失误发生在哪个层次上，都与企业的最高层紧密相关。下面的决策失误，只不过是上面决策失误的一种延伸和体现。

三、高处不胜寒，亢龙有悔

“亢龙有悔”是《周易·乾卦》上九的断辞。

什么是亢龙有悔？孔子说是“贵而无位，高而无民，贤人在下位而无辅，是以动而有悔也”。(《周易·系辞上》)

这也是现实中企业决策质量不高的一个普遍原因。很多企业老板自以为是，取得了一定的成功之后，就把自己摆在了一个至高无上的位置。甚至自我造神，自己对自己进行神化，自以为无所不能，无所不知。

其结果是员工都不再关心企业的决策问题，而仅仅做老板和高层主管的驯服工具。他们对于老板和高层主管的决策判断，不加分析，也不加思考，怎么说怎么听，怎么指令怎么行动。

上司不爱听下属的意见，也不习惯听下属的意见。高层主管和老板失去了下属员工的决策参与，也就失去了决策制定上的信息补充和决策贯彻上的积极支持。企业老板一人独尊，自己把自己陷于一种高处不胜寒的境地。下属员工即使不把自己摆在对面看笑话，也不会关心相关决策。反正如果企业折腾垮了，更大的损失是老板的。所以，企业老板也就处于一种动辄得咎的境地。

这就像西楚霸王项羽一样，独打天下，独占天下，有一个忠心不贰的亚父范增，也被他赶走了，最后终于演了一出令人扼腕叹息的悲剧——与虞姬惜别，自刎于乌江。

这就是亢龙有悔。

处于这种状态的企业，是不可能有决策竞争力的。决策要有竞争力，一个重要前提是准确地把握企业所面临的内部组织实际和外部环境实际。企业老板处于一人独尊的地位，要保证这个前提也就不可能了。成了孤家寡人，也就与周围环境中断了信息沟通的渠道，也就不可能准确地把握这两个实际。没有对这两个实际的把握，也就不可能有适当的决策可言。

史玉柱曾在巨人大厦上走麦城，难道是他的下属都是傻瓜，傻得连半句有价值的建议都提不出来了吗？不是，是史玉柱当时已处于亢龙有悔的地位，少有人为他的巨人集团的未来思考。

图1-2 亢龙有悔

“你史玉柱4000元钱打天下，5年就创造出巨人发展的奇迹，成神了。我们这些小鬼还为你瞎操什么心？把巨人集团折腾垮了，更多的损失，得由你史玉柱自己背着。”这大概是他的下属员工们的普遍想法。

四、决策失误都是老板的责任

说决策失误就是老板的责任，很多企业老板肯定不服气：“不授权，会有人指责我独断专行，搞集权。我授权下属决策，决策发生了失误，账又要算到我头上。还有比这更冤的事吗？”

一个企业发生决策失误，无论是不是因为授权让下属决策发生失误，应该说都是企业老板的决策失误。

不授权，该下面做的事，现场负责人无法根据现场环境实际做出反馈，这是老板决策的失误。授出了权力，下属决策失误，也仍然是老板的决策失误。可以说，是老板授权不当，用人不当，是其授权决策和用人决策的失误。

在一个企业组织中，企业的决策呈多层次的宝塔状结构。处于塔顶的是老板，是企业最高领导人。下面任何一个层次上的决策，都是老板决策的扩展和延伸。所以，在这个多层的塔状结构中，无论哪一个层次的决策发生失误，也都与企业老板紧密相关，想赖也没有可赖的对象。

可以说，企业组织的运行就像一串佛珠。作为企业最高领导人的老板，不仅要参与到决策制定中来，而且要手持佛珠。拿着佛珠就要念经，就要捏摸和揉数这串佛珠。捏摸和揉数这串佛珠就是对整个企业组织运行实施决策控制，也就是对企业每一个层次的每一个决策进行控制。但这种控制并不是让企业老板事事都亲力亲为，参与其中，而是要在企业组织内部构建一种健全有力的机制。然后通过这种机制的作用来保证企业组织的每一个人都只作正确的决策，不作低质量的决策，都在准确地把握企业内部组织实际和外部环境实际的基础上，及时有效地对外部环境变化做出反应。

机制的构建，是企业老板的职责。这一职责必须由企业老板完成，企业老板也必须完成。如果老板没有完满地履行这一职责，以致下面发生任何形式的决策失误导致企业发展陷困，其责任就都该由老板背着。如果老板文过饰非，推卸责任，那他的企业组织就永远也不可能有决策竞争力。

在现实中，很多企业老板，把更多的精力投入到体事务的管理过程中，包括制定非常具体的细小的决策，没有精力完善企业组织高效运行所必须有的游戏规则，没有精力健全企业组织高效运行所必须有的机制。这本身就是一种决策失误，是老板时间管理上的决策失误，没有把自己的时间和精力投入该投入的地方。

诸葛亮事事亲力亲为，累死在岗位上。连简单的公文收发也要自己动手，这完全是自讨苦吃。这有可能是他不可为而又不得不为之的事，为殉职在戎旅中以获得一个鞠躬尽瘁的美名而作出的选择吧。而当代中国企业的老板，可没有不可为而又不得不为之的事。如果因为操劳过度而致早亡，那完全是自己的决策失误了。

2004 年 11 月 7 日，均瑶集团董事长王均瑶，因患肠癌医治无效，在上海逝世，年仅 38 岁。浙江 001 电子集团董事长项青松在接受媒体采访时说，王均瑶的死是因为劳累过度。并说劳累过度是他们这一代企业老板的共性，白手起家，每天工作 18 个小时，身体健康被严重透支。

2001 年 7 月 31 日下午，青岛啤酒集团有限公司总经理彭作义，开了一天会，为缓解疲惫与几位同事相约到青岛海水浴场游泳。不料在水中突发脑溢血，经抢救无效而英年早逝。

2003 年，中国台湾英业达集团副董事长温世仁因脑中风突然去世，也尚处壮年。

2004 年 4 月，54 岁的爱立信（中国）有限公司总裁杨迈在跑步机上心脏骤停，突然辞世。

……

在商场上，他们叱咤风云，是纵横捭阖的英雄。他们没有输给竞争对手，却输在自己的决策制定管理上。

在企业家中间流行着一个顺口溜：“吃得好，营养少；喝酒多，吃饭少；赔笑多，欢乐少；住店多，回家少。”这不能简单地归结为社会原因，从主观原因分析，决策不当是一个重要原因。衫衫集团董事长郑永刚每年出国休假几个月，甚至半年，衫衫集团照样高效运行。

决策失误是老板的事，如果老板因劳累而死，也是自己不善于决策所致。

五、让各级主管为决策制定零失误承担一点责任

决策是一种权力，任何人都希望得到这种权力。

正是因为它是一种权力，企业老板才死死抓住不放。也正是因为企业老板死死抓住，把下属员工排斥在决策过程之外，使下属员工都成了对企业组织运行隔岸观火的路人。

要保证企业具有决策竞争力，就必须把这种决策权力分散给每一个员工。与权力相对应的还有责任，所以，把决策权力分散给员工，并不是一种施舍，而是通过把下属员工引入决策制定过程，使之无法再把自己置之度外。参与了决策的制定，也就必须为决策的实施效果承担责任。

这在把决策权力分散给员工的同时，也把责任分摊给了员工。让每一个员工都为决策的制定和贯彻承担责任，决策的失误也就容易避免了，决策的质量也就容易提升了。在此最关键的是，在企业组织内部形成一套完整的游戏规则，构成一种强健的机制，把每一个员工拉入决策制定过程之中来。

这就是保证员工人人参与决策，人人拥有决策的权力，人人努力保证决策的质量，人人对决策的贯彻效果负责。达到了这一目的，企业也就自然而然有了决策竞争力。

所以，任何一个成规模的企业，要保证决策不失误，仅仅有老板一个人的聪明才智，是远远不够的。必须把决策权力和决策责任分摊给每一个员工。千斤重担大家挑，千斤重担也就变得不再重得压死人了。

一个企业的辉煌，要靠团队的力量，要靠团队的智慧来创造。这个道理即使在美国这个个人英雄主义价值观念盛行的国度，也得到了广泛的认同。100 多年来，美国通用电气公司一直迈步在辉煌的大道上，从没有陷入过严重的困境与危机。其原因就是他们重视团队智慧和团队力量的发挥。

美国的达夫·尤里奇、史蒂夫·克尔、罗恩·阿什克纳斯三人合写了一本书，英文名称为 *GE work - out*，中文被翻译为《通用电气“群策群力”》。这个翻译抓住了要领。这本书对团队的力量和团队的智慧在通用电

气公司发展中的作用，以及如何发挥团队的力量和团队的智慧，作了全面的分析。

尽管“群策群力”这个概念是韦尔奇执掌通用电气之后提出来的，但这个思路并不是他的新发明，而是通用电气本来就有这样一种传统。韦尔奇的“群策群力”概念，仅仅是对这种传统的一种发扬和光大。通用电气公司保持了100多年发展不衰退的记录，也直接与这种传统相关。不仅如此，几乎所有基业长青的企业都重视团队力量和团队智慧的发挥，通用汽车公司、家庭用品公司、西尔斯公司，等等，都是如此。

“群策群力”所强调的一个重点就是，在用好下属员工双手的同时，用好下属员工的大脑，把下属员工的聪明才智，都直接变为企业发展的现实。这也就是把各级员工都引入企业发展的决策过程之中来，让每一个员工都站在企业组织整体的角度思考问题，进行判断。甚至让基层员工也通过轮值担任管理岗位角色进行演练思考，让下属员工在学会从全局思考问题的同时，把他们的聪明才智直接变为企业发展的好思路、好点子，以推动企业的发展。

在中国文化中，有一种与个人英雄主义和集体主义都不同的价值观念，它重点强调的是彼此之间的关系。但这种关系在企业组织内部也就变成了团队成员的相互关系。应该说这更具有发挥团队力量和团队智慧的社会文化基础。可我们国家的一些企业老板和高层主管却在企业组织运行的过程中，习惯于自己的个人英雄主义，否定下属员工的价值，把下属员工纯粹当做个人英雄行为的附庸，排斥下属员工对企业决策过程的参与。这往往不仅无益于开发下属员工的聪明才智，而且还会引起下属员工内心的不满。

中国文化的核心价值观念是彼此之间的相互关系，用曾仕强教授的话讲，是交互主义。它强调的是彼此彼此，你对我如何，我就对你如何。“你敬我一尺，我敬你一丈。”“你做得初一，我就做得十五。”

如果企业老板对下属员工不信任，不充分尊重其价值，把下属员工排斥在决策过程之外，下属员工不会傻得连老板对自己的不重视、不尊重也感觉不到。只要下属员工感觉到老板对自己的不重视、不尊重，他内心的不满也就不言而喻了，进而也就不免产生离心离德的倾向。

图1－3　保证决策制定零失误有道

作者曾服务过一家欧洲的跨国公司。它进入中国十年，下属子公司和分公司达16家，可没有获得一分钱的利润，其原因也就在此。它的前几任大中华区总经理都是独断专行，轻视中国员工——无论职位高低。而中国员工却不甘做“蠢才”，他们对总经理们的独断专行决策，仅仅从表面上给予支持配合，态度看似积极，暗地里却层层设障作梗，使很多很容易办成的事都迟迟难以办成，甚至最终受挫失败。

在以个人英雄主义为核心价值的美国文化中，企业老板的个人英雄主义，不排斥下属员工的个人英雄主义，下属员工的价值还能得到尊重，也有机会实现。但在中国的这种只有老板一人的个人英雄主义企业中，下属员工的价值有时是得不到认同的。这不仅会使下属员工的聪明才智难以发挥出来，而且会因为下属员工感到不被重视、不被尊重而在企业老板的决策制定过程和决策贯彻过程中使坏，进而在降低企业决策竞争力的同时，也降低了企业的执行力。

这对于决策竞争力的提升是致命的障碍，对于核心竞争力的打造更是致命的障碍。

欧美人，尤其是德国人，他们不一样，他们被置于下属的位置，就会发自内心地服从，有不同意见可能与上司争论。争论完了，他照样会诚恳地服从上司的选择。而中国人则不同，他表面上不与上司争论，反而会非常谦逊，对上司恭维有加，甚至以驯服无比的形象出现，但内心的不满却会以很极端的方式表达，这就让上司的选择成为最失败的决策。

这不是中国人卑鄙，而是中国人更看重自身价值的实现，不允许他人蔑视自身价值的存在。

谁要蔑视中国人的价值，中国人表面可能不会与其为敌，但他会让其为这种蔑视行为付出巨大的代价。

中国的企业，以及在中国国土上经营的企业，要提升企业的决策竞争力及执行力，群策群力也是其企业的决策制定管理必需的选择。

六、老板不是越精明越好：人至察则无谋

要保证企业的决策竞争力，提高决策的质量，集思广益、群策群力是关键。如果老板过于精明，甚至把这种精明不断地用于对下属员工善意意见的反驳和批评上，下属员工也就不免会失去参与决策的积极性，不再发表自己的意见，致使企业决策仅仅成为企业老板的一言堂。

这就危险了。企业决策制定管理出现这种局面，也就是企业老板“亢龙有悔”了。

要发挥下属员工的聪明才智，企业老板不糊涂，也得装出几分糊涂才行。可这却不是任何人都能做到的，谁都怕被别人当成傻瓜。所以，郑板桥才说：“难得糊涂。”

糊涂是指人不明事理。但难得糊涂却是一种人生境界。郑板桥的“难得糊涂”，实际上是他人生智慧的总结。

难得糊涂，是人屡经世事沧桑之后的成熟和从容。这种糊涂与不明事理的真糊涂不同，它体现的是人大彻大悟之后的一种宁静的心态，一种大智若愚的胸怀，一种旷若幽谷的修养。

“糊涂”在激发下属员工的积极性和创造性上，具有不可取代的作用。

上司保留了“几分糊涂”，也就为下属的聪明才智的发挥提供了几分余地和空间。项羽是因为太聪明才成为孤家寡人，最后导致自刎于乌江的悲惨结局。刘邦正是因为有“几分糊涂”，萧何、张良、韩信、陈平等人才有了广阔的舞台。

即使自己智力超群，远远超出下属员工一大截，也必须保留“几分糊涂”。在决策制定过程中，下属员工所提出的意见即使存在偏颇，也要装作不明白，按照下属员工的思路提出问题，引导下属员工进行自我思考，让他们自己修正自己的意见，找出正确的答案。这样既能让下属员工的价值得到充分的实现，又能保证他们的意志选择与企业发展的目标一致。

这种难得糊涂，对于下属员工来说，就是为他们提供一个发挥作用、实现自我价值的机会。下属员工不仅会因为有这种机会而毫无保留地发表自己的意见，开动脑筋思考问题，而且还会因此而增强对于企业组织的忠诚度和归属感，企业的凝聚力也会因此而得到提升。

相反地，企业老板和上司，如果当众揭出下属员工意见的偏颇，使下属员工失去了面子，这也就是在企业组织内部树立了一个潜在的敌人。

中国人很看重面子，让下属员工没有面子，下属员工的心也就不会再与老板贴在一起了。

第二章

强化决策制定管理的思路

企业决策发生失误，绝对避免是不可能的，尤其是决策信息不充分而不得不作如同赌博一样的决策时。决策失误，决策质量不高，往往与决策制定管理缺失有直接关系。

强化决策制定管理，关键措施有六个：清除决策制定管理的七个偏颇；对未来及早作出安排；真正重视决策信息收集；广泛听取不同意见；避免自我造神；学会从错处发掘机会。

要强调的是，决策作出之后，如果失当，就应立即采取补救措施，以减少损失。相反地，自怨自艾，逃避现实，不能面对已有决策的失误，也就不免错上加错，陷入更严重的决策失误。

一、清除决策制定管理的七个偏颇

在决策制定管理上，有如下七个偏颇需要清除：

1. 过分相信自我的判断

只相信自己的判断而不相信别人的判断，这是企业老板普遍存在的一个问题。对于任何一个人，如果把权力放给他，责任也加给他，他都会尽力作出恰当的判断。只要不是异己分子，不是竞争对手派来卧底的，任何一个下属员工都不会故意作出对企业发展不利的决策。

过分强调自己判断的正确性，也就否定了别人参与决策的必要性。这样，在中国这个强调人际关系交互主义文化的国度里，就会导致人与人之间关系的紧张，在降低决策竞争力的同时，也会降低企业组织的执行力。

因而，企业老板也就必须有一个宽阔的胸怀，尊重每一个下属员工的价值。

如果你认为他不值得尊重，不值得信任，那你就应该把他从这个企业组织赶走。不尊重、不信任他，而又把他留在这个企业组织内，这才是真正的养虎为患。任何一个人都不是傻瓜，都会察觉到你对他的真实态度。当对方察觉到你对他不尊重和不信任时，那么你也就在企业组织内部造就了一个异己，把对方逼到或公开或暗地里与你作对的地步。这是企业管理过程中的重大失误。

2. 忽视决策信息的收集

决策就是选择，就是一种优化选择。不占有充分的信息，凭空设想，拍脑袋决策，这倒是节省了决策的制定成本，但这却往往会带来巨大的决策失误成本。

相比决策失误成本，决策制定成本也就微不足道了。十分之一，百分之一？还不止。可能是千分之一，万分之一，甚至更少。

因小失大，这是真正的得不偿失啊！

3. 没有最佳决策时间的概念

决策就是辨别机会，并为抓住机会付出努力。而任何一个机会都是有时间限制的。机不可失，时不再来。对于企业组织运行过程中的常规性决策问题，也就必须避免重要而不紧急的问题，因被拖延而变成重要而紧急的问题之后，再来应对处理。这样也就不可避免地会因忙而致乱，因乱而降低决策的质量。

可我们很多企业的老板，都没有最佳决策时间的概念。他们终日忙忙碌碌，紧张万分，往往却忙的不是地方，决策的最佳时机也因此而错过了。如此怎能不降低决策的质量？

4. 轻视决策分析方法的作用

要在把握企业内部和外部实际的基础上抓住外部环境实际变化带来的机会，最根本的一点，就是要在企业发展所寻求的目标与这种实际之间建立稳定而真实的联系。这也就是选用恰当的决策分析方法，以辨识机会，发掘机会。

抛硬币进行决策，这也是一种决策方法，但它却无法在企业发展所寻求的目标与企业所处的内部组织实际与外部环境实际之间建立任何稳定和真实的联系。

如果没有科学的决策分析方法，决策也就成了想当然的拍脑门活动。这种决策，质量高了才会怪！

5. 缺少一个完整的决策体系

前面已分析过，企业组织运行过程就是一串佛珠。每一个决策就是一颗佛珠。而只有把不同的决策串起来，才能准确地把握不同决策相互之间的联系。这既是把握企业实际的需要，也是提升企业决策质量的需要。

如果没有一个完整的决策体系，就像佛珠串散开扔在地上一样，彼此之间失去了联系，决策的失误也就成了理所当然的事。没有完整的决策体系，决策制定人就难以发现不同决策之间的关系及这种关系的性质。按照不同的组织层次，授权分散决策，顾此失彼，发生失误也就不可避免了。

在这种情况下，企业怎么可能有高质量的决策？怎么可能有决策竞争力？

6. 漠视员工参与决策的作用

任何一个员工都是一个主体性存在，都有自己的意识和意志，也都有善意的欲望满足的需求。

排斥员工对决策制定过程的参与，也就是剥夺下属员工善意的欲望满足的权力。在这种情况下，不仅会使企业决策发生“智者千虑，难免一失”的后果，而且即使正确决策，也不免在贯彻过程中受到下属员工的抵制，而使一个好的决策变成一个低质量的决策。

7. 把决策制定过程神秘化

很多企业制定决策，无论有无必要，都弄得神秘兮兮的。

这倒使决策制定过程参与人获得了自我价值的满足。但相对未参与进来的人，则留下了不被尊重、不被信任的感觉。更有甚者，有的企业在作决策时还会搞一些庄严的仪式，以增加决策制定的神秘性。

决策的质量，是靠科学的决策分析方法和集思广益的广泛参与来保障的，而决策制定过程的神秘化，却只会让人们忽视科学的决策分析方法的选择，排斥下属员工对决策制定过程的参与。

二、对未来要及早作出安排

“未晚先投宿，鸡鸣早看天。”这是一句古训，它告诫我们做事要有预见性，要及早作打算，对未来要及早作出安排。

有一点中国历史修养的人，对于“爱鹤失众”这个成语故事肯定都不会陌生。这个故事发生在春秋时期的卫国。

卫国国君卫懿公特别喜欢鹤。什么朝政国事，卫懿公都不放在心上，一心倾注于鹤。鹤这鸟也确实乖巧，它“八风舞遥翮，九野弄清音。一摧云间志，为君苑中禽”。

卫懿公对鹤的喜爱也达到了荒唐痴迷的地步。他给鹤封官，给鹤俸禄，甚至还专门给鹤造了大车，出游时让鹤乘坐在大车里与他相伴，并称之为“鹤将军”。为了养鹤，保证养鹤的费用，还专门增加了赋税，强行向老百姓摊派养鹤负担。

卫懿公全神倾注于鹤，地方上闹灾荒，百姓忍饥挨冻，甚至饿殍横卧，他也不赈恤，甚至为养鹤增加的赋税也照样强收。

公元前659年，北狄部落攻打邢国，走到半路，发现有齐国救援，感到没有获胜把握。正在扫兴时，得知卫国国君卫懿公爱鹤荒废了朝政，国家孱弱不堪。他们感到是天赐良机，马上改变主意，挥师攻卫。

北狄大兵压境，卫懿公慌忙整军备战。可将士们却不愿为卫懿公卖命。他们气愤地说：“既然有鹤将军，那就让鹤将军去打仗吧！要我们这些老百姓干什么！”

卫懿公没有办法，诚恳地召来几个有些影响力的臣子，把军队集合起来了。他也是好话说尽，激励措施发布了一大堆。可士气仍然低落，没有人愿为他效力。

卫懿公亲自出征，希望能鼓舞一下士气。但临时抱佛脚，没有作用。和狄人在荥泽一接战，就全军瓦解。无论是士兵还是将官都离他而去，有几分忠诚的，都战死沙场。最后他自己也被狄人所围，剁成肉泥。

这就是忽视“未晚先投宿，鸡鸣早看天”的下场。

相对一个企业而言，“未晚先投宿，鸡鸣早看天”，就是要重视对企业未来发展的规划，为企业的未来发展作出恰当的安排，以避免火烧眉毛时再临时抱佛脚。

企业发展的机会，对每一个企业都是公平的，但任何机会也仅仅是相对于为这种机会做好了准备的企业，才成其为机会。所以企业只有近谋远谋结合，重视远谋，事事早作打算，件件长作规划，才能抓住更多的机会。也只有这样的企业才有决策竞争力。

否则，一个机会砸到你头上，砸痛了你也没有反应。相对于能抓住这种机会的企业，你也就只能成为市场竞争角斗场上的垫背人。

造轿车是多少中国企业老板的梦，成功地圆了这个梦的是李书福。

1986 年 11 月 6 日，李书福以冰箱配件为起点开始了吉利创业的历程。

1994 年 6 月，中国第一辆豪华型踏板式摩托车诞生。

1997 年，吉利进军汽车产业。

1998 年 8 月 8 日，第一辆吉利汽车在浙江省临海市下线。

2001 年，JL6360、HQ6360、MR6370、MR7130 四款车登上国家经贸委发布的中国汽车生产企业产品公告，使吉利成为中国首家获得轿车生产资格的民营企业。

2003 年 4 月，吉利第 10 万辆轿车在宁波基地下线。

2005 年 9 月 12 日，第 61 届德国法兰克福车展上，吉利轿车向世界各国参观者亮相，实现了近百年来中国轿车自主品牌参加世界顶级车展的历史性突破。

2003 年吉利汽车产销 8.5 万辆，2004 年产销 9.7 万辆，2005 年产销 15 万辆。其产品不仅远销亚、非、拉发展中国家，而且进入欧美发达国家市场。

2006 年 4 月 4 日，在中国汽车工业企业前 30 名中，吉利列第 17 位。

李书福为何能成功地圆汽车梦？因他“未晚先投宿，鸡鸣早看天”。

还在国家严格限制民营企业发展汽车的时候，他就开始做汽车梦，并把这个梦连续做了十多年之久。并且他以自己的学识判断，限制民营企业发展汽车的禁令一定会解除。不是汽车工业在中国发展的机遇砸着了他，而是他孜孜以求地把这个机会创造出来了。

三、真正重视决策信息收集

据 2004 年 12 月 21 日的《国防知识报》介绍：在朝鲜战争前夕，美国兰德公司组织大批专家对当时的朝鲜及国际形势进行了全面的分析。在全面分析了所收集到的信息情报的基础上，该公司得出了一个重要的结论。这个结论应该说对美国在朝鲜战场上的战略决策是至关重要的。

当时，兰德公司想以200万美元的价格把研究报告转让给五角大楼。但美国军界高层对兰德的报告不屑一顾。以他们的判断，中国刚经历了8年抗日战争和3年解放战争，国力贫乏，军队需要长期休整，没有出兵朝鲜的可能。然而，战争发展的结局却刚刚相反。

美国朝鲜战争失败后，五角大楼为了全面检讨在朝鲜战争中的决策失误，还是花了200万美元买下兰德那份已经过时的研究报告。打开装文件的匣子，发现结论只有一句话，这就是：中国将出兵朝鲜。

美国军界自以为是，看不起外部智囊的作用，结果在朝鲜战场上付出了惨重的代价。它给美国纳税人造成的损失，不知要高出多少个200万美元，是2000万美元、20000万美元、200000万美元，可能都不止。

在企业组织运行的现实中，收集信息是要投入费用的。但在这种信息收集上的投入与所避免的损失（避免的损失也就是收益）或收益相比，往往不是一个等量级的数量，不能同日而语。这是任何一个想谋求持续快速发展的企业必须高度关注的问题。

不能事后再犯傻，别说“当初我知道这一点就好了”，“早拿200万美元买来这句话就好了”，世界上哪有后悔药出售！

问题是很多老板太迷信自己的灵感和直觉，不重视决策信息的收集和整理。但是，有些企业经营决策，仅仅凭灵感和直觉制定，却也实现了企业的一定发展。即使这样也不要自我神化，这仅仅是一种偶然。

一只老鼠在计算机键盘上蹦跶，打出大英百科全书，可不可能？也有可能。只不过这种可能变为现实的概率太小，小得可以忽略不计。

抛硬币，100次，1000次都花面向上，可不可能？完全可能。但花面向上、向下具有同样的概率。即使1000次都花面向上了，也不能保证第1001次仍然花面向上。

你拍脑门，凭灵感和直觉决策，就和这抛硬币花面向上的可能性一样，10次对了，100次也对了，却不能保证你第101次、102次、103次……都是对的。建立在这种概率基础上的过去的成功，并不能论证你这种决策方法的有效性，更不能保证你将来继续成功。过去你拍脑门，凭灵感和直觉决策没有失误，也不能成为你坚持这种决策方法的根据。更重要的是，你这种决策方法还会让企业组织中的其他活动主体感到担忧。

任何一个心理正常的女人，都不会选择一个赌徒托付自己的终身。任何一个心理正常的员工，也都不会把自己的未来和希望拴到一个如赌徒一样的老板身上。

不仅如此，而且还应避免其他有决策权的主管，超越于决策信息收集论证基础上的决策制定。尤其是要警惕“三拍”主管。

在企业组织运行的现实中，往往有一种开始显得极其积极，遇到问题却逃避责任的主管。这种主管的典型形象是“三拍”：

（1）决策制定拍脑袋。不作理性思考，不作方案论证，不作预算规划，一味想当然。

（2）决策贯彻拍胸脯。对决策贯彻工作的难度和要克服的障碍，不进行理性的分析，往往用拍胸脯说大话来取代科学的计划。

（3）贯彻受挫拍屁股。当他所负责的工作出现重大问题，蒙受挫折，感到无法交代时，就以拍屁股走人了结。

这种“三拍”主管，对于任何一家企业都是有害的，必须高度警惕。拍脑袋是无知，拍胸脯是无智，拍屁股是不负责。这种“三拍”主管，也就是“三无”主管。他在拍屁股走人之前，总是会给人以温顺听话、积极性高的印象。这只是一种假象，但这种假象往往会迷惑人。

图1－4　没有后悔药可吃

四、广泛听取不同意见

《增广贤文》中有一句刻画趋炎附势的话，叫“有钱道真语，无钱语不真”。现可改为“有势道真语，无势语多谬”。趋炎附势可以说是人所共有的弱点。这并不是人的本性怎么卑劣无耻，而是人所寻求的利益会让他放弃必须有的道德人格。

在企业决策制定管理中，这种人所共有的弱点也不可避免地会发挥作用，而它对于企业的发展也往往会带来危机性的后果。

一些企业在进行决策时，主管往往总是会向一些有后台、有权势的人讨教，主动向他们寻求决策意见，甚至唯命是从，唯言是听。但在很多情况下，有后台、有权势的人，往往总是自视高人一等，不虚心学习，不收集信息，不作全面思考。他们的意见相对于企业决策而言，不仅没有帮助，而且还会有误导作用。

相反地，相对于一般人员，即使他有好的见解，因为人微言轻，也往往难以得到重视。可人微言轻的人，如果慎重地提出一个建议，却一定是深思熟虑、反复思考的结论。即使有偏颇，也是他在偏颇的这个方面作了详尽的思考。这种意见即使不当，也具有一定的警示作用。

因此，企业老板如果不从这种“有势道真语，无势语多谬”的心理误区中摆脱出来，企业也就不可能有决策竞争力的提升。

秦始皇嬴政统一六国之后，苛税暴政弄得民不聊生。陈胜、吴广义旗一举，各地响应。楚国大将项燕的后裔项梁和项羽举起义旗，并且成为最有实力的一支力量。

项羽进入咸阳后，已不再有其他力量可以与他抗衡。他暗杀了义帝楚怀王，自封西楚霸王。

在项羽准备退出咸阳，东归故里彭城即现在的徐州时，有一个姓韩的谋士对他说：“关中阻山带河，有四塞之固，土地肥沃，可以建都称霸，长保江山。”

项羽回答道：“富贵不归故乡，如穿锦衣夜行，有谁知道？”

韩生退出后叹气说：“人说楚人沐猴而冠，果然如此！”

项羽听闻后将韩生下油锅烹杀了。

这除了项羽自身境界不高之外，也是因为韩生人微言轻，项羽看不起他，而把一个非常中肯的建议当做儿语拒绝了。

项羽回到彭城，称霸三年时间，没有过多少安稳日子，大都是在战乱中奔波，最后也输于刘邦，自刎而死。

这相对于企业的决策制定管理，也是极具警示意义的案例。迷信“有势道真语，无势语多谬”，最终可能会付出惨重的代价。

五、避免自我造神

骗子不只是欺骗他人，往往也可能欺骗自己。一个企业老板，当他在事业上发展顺利，有所成就，或者做出了远比他人更为出色的成绩时，他往往就会飘飘然起来，自以为是超人一等的神，把自己的思想观念和想法，自我上升为神的旨意。他再也听不进他人的意见了，对于与自己相左的意见，更多的是不屑一顾。即使发现与自己不同的意见，有确定不疑的根据，他也仍然会迷信自我，否定对方，使自己落入自我欺骗的陷阱。

在企业发展的过程中，如果有了这样的企业老板，企业的决策竞争力也就不可能高了。天津大邱庄的禹作敏就是一个典型。

禹作敏是大邱庄的“庄主”。提起天津市静海县的大邱庄，可能是无人不知，无人不晓。20 世纪 80 年代，它是中国红得发紫的“首富村”，媒体报道称为“华夏第一村”。

大邱庄就是在禹作敏的带领下，由一个极为贫困的小村，发展成为中国第一个亿元村的，它创造了中国农村经济发展的神话。

大邱庄位于天津西南方向，离市区只有 60 多公里。村旁是著名诗人郭小川的名作《团泊洼的秋天》所描绘的团泊洼。它静谧美丽、云烟缥缈，犹如少女。但此前这个团泊洼并没有给大邱庄人带来多少福祉，相反还长期流传着形容大邱庄贫穷的谚语：“宁吃三年糠，有女不嫁大邱庄。”

改革开放后，大邱庄在禹作敏的带领下，避开土地盐碱贫瘠的劣势，进军工业，办起了钢铁厂。从 20 世纪 80 年代中期开始，大邱庄的钢铁企业迅速扩张，一个企业繁衍成几个，带钢、线材、管材生产线一条接一条地运转起来了，并形成了支撑大邱庄集体经济的四大企业集团：津美、万全、津海和尧舜。

依靠钢铁工业，大邱庄摘掉了祖祖辈辈的“穷帽子”，一跃成为全国首富村。据统计，从1987年开始，大邱庄的产值、税金和人均收入等多项指标在全国村级单位中名列榜首，并连续保持了5年。1991年，大邱庄实现产值18亿元，公共积累达到4.8亿元。农民住上了现代化的别墅或楼房，人均住房面积达到40多平方米，一部分家庭还有了自己的小轿车。

禹作敏成了神。人们说，大邱庄没有法律，只有禹作敏的“指示”，大邱庄就靠着这种“指示”运转着。

禹作敏看到大邱庄不断发生的“劳资纠纷”中所掩盖的潜在社会矛盾，多次以文件的形式上报天津市公安局，要求扩大大邱庄派出所的编制。这个要求被否决后，他采取建立经济警察和扩大保安人员的办法，仅经济警察就达100人之众。他把“效忠”于他的人汇集起来，编为他的“御林军”。

1992年11月，大邱庄华大集团公司总经理李凤政病死在会议桌上，终年45岁。李凤政是被禹作敏称为“鬼头鬼脑，谁都不怕，就怕我”的“能人”。他当过大队会计，总公司党委副书记，能说会算，也有魄力。

李凤政死后，禹作敏发现公司有3亿多元的债务说不清。其中，有2亿元是银行的，还有1亿元是外欠的应付账款。

禹作敏主持召开公司中层以上干部会议，宣布撤销华大公司，将其所属的企业划归万全、津海、津美、尧舜四个公司，同时撤销华大集团9名副总经理的职务，并开始审讯调查。

大邱庄总公司会议室成了他私设的公堂。这里准备有警棍、皮鞭等刑讯器材，有录音、录像设备，凡是被怀疑的对象，都被带到这里，在禹作敏的主持下，进行审讯。他们先后对原华大公司一大批管理人员进行了审讯。

禹作敏不仅亲自主持审讯，并且首先动手打人，别的参与审讯的人员马上效法。审讯室变成了地狱。被带进来审讯的人，只有按照他们的要求，“承认”了自己的问题，才能逃离这个地狱。

在审讯中，外来人员，26岁的养殖场业务员危福合被怀疑上了。他被带到三楼会议室交代问题。危福合说自己没有问题，打手们扒光了他的上衣，用电警棍击，用三角带皮鞭抽。一批人打累了，再换另一批继续。这场审讯持续了7个小时，先后有18人参加了对危福合的殴打。到晚上10点危福合停止了呻吟，被送到医院抢救无效死亡。

打死人后，禹作敏指示制造假象，并计划让4个打手潜逃以应对司法机关的追究。在禹作敏的庇护下，4名案犯在大邱庄藏匿长达70多天。

公安局抓人，他不让进村。1993年2月，天津市公安局发出了《通缉令》，并组织警力，前往大邱庄执行搜捕任务。考虑到大邱庄内部情况复杂，并有未收缴的枪支弹药和自制武器，公安局派出了400名干警以备不测事件。

大邱庄村民在禹作敏的鼓动下，进入了"战时状态"。一批批工人在全村各处集结、警戒、巡逻，守住各个路口；成吨的罗纹钢被截成一根根一米多长的铁棍，发给工人作为武器；汽车、拖拉机、马车、装满汽油的油罐车堵住路口构成路障。大邱庄内，实行"戒严"，来往人员要接受搜查。

禹作敏召开全村大会，公开煽动说："市里在大邱庄不同方位布置了1000多人的部队，还带有小钢炮、催泪弹、警犬，要到村里搜查。我怀疑这不是来破案的。"

并一再煽动不明真相的群众，要"保卫"总公司、"保卫"大邱庄，"对非法行动要寸步不让"！并且宣布：全村员工放假一个月，工资照发。

依禹作敏的阅历，他能不知道自己在做什么吗？可他自以为是神了，把他治下的一个村子，当成了可由他任意行事的独立王国。

他犯下了窝藏罪、妨害公务罪等多项罪行。1993年8月27日，禹作敏被判处有期徒刑20年，晚年就只能独对高墙了。

禹作敏的自我造神，使自己头脑发晕了，作出了再荒唐不过的决策，自己身陷囹圄，同时也拖了大邱庄发展的后腿。

1992年，禹作敏错误地估计了形势，开建"百亿工业园"。禹作敏出事后，为使一些项目继续维持，不得不继续投入资金，到1995年，大邱庄借款、贷款及承兑汇票加总，负债额高达50亿元，工业企业综合负债率达到100%。大邱庄经济一路下滑，到1997年，有一半企业已处于停产和半停产状态。

即使禹作敏没有刑事犯罪，大邱庄的发展也不可能维持经久的辉煌。企业领导人一自我造神，企业经营决策中枢发热高烧，不成为神志不清的疯子，也会中风成为傻子，这种企业怎么可能有决策竞争力？

图1－5 公司垮掉了我负责

六、学会从错处发掘机会

企业决策发生失误，绝对避免是不可能的，尤其是决策信息不充分而不得不作如同赌博一样的决策时。所以，在制定决策之前必须慎重对待，以确保决策不失误。当作出决策之后，如果失当，就只能从失当的角度思考问题，采取补救措施，以减少损失。或者将错就错，从错处发掘机会。这才是走出失误困境的有效途径。相反地，自怨自艾，逃避现实，不能面对已有决策的失误，也就不免错上加错，陷入更严重的决策失误。

刘邦自幼就想干一番大事业。成年后，他当上了沛县的泗水亭长，负责一亭之内的治安和道路管理。

秦始皇统一六国，建立起强大的秦王朝之后，在全国征发70多万劳工开始在骊山为自己营造陵墓。服役的人不堪重负，有的被折磨致死，有的则选择了逃亡。

一次，刘邦奉命押解一批劳工去骊山，途中不断有人逃亡。刘邦知道如此下去，到不了骊山，自己所押解的劳工就可能逃光了。按秦朝律令，他会被处死。

他没有追悔，“我该把他们管紧一点儿的”。更没有自怨自艾，而是从失误的现实中寻找出路。到了丰西的泽中亭，他一不做，二不休，干脆将所剩劳工全部开释放走，并对他们说：“你们都逃命去吧！我从此也开始逃命去了！”

劳工们感激涕零，有的人自去逃命，另有十几个勇士不愿意弃刘邦而逃，跟从刘邦，向南逃到芒山和砀山一带，在那里秘密居住下来。

刘邦这一行动使他的名声渐大，不少备受贪官污吏压榨、破产流亡的贫苦农民，都前来投奔他。奠定他四百年汉王朝的最早一支队伍，就是在这种“押解劳工失误”的现实面前聚集起来的。

如果刘邦埋怨所解押的劳工不听话，甚至加大对他们的惩罚，那么不仅逃避不了秦朝苛法的治罪，而且还可能因此激化与劳工之间的矛盾，被劳工们杀掉。

树自无枝叶，莫怨太阳偏。机遇只能从不得不面对的现实中去寻找。

“严于律己，宽以待人。”这是一句古训，同时也是中华民族的传统美德。企业老板，是否修炼成了这一美德，对于提升企业的决策竞争力也至关重要。

俗话说，胜败乃兵家常事。有胜就有败，有赢就有输。在决策信息相对缺少的情况下，制定决策本身就是一种赌博。要赌博就有输的风险，而这种赌博在企业组织运行的不同层次、不同阶段也都会发生。

有的企业老板因为缺少这一美德，只允许自己赌输，不允许别人赌输。自己决策失误，赌输了，甚至造成极其重大的损失，都当做交学费而自我宽慰。而对于下属因为决策信息不充分而导致的失误，则耿耿于怀。如此这般，下属员工谁还敢承担决策责任，谁还敢参与决策，甚至连哪怕有九成把握的好意见和好思路，也不敢拿出来与大家分享了。因而企业整体决策的失误率平白地加大了几倍，企业决策竞争力也降低了。

企业老板自己决策失误是交学费，下属决策失误也是交学费。避免和减少决策失误的关键是建立一种约束机制，让下属员工负责任地决策。能让每一个下属员工都有一个积极的态度，对决策的结果负责任，这才是保证决策质量的有效措施。相反地，如果不能以宽阔的胸怀对待下属的决策失误，下属员工处处从逃避责任的角度思考问题，不愿意贡献自己的聪明才智，企业也就必然陷入决策低质量的困境。

第三章

资源积聚式发展的资源

决策制定不是企业老板个人的赌博游戏，它关系到企业的生存和发展，必须以企业持续、稳定、高速发展为目标。所以，要实现决策制定管理规范化，就必须首先理清企业发展的思路，实际上也就是理清决策制定的思路。

企业如何才能发展？这是企业经营管理者必须回答的问题。可是，很多企业组织的老板和高层管理人员都没有理清企业发展的思路，甚至在企业遭受了一而再、再而三的挫折后，仍在盲目摸索、四处碰壁，却始终未能“碰”出这一问题的清晰答案来。

企业发展与以下 7 个问题有关：①企业发展应该如何定义？②资源积聚式发展要积累哪些资源？③企业发展要积聚的资源有哪些存在形态？④如何才能实现资源积聚式发展？⑤怎样才能从外部整合到资源，企业靠什么整合资源？⑥价值积累式发展的价值具体内容是什么？⑦如何实现四大价值的增值和积累？准确回答了这些问题，企业发展思路也就理清了。

要清楚地认识到，企业规范化管理不是企业经营的目的，企业不能为了规范化管理而规范化管理。规范化管理仅仅是为企业发展服务的，其目的是为了推动和促进企业的发展，尤其是推动和保障企业的持续稳定发展。

那么，企业发展应该如何定义，又如何来实现呢？一是资源积聚式发展，二是价值积累式发展。本章要讲的就是资源积聚式发展，它强调通过资源积聚实现规模扩张，从而实现企业发展。那么，企业要积累哪些资源，才能实现发展呢？概括起来，可分为五类，即资本资源、人力资源、市场资源、社会资源和信息资源。

一、资本资源积聚

资本资源是企业投资人通过投资形成的企业资产。这种资源不是指企业所直接拥有的净资产的多少，而是包括所能调动、运用的资产，即通过多种形式的商务合作获得的对其他社会主体所拥有资产的直接或间接支配、使用权。资本资源，就其存在形式分析，包括固定资产、商品资产、有价证券和货币资产。具体分析如下。

1. 固定资产

固定资产是企业所拥有的资产中难以进行空间变换或者空间变换要追加相当投入的资产。其内容包括厂房、设备、土地等。

2. 商品资产

商品资产是比较容易变现的实物资产，包括原材料、产成品、在产品。

3. 有价证券

有价证券是企业所拥有的在证券市场上可以自由流通的股票、债券、国债、期权，以及未到期的应收账款等。

4. 货币资产

货币资产是以银行存款、现金储备和到期并一定能即刻收回的应收账款的形式存在的企业资产。在这种资产中不能包括已到期但已成为呆账、死账的应收账款。

二、人力资源积聚

企业的发展仅仅有资本资源是不够的，人力资源是其发展的一个重要限制条件。这是不言而喻的。并且，企业所拥有的人力资源状况本身还可能成为吸纳外部资金、增加资本资源的一个至关重要的影响因素。当一个企业经营不善时，就不会有人向他提供信贷资金的支持，更不会有人愿意向它投资入股。但若改换了经营领导人，并且新的领导人带来了一个有所作为的团队，银行和投资人就会重新燃起对这个企业的希望和兴趣，从而使之不仅增加可借用的外部资本资源的规模和数量，而且可能直接带来新投资的注入，增加企业净资产。人力资源直接具有通过对企业经营能力的提升来实现企业资本资源规模增长的作用。不仅如此，企业的任何投资最终都必须由具体的人来付诸实施，无论多么好的项目，仅仅有投资能力，而没有人来具体承担投资项目的实施，仍然是毫无意义的项目。所以，联想在决策过程中强调的三句话——不赚钱的事不做，赚钱但没有资金支持的事不做，赚钱也有资金支持但没有人来做的事不做——就成了其作决策的三原则。

从这个意义上讲，人力资源的总量和质量，就直接而严格地制约着企业决策的制定。

人力资源的规模不仅在于所拥有人员的数量，而且与所拥有人员素质的高低，以及不同类、不同层次人才的搭配合理与否直接相关。也就是说，直接影响企业决策的，是经营决策、组织管理、技术开发、市场开拓这四类关键人才的拥有量和水平的高低，以及他们之间的比例关系。这四类关键人才的总量及其相互协调的程度，也就构成了企业人力资源的规模和质量。

1. 经营人才

经营人才是具有经营决策能力并能承担企业整体运作的一种人力资源。它可分为两个小类：一是高级经营人才。它是指具有企业整体运作的能力，并对企业内外变化反应敏感而且思路开阔，有战略眼光，能独立经营一个成规模的法人实体的人才。二是一般经营人才。它是指具有一些企业整体运作的知识和经验，并能及时发现企业内外的变化，有一定的思路和战略眼光，能在他人指导下经营一个成规模的法人实体的人才。

2. 管理人才

管理人才是具有组织管理能力并能承担企业项目或单位、部门运作的一种人力资源。它也可分为两个小类：一是高级管理人才，是指能独立承担一个项目或单位、部门组织管理的人才，是一般管理人才，是指只有在他人的带领下才能承担项目或单位、部门组织管理的人才。

3. 市场人才

市场人才是掌握市场运作技巧技能、具有市场开拓能力、能高效地把企业产品推向市场、让客户认同并接受的一种人力资源，也可分为两个小类：一是高级市场人才，是指具有独立的市场操作能力，能开拓新市场的人才；二是一般市场人才，是指只有在他人的带领下才能进行市场操作、开拓新市场的人才。

4. 技术人才

技术人才是具有技术创新开发能力的一种人力资源。他们或者能根据消费者的欲望和偏好，不断改进产品功能，创造新产品；或者能把科学技术的新发展，快速转换为企业生产工艺的改进和改善。它也可分为两个小类：一是高级技术人才，是指能够独立进行产品创新或工艺创新的人才；二是一般技术人才，是指在他人指导下才能完成一定技术创新的人才。

图1－6 企业发展的两条途径

三、市场资源积聚

这里所说的市场资源，并不是指企业拥有多大规模的市场渠道，而是指企业能够用以自主控制市场的要素，是指企业所拥有的对于市场具有相对垄断地位、对企业进入市场具有直接推动作用的因素。其内容概括起来主要包括技术资源、渠道资源、品牌资源、自然资源四大类。这些资源对于企业发展目标的实现具有直接的保障作用，并且可为企业决策的制定在选择更高、更大的目标上提供支持。

1. 技术资源

技术资源是企业所拥有的全部技术的总和。一般而言，它可分为具有绝对垄断地位的专有技术、具有相对垄断地位的专利技术，以及不具有垄断性质的一般技术。

（1）专有技术，是指没有申报专利而为企业所独有的技术。其数量可根据其在企业经营中的效益作用计算，即像计算所出租土地的价值一样，可按它所能带来的收益与当期利息率之比计算。

（2）专利技术，是指正式注册登记，并有保护期限制的技术。其数量可依其转让价值总额计算，内部使用可按转让价值折合为投入进行计算。

（3）一般技术，是指前两种技术之外的公开技术。它尽管不是为企业所独有，但它却是发展专利技术和专有技术，进行技术创新的基础。对于任何一个企业而言，并不是所有的公开技术都是可以自主取舍的，至少还要受到相应掌握其技术的人才的有无限制。其数量可依其技术人才引进必须投入的费用来计算。

2. 渠道资源

渠道资源是为企业所直接控制的有一定密度和广度的市场网点。企业的产品和服务要靠渠道资源传递到客户手中，以实现其价值。其数量可根据其重置成本即构建渠道所必须投入的费用来计算。

3. 品牌资源

品牌资源是企业社会形象的一种体现，其内涵是企业社会美誉价值的增值和积累，其具体内容是企业发展历史和行为方式，以及其产品和服务，得到方方面面的社会主体（包括产品客户、商务伙伴、国家政府、社会公众）认同称道的广泛性和程度。其数量可参照其品牌中介机构的估算价值计算。

4. 自然资源

自然资源是指为企业所直接或间接垄断的原材料，或者与产品生产、市场销售具有特定关联关系而形成的地域区位优势。其数量可按其在产品经营收益中所占的比重、垄断程度、企业经营收益规模三者的乘积计算。

垄断程度是指企业对这种资源所能控制的程度。比如，企业所在地接近所加工原材料的产地，尽管这种原材料并不完全为它所垄断，但它可从这种地域区位上获得一定的优势。对于生产加工原材料的相对垄断程度的计算可用这种原材料的运输费用在整个产品销售价格中所占的比重来计算。

四、社会资源积聚

企业的社会资源，是指能为企业所利用的种种社会关系。即使在市场经济发展完善、民主法制健全的西方社会，社会关系也是构成企业发展的重要资源之一。安然公司为美国前总统布什所在的共和党提供政治捐助，并不是学雷锋，而是为了积累企业的社会资源。尽管安然公司做假账的丑闻被曝光后，布什及布什政府并没有为它做什么实质性的庇护，但这并不否定这种社会资源在企业发展中的作用。往往企业能与一个社会名人结成特定的关系，社会名人本身就会给这个企业带来一定的广告效益。这实际上就是对企业发展的一种支持。而在市场经济发展不完善、民主法制不健全的国家，社会资源在企业发展的作用更是巨大。一个青年，尽管可能身无分文，并且连加减乘除也算不清，更不用说懂房地产开发业务，但如果他有一个拥有地皮批用权的硬关系，就仍然可能成为地产大亨。企业是存在于社会这个大系统之中的，特定的社会关系可以从资本资源、人力资源、市场资源等多个方面给企业发展带来不同性质和程度的支持。

企业的社会资源，不仅是企业与政界要人结成的特定关系，只要企业与有一定影响力的社会名人结成了某种相对稳定的联系，都是企业社会资源的积累。其内容概括起来，主要包括工商界关系、金融界关系、政界关系、新闻界关系、学术界关系、文艺界关系等六个方面的关系。

1. 工商界关系

工商界关系是指企业与其他工商企业建立的、没有竞争冲突并可为企业的生产经营提供不确定的方便和支持的关系。其数量可按所联系的成规模工商企业的个数来计算。

2. 金融界关系

金融界关系是指企业与银行等金融机构建立的密切关系，使企业在需要融入资金时能得到不同形式的支持和帮助。其数量可按所联系的金融机构的个数来计算。

3. 政界关系

政界关系是指经常来企业参观考察并与企业建立一定个人关系的政界人物。这种人物并不是一定要能为企业的发展提供什么政策上的倾斜和支持，而是他们的光临能够引起社会的一定关注。就大范围来看，有媒体给予报道；就小范围来看，有社区公民的议论和传颂，其数量可按所联系的政界人物人数来计算。

4. 新闻界关系

新闻界关系是指企业与新闻机构所结成的稳定联系。企业发生了重大事件，需要新闻媒体予以宣传沟通时，就有相应媒体机构提供方便。对于企业不希望曝光的事件，它们也不会违背企业的意愿强行曝光，为难企业，其数量可按所联系的媒体机构的个数来计算。

5. 学术界关系

学术界关系是指企业与在学术理论界有影响的人物建立的个人关系。他们能经常来企业参观考察，甚至把企业的一些典型事件融入他们的学术理论研究中，成为案例，以传播企业的价值观念和形象，其数量可按所联系的人物人数来计算。

6. 文艺界关系

文艺界关系是指企业与文化艺术界有影响的人物，包括作家、诗人、歌星、影星、主持人等，建立有一定的个人关系。他们能经常来企业参观考察，并能把企业好的典型作为素材融入他们所创作的作品中去，以传播企业价值观念和形象，提升企业的知名度和影响，其数量可按所联系的人物人数来计算。

五、信息资源积聚

企业的存在和发展离不开信息资源。信息资源是关于企业经营环境、市场发展等信息的掌握和掌控能力。信息资源丰富，也就意味着能够全面、准确地把握与企业发展相关的信息，以使企业能够及时、准确地制定决策，提升企业对外部环境变化的反应效率和效果。

尽管信息资源与人力资源存在一定的关联关系，人力资源是信息资源的一个重要载体。但二者并不完全相同，信息资源的积累依靠人，但也依靠企业所建立的信息收集、处理网络和机制。同时，对信息的处理和运用能力本身也是信息资源的一个构成部分，而这取决于企业对信息技术的运用和掌控程度。

信息资源的多少，直接表现为所掌控的信息的领域、地域、详细程度、及时性、判断处理能力等几个方面。与企业发展相关的信息，主要包括三个方面：一是市场信息，二是科技信息，三是政策信息。

1. 市场信息

市场信息是指为企业所拥有的有关产品和行业发展现状及发展前景的信息。但这里的信息绝不能是道听途说的不确定传闻，而必须真实可靠，并且系统完整。

2. 科技信息

科技信息是指为企业所拥有的有关产品和行业发展的现有科学技术及其发展前景的信息，并且这种信息必须系统而完整。它可以直接为企业进行产品和行业选择提供支持。

3. 政策信息

政策信息是指为企业所掌握的不同国家或地区的、关于企业发展的种种政策优惠或限制的法律法规信息。

第四章

资源的存在形态

企业发展要积累的资源，从存在形态上分析，可分为现自有资源、可借用资源和可发展资源三种。只有明确了它们相互之间的关系，才能更加清楚地清理出资源积聚式发展的思路。本章对资源存在的三种形态略作分析。

一、现自有资源

现自有资源是指这种资源已归企业组织所支配和占有，是可以自由地处置和使用的资源。这种资源，是企业发展的基础，也是企业决策的主要依据。但它在企业发展中能否起到基础的作用，完全取决于对它的经营——协调配置。通过配置，把它用活了，就不仅仅是以它为基础实现发展，而是把它变成一个支点，通过它撬动广泛的并不为自己所有的其他社会主体的资源，为自己企业的存在和发展服务，以实现企业的跨位式发展。如果不是对它进行经营，而仅仅是把它视为企业发展决策制定的约束，它也就构成了企业全部资源的内容。

现自有资源的性质、结构和数量是确定的，是企业特定时间所拥有的各种资源的总和。它对企业决策的约束，在短时期内则是一个不可超越的硬约束。但从长时段上分析，它对决策的约束就不再是一种硬约束。如果不做这种时段上的区分，无论是把它作为决策的一个硬约束还是有弹性的约束，都是片面的。要把握它对企业决策约束的性质，通过核算，准确把握其性质、结构和数量是前提；因为，确定的并不等于就是确知的。

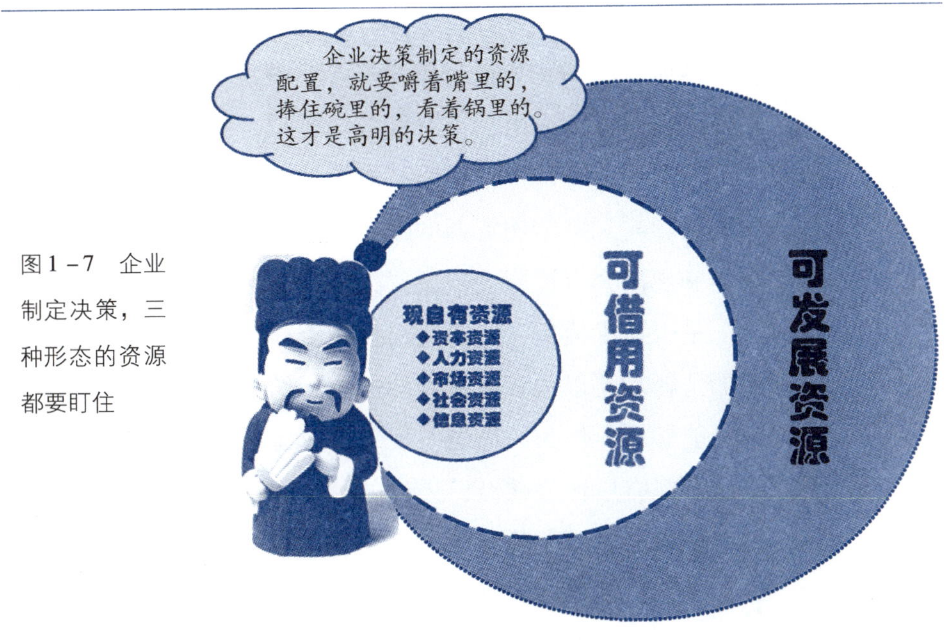

图1－7 企业制定决策，三种形态的资源都要盯住

二、可借用资源

可借用资源是指这种资源并不归企业所有，但可以通过一定的方式获得对它的直接或间接的支配、使用权，让这种并不归自己所有的资源为自己企业的存在和发展服务。这种资源，是一个非常不确定的量。对现自有资源经营得当，它就是现自有资源的配套资源，是被作为支点资源的现自有资源所撬动的外部资源的总和，因而可能是一个几倍于现自有资源的资源。经营企业，也就是要经营企业所拥有的非常有限的现自有资源，通过把现自有资源转化成支点资源来借用不为自己所拥有的外部资源，以实现跨位发展。

如果仅仅在现自有资源的基础上自我积累滚动发展，就不能算是经营企业，而只能算是一个养鸡人：用一个钢镚买一个鸡蛋，用这个鸡蛋孵小鸡，把小鸡养大后下蛋再孵小鸡……经营企业则是要用一个钢镚建鸡窝，让别人的鸡来下蛋，由一个钢镚变成更多钢镚后，建更多的鸡窝……企业家正是用活、用充分了这种可借用资源，才成为真正的企业家。有些百年老店，百年后仍只是一个老店，字号的确是老，可规模、效益都没有获得应有的发展。这其中的原因就是忽视了这种可借用资源的存在。

说可借用资源是一个非常不确定的量，并不等于说不能对它进行估算。它的性质、结构和数量，是与现自有资源的性质、结构和数量相关联的。在短时间内，它是由现自有资源的性质、结构和数量所决定的。企业决策所选择的经营项目，会因为其规模的大小、风险的高低、赢利能力的强弱而直接影响到可借用资源的性质、数量和结构。企业所经营项目的性质、内容和规模会直接影响到投资人的信心和意愿，使他们在是否直接投资入股、是否提供信贷支持以间接投资上作出完全不同的选择；但这种经营项目的选择却是以现自有资源的性质、结构和数量为前提的。企业只能选择自己能够有所作为的项目。现自有资源的性质、结构和数量直接制约着自己企业能有所作为的经营项目的范围和内容。

借用资源的途径是确定的，主要是三条：租借、股份组合、合作。

1. 租借

所谓租借，也就是通过保证他人资源的使用回报而获得对他人资源的支配、使用权。这一途径要受到企业项目赢利水平、负债率和信誉的限制。任何一个人都不会把资源租借给项目赢利能力低、负债率高、信誉不好的企业。也就是说，企业项目赢利水平、负债率和信誉直接决定了通过租借所能获得的资源的性质、结构和数量。

2. 股份组合

所谓股份组合，也就是通过吸纳他人入股的形式，把他人的资源纳入自己企业的资源之中。但这要受到企业项目赢利能力和现自有资源规模的限制。任何一个投资入伙人都会计算投入的收益率和风险，谁也不会无条件地把自己的资源转由他人支配、使用。

3. 合作

所谓合作，也就是通过与其他社会经济组织建立商务伙伴关系，让商务伙伴出让其所拥有的资源的支配、使用权，从而使企业获得直接或者间接的外部资源支配、使用权。但这种商务伙伴关系的建立也是有条件的，即企业必须保证能给商务伙伴所拥有的资源带来比他独立经营更多的收益，使商务伙伴能直接从这种合作中获得比它独立运用其资源更多的利益。能为商务伙伴带来利益，使商务伙伴的资源带来更多效益的资源，主要是管理、资金、技术、物料和市场。管理、资金、技术、物料和市场也就直接构成企业通过合作吸纳其他社会经济组织的资源的合作工具，并且也直接决定着企业所能获得的商务伙伴所拥有的资源的性质、结构和数量。

三、可发展资源

可发展资源是指尽管企业目前还不拥有这种资源，但企业具有创造和积累这种资源的能力，可以在可预期的时间内把这种资源发展创造出来。它实际上就是现自有资源在未来某一时刻的性质、结构和数量的改变量。这种资源，是一个相对确定的量，是任何一个养鸡人也知道运用的资源。企业决策不仅是对现自有资源进行配置，而且还要对企业未来的可发展和积聚的资源进行配置。

企业决策是对企业未来活动的计划和安排，这种计划和安排，既有短时期的，也有长时期的。对企业长时期的活动进行计划和安排，也就必然要用到在相对较短的未来发展和积累起来的资源。

在看得见的未来，现自有资源的性质、结构和数量，能实现多大程度的改变和增值，是相对确定的。如果企业决策连这一资源也不知运用，而无论是短期决策，还是长期决策都局限于现自有资源，企业也就不可能有所发展。企业所能发展的资源的性质、结构，以及数量的改变和增值，尽管与现自有资源的配置方式选择有关，不同的选择可能带来完全不同程度的改变和增值，但其改变和增值的程度却取决于现自有资源的性质、结构和数量，因而其改变和增值量是可以通过比较分析准确地估算出来的。

第五章

资源积聚式发展的途径

如何实现资源的积累？这是企业发展首先要解决的问题。资源积聚式发展的途径归纳起来有三条：借力、营势、合心。本章分别加以分析。

图1-8 蹚开借力、营势、合心三条途径，才是企业经营

一、通过借力实现资源积聚式发展

何为借力？简单地说，就是借鸡下蛋，把不归自己所拥有的资源，通过借的方式获得其支配、使用权，让他人所拥有的资源服务于自己企业的

发展目标。但这种借力的实现却是有条件的。这也就是对可借用资源的运用。

任何一种资源都具有一定的稀缺性，如果不具有稀缺性，也就不存在借的问题。因为稀缺，任何人都不会把自己所拥有的资源无条件地转让给他人支配、使用，因此，要让资源拥有主体把其资源的支配、使用权转让出来，也就必须要获得对方的信任，使之产生信心。这不仅要让他感觉到这种资源支配、使用权的转让是没有风险的，而且一定会让他获得他希望获得的利益回报。

要让对方形成这种信心，有以下三条途径。

1. 关系

关系就是彼此之间找到一个重要的关系作为纽带，使对方确信这种关系能够保障他所期望的利益的实现，即使不能在所拥有资源价值的增值上实现其利益，也能从这种关系本身获得一定的补偿。这也就是我国在相当长的一段时期内，关系企业广泛存在的原因。有一些人就因为与掌握着国家政治、经济权力的人具有某种特别的关系，从而能比他人轻松得多地获得企业经营资源的支配、使用权，进而使其所经营的企业因为可以借用到更多、更广泛的资源积聚而在规模上实现较大、较快的发展。

2. 信誉

信誉就是拥有特定资源的人，认定需要这种资源的主体有信誉，诚实守信，并且也认定他有通过对资源的支配、使用实现其价值增值的能力。这也就是牛根生从伊犁出走之后，很快获得广泛的资源支持的原因所在。如果当年牛根生在伊犁的表现不是很出色，没有得到同行以及商务伙伴的广泛认同，他也就不可能从外部获得广泛的资源支持，进而创造出企业每年以 3 倍以上的速度增长的奇迹。

3. 利益引导

利益引导就是通过让人动心的利益回报，引导拥有相应资源的人把资源的支配、使用权转移出来。因为利益充分大，使资源的拥有人感觉到值得冒风险赌一把，把资源的支配、使用权转让给对方。在现实中，创业中的公司从银行得不到必要的贷款支持，而以比银行贷款高数倍的利息举贷来保证创业对资金的需求，这就是例证。

二、通过营势实现资源积聚式发展

何为营势?

所谓营势，就是通过战略设计和实施，自主营造一种市场竞争优势。企业通过自主营造优势，在市场竞争过程中，也就营造了一种居高临下的势能，就像破坝的洪水由高向低，一泻千里而不可挡，所向披靡，使竞争对手无以对抗。这也就是通过对现自有资源的运用，把可发展资源变成自家库房的资源。可营造的优势可以分为两类：专业规模优势和关键资源垄断。

1. 专业规模优势

专业规模优势就是在同类产品的市场上，通过专业化经营，把现自有资源集中到一个关键产品或关键部件的经营上，并且保证其所控制的产量特别大。这就对市场构成了一种相对垄断的地位，从而也就可以通过这种相对垄断的地位对市场供给和需求实施控制。有了这种垄断地位，它也就可以相对垄断与这个市场相关的原材料供给、人员供给和市场通路。这种垄断地位也就强化了获得相应所需资源的能力。

2. 关键资源垄断

关键资源垄断就是在特定产品市场上，把现自有资源集中投入能垄断生产经营这特定产品的关键资源上，营造出对这种关键资源的垄断地位。比如，技术性企业专注于核心技术的研发，并最终达成了对核心技术的垄断。或者因为企业领导人的卓越眼光，投资占有早期并没有被广泛关注的重要资源，并营造出对这种特定资源的垄断地位。比如稀有金属资源企业预先买断富产的矿山，商业企业买断最好的商业地段，等等。那么，它就可以借助这种垄断地位而控制整个行业市场，进而起到以小制大的作用。

拥有这种垄断地位的企业，也就占据了市场竞争的制高点。如果要在这个行业中获得相应的利益，相对于不具备这种垄断地位的企业而言，拥有这种垄断地位的企业就处于一种优势地位。而其他企业要在这个行业中经营，获得它所期望得到的利益，也就不得不与垄断这种关键资源的企业进行合作。而具有这种关键资源垄断地位的企业在这种合作中，也就可以用相对较少的资源控制其他企业的资源，乃至整个行业的其他资源。并且在替代性的资源出现之前，它的这种垄断地位是不会被动摇的。

三、通过合心实现资源积聚式发展

心，就是意志。所谓合心，也就是让与企业发展相关联的主体都把心合到一处，即实现企业发展利益关联人的意志目标统一。

很显然，这首先是企业组织内部环境活动主体——投资者、经营人员、管理人员和作业人员——四者之间实现利益协调，使每一个活动主体的意志，都统一到企业发展的目标上来。为了实现企业发展的目标，四者都最大限度地贡献自己的资源，真正实现心往一处想、劲往一处使。然后在此基础上，充分重视企业组织外部环境 4 个活动主体——国家政府、社会公众、产品客户和商务伙伴——利益的实现和关系的协调，进而使这四者都高度关注企业发展目标的实现，并支持企业的发展。

这也就是强化平等合作、互惠互利，强调让利合作、分赢揽亏。以此为企业经营管理的基本原则，在互惠互利的前提下，让对方多获利，从而让企业现自有资源实现最大限度的发展，把广泛的可发展资源转化为自家库房的资源。《易经 · 小畜》讲的“何其咎，吉”之吉的缘由也在此。

合心的途径有两条，这就是利益的实现和利益的协调。

1. 利益的实现

所谓利益的实现，就是尊重对方利益的独立性，承认对方利益的合理性，保障对方的利益在企业发展过程中和发展之后实现的优先性。

蒙牛的牛根生之所以能在蒙牛创造出奇迹，靠的就是这一条。他强调财散人聚，即通过保障商务伙伴利益来实现财散人聚的目的。他还在伊犁时，甚至把自己所得到的奖金也拿出来与他的下属分享。这也就是“财散人心合”。

构成企业组织内部环境活动主体的任何一个人，都有自己独立的利益，如果要学雷锋，他们也就不会选择到你的企业来学。他们加入你的企业中来的目的，就是谋求自己所希望的一份利益。不尊重对方的利益，否认对方利益的合理性，谁也不会为你企业的发展努力作贡献，他们的心也就不可能合到企业发展的方向和目标上来。当然，这种利益不仅仅是钱，为其提供展现才华的机会，拓展其实现自我价值的舞台，等等，也都是利益。这就是为对方这种种利益的实现作出充分安排，让对方感到他的利益的实现在你心目中有地位，他的心也就合到你的心上来了。反之，则会离心离德。

2. 利益的协调

所谓利益的协调，就是在对利益的分配上，有一个让每一个人都认同的约定，并严格按照这一约定，对已实现的利益在不同的活动主体之间进行分配。并让每一个人都感到他获得了应该得到的一份利益，他人也都只是获得了他应该得到的一份利益，没有人多占便宜。

就企业组织内部环境活动主体的每一个人而言，这也就是要求每一个人所实现的利益，与他为企业发展所作的努力和贡献相对应。就企业组织外部环境活动主体而言，就是不能片面地强调企业的利益而否定和损害企业成员的应有利益。该承担的社会责任不承担，国家政府也就不会为你企业的发展提供政策支持，社会公众就也不会给你的企业组织以美誉；出售质次价高的产品或服务，欺骗客户，客户也就不会向你的企业奉送市场资源，不免用脚投票否定你企业的存在；掠夺了商务伙伴的应得利益，商务伙伴也就不会再向你的企业提供任何资源的支持。这也就是与你的企业离心离德。

上述两条合心途径之间有着密切的关系。利益的实现和利益的协调二者作为一个整体，对人心起着整合的作用。利益的实现是基础，利益的协调是保证。稍作考察就会发现，古今中外所有失败的企业，大都是失败在这一点上。德隆的失败可以归结为一点：只谋求经营人员的利益，其他关联主体的利益都没有得到保障。安然公司也是如此。而长期成功的企业，也都是成功在这一点上。海尔把员工和客户的利益保障协调得比较到位，这才有了海尔的奇迹。

第六章

从外部整合资源的措施

企业组织是一种法人单位，依法登记成立，独立承担民事责任。除国有企业外，其他所有企业的资产所有权，都有其特定的终极主体。或者说，企业对其所拥有的资产，仅仅只拥有部分的所有权，其终极所有权主体完全可以通过合法的程序抽走它，使企业不再拥有它。

资源却又远不同于企业资产，其所有权主体更是超越于企业组织所有权的范围之外，掌握在企业组织的外部环境主体——国家政府、社会公众、商务伙伴和产品客户手中。因此，企业如何从外部整合资源，也就直接成了企业发展的核心问题。

企业经营所需的五类资源，从存在形态上分析，仅仅现自有资源已进入企业资源库房，其他两类都还在国家政府、商务伙伴、社会公众和产品客户等社会经济主体手中，所以要通过借力、营势和合心把它们变成进入自家库房的自有资源。任何一家企业都不会无条件地把资源拱手相送，让他人或其他组织获得这相应资源的支配、使用权。所以，要从他们手中获得企业经营所需的资源，就要靠交换，即通过为他们提供其所寻求的价值满足来换取他们的资源。

一、从国家政府手中整合资源的措施

国家政府不仅是企业外部环境的操作者、是企业信息资源中宏观信息的源头，而且掌控着企业经营所需资源的配置权力，至少能通过政策控制

企业经营所需资源的流向。相对于特定企业，它不仅可提供政策优惠、荣誉认同和安全保护，而且还可直接提供资源支持。这包括：资本资源——直接进行项目投入，把国家财政资金拨付给企业支配、使用；信息资源——通过技术授权把由国家掌握和开发的技术无偿地提供给特定企业使用；关系资源——让企业领导人出席由国家政府组织的各类重大会议，让企业方便地积累各种所需的社会关系。这些都是国家政府能直接给予企业的资源。

但国家政府不仅不会无条件地直接给予这些资源，而且也不会无条件地给予政策优惠、荣誉认同和安全保护。所以，企业要想获得国家政府手中掌控的资源，就必须满足一定的条件，这条件是企业组织的存在和发展能为它提供其所寻求的价值满足。

国家政府希望从企业获得的价值满足主要有财政税收、劳动就业、社会稳定、经济繁荣、环境保护、声望美誉六大类。

（1）财政税收是国家财政收入的主要来源，能成为税收大户的企业必然会受到国家政府的特别关注。

（2）劳动就业是整个社会发展的需要，能为社会创造众多劳动就业机会的企业，必然会被国家政府高看。

（3）社会稳定是社会经济发展的前提，所以，任何经常给国家政府带来不安定因素的企业，必然被国家政府厌恶，对社会经济发展具有稳定作用的企业，必然会受到国家政府的特别保护。

（4）经济繁荣是任何一个国家的执政者都关心的问题，它体现的就是国家的发展和强大，所以能实现经济繁荣、稳定社会发展的企业组织，必然会受到国家政府的青睐。

（5）随着社会经济的发展，环境问题越来越受到广泛的关注，在环境问题上总与国家政府为难的企业，国家政府势必会通过行政或法律手段，早晚把它淘汰出去。

（6）声望美誉就是一个国家或者一个地区的国际形象或社会形象问题，所以能提升国家或地区形象的企业必然会受到国家政府的扶持。

所以，一个企业要想从国家政府手中获取资源，也就必须在企业决策的过程中，把国家政府需要的财政税收、劳动就业、社会稳定、经济繁荣、环境保护、声望美誉六种价值考虑进来，并自觉地为这些价值的积累做出努力和贡献。

国家政府能为特定的企业组织提供多少资源支持、政策优惠、荣誉认同、安全保护，是看该企业能为国家政府提供多少财政税收、劳动就业、社会稳定、经济繁荣、环境保护、声望美誉 6 个方面的价值满足。企业所能提供的价值满足越多，国家政府给予它的资源支持、政策优惠、荣誉认同、安全保护也就越多。

二、从商务伙伴手中整合资源的措施

商务伙伴是具有自己独立经济利益的经济组织，它们本身可能就是不同类型的企业，也可能是不同性质的事业单位，或者其他性质的法人组织，甚至是自然人。企业经营所需的五种资源，它们或者拥有多个方面，或者至少拥有一个方面。它们能直接为企业提供的资源贡献包括企业经营所需资源的所有方面，其方式主要有：

（1）通过投资入股或者信贷借款提供资本资源。

（2）通过转让或授权使用提供技术资源。

（3）通过项目合作或承包提供人力资源。

（4）通过转让、暂借或投资提供物料资源。

（5）通过项目合作、咨询服务提供管理资源。

（6）通过贴牌生产、经销代理提供市场资源。

（7）通过转让或授权使用、连锁加盟提供品牌资源。

（8）通过转让、合作、包销提供渠道资源。

（9）通过中间服务提供社会关系资源。

商务伙伴更不会无条件地把你的企业经营所需的资源让渡出来，并且其让渡方式也是相对固定的。即使按照商务伙伴要求的让渡方式，也不是任何一个企业都能获得它们所能提供的资源支持。商务伙伴所寻求的价值与你的企业也基本相同，所以只有在资源存在互补性的前提下，合作才可能发生。至于最终能否实现，则还要看你的企业是否具有它们所看重的价值，即诚信、共赢、机会、厚道、声誉、安全。

（1）诚信是商务伙伴最看重的价值。如果合作方不具备诚信的品质，合作就可能成为被欺骗。

（2）共赢是商务伙伴寻求的价值。合作不是单向转移具有特定价值的资源，而是要从这种合作中实现自己所寻求的利益。所以在向对方提供资源支持实现发展的同时，还必须能保证对方能从这种合作中实现它所希望获得的利益。

（3）机会则是商务伙伴合作从直接利益之外获得的间接利得。如果合作中包含有这种机会，商务伙伴也就会降低合作所寻求的直接利益的要求，无论这种机会是现时的还是延时的。

（4）厚道则是商务伙伴方对你的企业在为人处事上的行为习惯的一种道德评价。任何商务伙伴都不愿与斤斤计较、唯利是图、苛刻严厉的对象结成合作关系。

（5）声誉则是一种能提升其影响和地位的无形利益。它能让商务伙伴获得一种声誉，即使它不能从合作中获取它所寻求的直接利益，它也会看重这种合作关系的达成。

（6）安全则是合作关系的达成，是否存在让商务伙伴发生危机损失的不确定因素。相对于任何一个合作者而言，这种合作即使不能获得利益，至少也不能遭受危机和损失，自寻灾祸。

所以，一个企业要想从商务伙伴手中获取资源，就必须在企业决策过程中，把商务伙伴所需要的诚信、共赢、机会、厚道、声誉、安全等六种价值考虑进来，并自觉地为这些价值的积累做出努力和贡献。尤其不能为了自身利益而对他人坑蒙拐骗、搅干榨尽、斤斤计较、刻薄算计，更不能让对方感到屈辱丢脸和冒险担忧。

一个企业组织能结成多大范围和规模的合作关系，是看该企业积累了多少商务伙伴所看重的诚信、共赢、机会、厚道、声誉、安全等六种价值。

三、从社会公众手中整合资源的措施

社会公众是一个非常广泛的概念，任何一个个体的人也都是社会公众的一分子。几乎企业经营所需的所有资源大都可从社会公众手中获得。他们能直接给予企业的贡献有四点。

（1）美誉认同。这就是传播企业的美誉，对企业的行为方式给予认同和赞赏。企业组织有了社会公众给予的广泛美誉认同，企业品牌价值也就得到了提升。

（2）购买股票。这就是向企业投资，只不过这种投资是通过证券市场来实现的。

（3）舆论支持。这就是对企业的行为方式给予肯定性评价，以作为一种独立的力量，给予企业发展以声援，让给企业在发展中制造阻碍和事端者，慑于公众舆论压力而收敛其不当行为。

（4）竞岗加入。这就是作为一种人力资源，在企业发展需要时，积极报名应聘，以接受企业的选择，并在受聘后贡献自己的聪明才智，为企业发展做贡献。

社会公众能否给予他们所能直接给予的这四个方面的贡献，也取决于企业能否给他们带来他们所希望获得的价值满足。社会公众希望从企业获得的价值主要有六个方面。

（1）就业。这就是企业能为一个人或者他的子女、亲友提供就业舞台，以使他们能借助这个舞台演绎他们的人生，实现其价值。

（2）责任。这就是企业作为一个特定的社会经济组织，能积极努力对社会、对他人承担责任，把企业的发展与社会的进步对应起来，以在实现自身发展的同时，努力推动和促进社会的进步和发展。

（3）环境。这就是企业在经营过程中，能积极努力地承担环境保护责任，而不是以邻为壑，损人利己。

（4）诚信。这就是严守法律法规，遵合同守信用，从不弄虚作假，从不欺骗人，有错就纠，有过就改。

（5）繁荣。这就是企业的发展对繁荣社会经济生活、促进社会经济发展有推动促进作用。

（6）稳定。这就是企业发展稳定，内部关系稳定，与社区关系和谐，不会造成社会和社区的不和谐、不安定事件的发生。

所以，一个企业要想从社会公众手中获取资源，也就必须在企业决策过程中，把社会公众所需要的就业、责任、环境、诚信、繁荣和稳定六种价值考虑进来，并自觉地为这些价值的积累作努力和贡献。

一个企业组织，要想得到社会公众在美誉认同、购买股票、舆论支持、竞岗加入上的支持，就必须在积累社会公众所看重的就业、责任、环境、诚信、繁荣和稳定六种价值上做多大的努力和贡献。

四、从产品客户手中整合资源的措施

产品客户是企业所经营产品或服务的消费者，是企业组织全体成员的衣食父母。虽然他们并不能直接为企业提供什么资源支持，但他们可以把他们手中的钞票作为表决权，直接制约着企业的生死存亡。而他们手中的钞票本身又可通过购买行为转化为企业的资本资源。他们所能给予企业的贡献尽管主要只有购买选择和传颂美誉两项，但是这两项却是企业的生命线。

产品客户的购买选择是直接给予企业的生存权，传颂美誉则是消费特定企业特定产品之后，把从产品的质量、价格、服务中所直接体会到的企业行为方式正面肯定性评价告知他人。这种告知是最具影响力和说服力的。

一个企业能否获得产品客户这两大贡献，就看该企业能在多大程度上全面地为他们提供以下八个方面的价值，如图 1－9 所示。

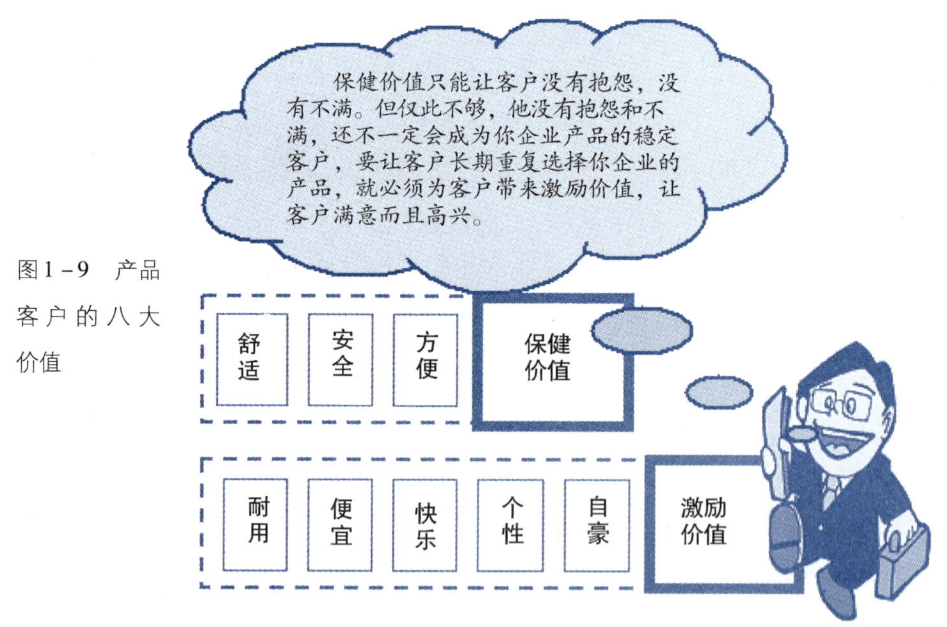

图1－9　产品客户的八大价值

1. 舒适

舒适是人的生理需求获得满足的过程和满足时的一种惬意和感受。客户购买产品和服务的主要目的就是为了获得这种价值满足。

这种价值包含的内容多种多样，但相对于身体健康而言，可以区分为三大类：一是健康的；二是有损健康的；三是与健康不相关的。理性的客户所寻求的舒适价值，都是能直接增加自身身体健康的，或者说没有这种价值，自身的身体健康就要受到损害和威胁。但在现实中，客户的消费行为往往并不理性。比如住在北京东部地区的高收入阶层的人中，就有人整天自己开着车上下班，不愿多走一步路。但为了健康考虑，却又经常在凌晨5点出行，开着车赶往香山去爬山。单就舒适价值而言，这种行为是得不偿失的。是何种性质的舒适，企业不可能从外部给予限定，舒适的价值只能由客户自己选择和确定。

2. 安全

安全是人们所寻求的有助于自身身体安危和心理平静的一种价值。它让人感到放松，没有忧虑和恐惧。其内容涉及衣、食、住、行、玩等多个方面。不安全的衣、食、住、行、玩，会让人忧虑和恐惧，造成心理紧张。忧虑和恐惧会通过人的心理作用直接危及人的身体健康。所以，马斯洛在他的需求层次理论中，把安全列为人的最基本的需求和价值。

3. 方便

方便是与舒适联系在一起的一种价值，但并不是舒适本身，而是获得这种舒适是否会带来不舒适的问题。它直接是人们在衣、食、住、行、玩等方面直接实现自身舒适价值的过程中所伴随的一种舒适。比如彩电的遥控器就是一种带来方便的装置，它让健康人不必挪动身子就可调频换台寻找自己想看的节目，这是方便。但它让只能躺着或坐着不能移动身子的病人能随心所欲地调频换台，这却是舒适。

4. 便宜

便宜是客户能用相对较少的等价物，获得相对较多的需求满足。它实际上是使客户在收入总额不增加的情况下，获得更多的需求满足，这也就相当于增加了客户的收入。这种价值对客户是相当重要的一个内容，也是每个客户都看重的一种价值。对于同类同质产品，亿万富翁也会选择便宜的。

5. 耐用

耐用是客户所获得需求满足的一种持久性。它直接是企业所提供产品和服务的使用价值的一种增加。它与便宜价值有异曲同工的作用。客户所购买产品或服务的使用价值增加了，而支付的等价物没有增加，这也就是客户花同样的代价，获得了更多的需求满足，这也就相当于其所购买的产品或服务变得便宜了。

6. 快乐

快乐是与人的生理需求不存在直接联系的一种心理感受。尽管这种感受有可能直接来自于与生理需求满足相关的舒适，它不是生理需求满足本身，而是获得舒适之后的一种心理满足。但这种心理满足又不仅仅是依存于生理满足的舒适。人的价值观念及其所寻求目标的实现，本身可以给人带来极大的快乐，但它却可能与生理需求满足毫不相关。每一个购置私人游艇或者飞机的人，不仅仅从它带来的舒适、方便中获得满足，而且从与周围的对比中获得了一种心理满足。别人都没有，唯自己才有，使自己显得高人一等。但这里的快乐仍依赖于企业所提供的产品或服务，是他所购买产品或服务与他人的不一样而带给他的一种心理满足。比如他花与别人同样的钱所购买的产品或服务，比别人所购买的产品或服务多一个功能，也就会给他带来一种快乐。现在很多企业为了促销，提供超值服务，就是通过给客户带来意外的满足而给他带来快乐价值的实现。

7. 个性

个性是每个客户自身独特需求的一种实现，是作为区别于他人欲望和需求的一种满足。人一方面渴望与他人一样，具有他人所有的一切；另一方面，又渴望与他人不一样，以使自己与他人有所区别，以充分体现他独特的自我。正是后一种欲望使客户在购买功能相同的产品时，总会在款式或色彩上寻求一种与众不同。正是这种渴望和需求使自己与众不同的个性成为一种重要的价值。这种价值只能靠企业量身定制才能提供满足。

8. 自豪

自豪是通过与他人进行比较，发现的一种“人有我有”之外的一种“人无我有”带来的心理感受。这种有无结构使他感到他自身的不同和超越他人的能力和权力。这种超越他人的能力和权力，使他感觉到自我价值实现的满足。自豪与个性相关，但不等于个性。个性只是展示出他与他人的不一样。但这种不一样本身并不一定存在什么价值。脸上长有青春痘的人和别人不一样，但他绝不会从这种不一样中获得满足。只有当这种不一样是对他人的能力、权力的一种超越时，才会产生自豪这种价值。让人看见他所戴的首饰的豪华高档程度，就是向人展示一种能力和权力。这种价值一般与企业的品牌有关。企业的品牌越知名，带给客户的这种满足就越多。消费名牌产品或服务本身是一种高贵的体现，所以会给人带来自豪价值的满足。我们常常发现戴有劳力士豪华高档手表的人们，总是把他的袖子拉得高高的，唯恐他人没有看见，其原因也就在此。展示他所戴的手表的豪华高贵，就是向人们展示一种能力和权力，以实现这种商品带来的自豪价值。

所以，一个企业要想从产品客户手中获取购买选择和传颂美誉两种价值，就必须在该企业决策过程中，把他们所需要的舒适、安全、方便、便宜、耐用、快乐、个性、自豪八种价值考虑进来，并自觉地为这些价值的积累做努力和贡献。

第七章

价值积累式发展的四大价值

企业积累式发展的价值可以分为两大类四项内容，即企业存在价值，包括交易收益和基业稳固价值；企业发展价值，包括投资回报和社会美誉，如图1－10所示。

企业存在价值，是使企业得以存在的支持因素，是企业存在的依据。企业发展价值，是使企业得以发展的支持因素，是企业发展的依据。企业存在价值与企业发展价值是不可分割的，企业存在是企业发展的前提，企业只有在存在的前提下才谈得上发展。所以，企业存在价值的增值和积累，也被视为企业发展的实现。

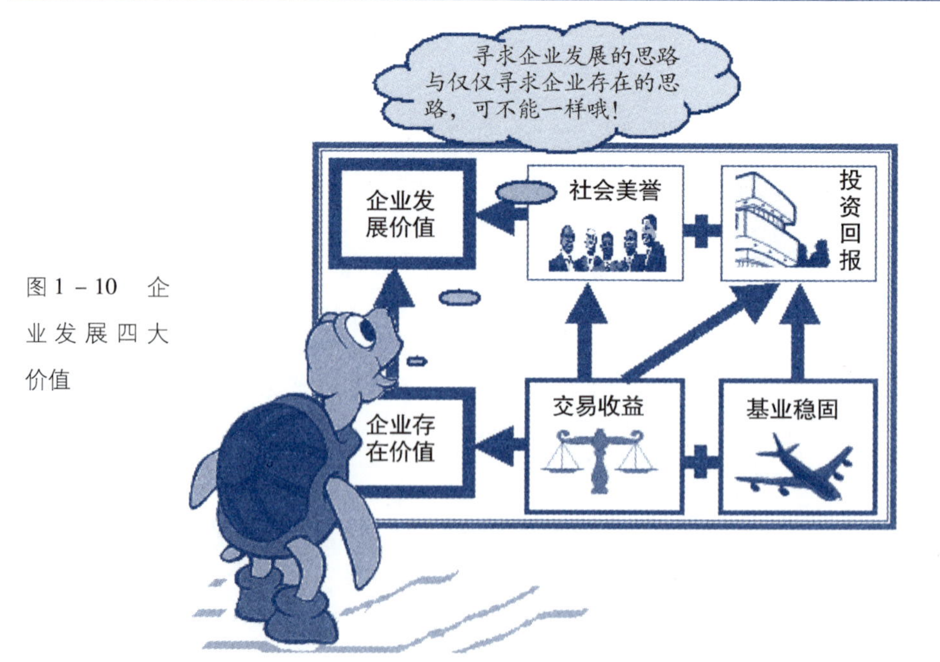

图1－10 企业发展四大价值

一、交易收益价值

企业不会白白地、毫无报偿地为客户提供价值满足，只有当客户为获得其所寻求的价值而向企业支付等价物时，企业才会为客户提供价值满足。由此也就形成了企业的交易收益。

一个企业没有交易收益，或者交易收益萎缩降低，这个企业也就面临着生存的危机了。注意，这里用的是交易收益的概念，而不是销售收入或者经营收入。

尽管交易收益的主体内容是销售收入，但交易收益仍不等同于销售收入。销售收入仅仅是由对产品或服务的出售而带来的收入。而交易收益在此之外则还包括专利权、品牌等无形资产的转让收益。它强调的是为客户带来一定价值满足之后，客户支付的等价物。产品和服务能为客户带来价值满足，专利权、品牌等无形资产也能为客户带来价值满足，只不过客户对象不同而已。并且这类无形资产的转让还不会导致自身总价值的减少。

交易收益也不等同于经营收入。不仅有形资产（包括厂房、设备、库存原材料等）的转让给企业带来的收入不是交易收益，而且通过金融投资（包括买卖股票、债券、基金）为企业带来的经营收益也不是交易收益。前者因为企业资产的转让只是转换了企业资产存在的形式，没有增加企业资产的总量。后者没有为客户带来价值满足，不是真正意义上的交易，换手的仅仅是价值符号。但直接把企业作为经营对象，收购有增值潜能的企业，通过规范化管理的实施和形象包装——发掘提升其潜在价值，然后再出售所获得的收益，却又是交易收益。

但在企业经营管理过程中，交易收益的计量可直接选择销售收入作为计算指标，同时把无形资产转让的收入当做一种特殊形式的销售收入记入其中。

二、基业稳固价值

企业的运营总是存在一定的风险，因为企业的活动都是面对未来的，而未来总是存在一定的不确定性，正是这种不确定性造成了企业发展的风险，使企业发展陷入一种难以持续稳定的不确定之中。但是，在一般情况下，企业运营的收益大小与风险的大小直接相关，高风险有可能带来高回报，但风险和收益的关联关系并不是稳定的。也就是说并不是风险越高，收益就一定越大。从这个意义上讲，企业发展的价值也就必然包括基业稳固价值。

所谓基业稳固价值，也就是企业在寻求交易收益和投资回报的同时，必须考虑的收益和回报的稳定性因素，即企业为获取这种收益和回报所做投入的安全性。如果企业只是一次性地、短时期地获得交易收益和投资回报，而这种交易收益带来的投资回报，又不可能一次性或短时期地实现对企业投入的补偿，这种投入就存在风险，或者说存在负值的基业稳固价值。

只有当企业投入能稳定地获得交易收益和投资回报、实现投入补偿、不存在任何使投入本身无法收回而白白地损失掉的可能性时，才有正值的基业稳固价值。所有非法行为在基业稳固价值上都存在高额负值，随时随地都可能被查处，随时随地都可能丧失其投入及非法收入。

企业的经营所做的工作实际上也就可以界定为在保证收入的情况下降低风险，这就是增加企业的基业稳固价值。但是，风险又总是存在的，如果说风险无处不在，也许是一种夸张，但在企业运营中总是存在一定风险这却是一个现实。这种风险概括起来可以分为六大类。

1. 市场风险

市场风险就是因为市场环境的变化而给企业带来的风险。企业的经营实际上是面对未来的市场，市场供求状况，随时随地都在发生变化。这种变化短则可以用分钟来显示，也就是几分钟前与几分钟后市场就会发生变化，像资本证券市场的变化速度就是这样。商品市场和劳动市场供求状况的变化尽管可能没有资本证券市场变化快，但也是处于不断的变化之中，或许几天就会发生一个比较大的变化。而市场供求的任何变化都可能给企业的经营带来不确定性，从而使企业的经营产生风险。

2. 财务风险

财务风险也就是企业资金的运作能否与企业的实际经营相吻合，能否保证企业经营的资金所需，不会发生企业运营过程中的流动资金短缺的问题。

3. 人事风险

企业的经营离不开人，企业发展的任何一个环节都需要人去完成，但我们所选择的人能否按照我们的预期达到目标，做好工作，这也存在很大的不确定性。这既包括我们所选人员本身的素质，又包括所选人员的态度变化，并且这种态度变化不仅要稳定地受到这个人的价值偏好和他的习惯性的做事方式或惯性的稳定影响，而且还会受到相对不稳定的情绪变化的影响。即使对人的相对稳定的处事方式和行事习惯，这也存在一个我们能否准确把握的问题，人们常说“人心隔肚皮”，实际上也就是说对人的行事方式和行事习惯要有准确的把握也有一定的难度。

4. 质量风险

所谓质量风险就是所生产的产品发生质量事故所带来的客户投诉风险，以及工作质量本身所带来的内部经营风险。前者会直接以市场风险的形式表现出来，后者又会以经营事故的形式表现出来，这两者任何一个方面的发生本身就是不确定的，并且其影响也是不确定的。

5. 政治与政策风险

任何一个企业都只是社会经济发展的一个细胞，总要在一定的社会环境中存在，而社会政治和政策的变化都会给企业的经营带来一些不确定的影响，致使企业蒙受损失，甚至是面临灭顶之灾。所以人们常说的法律风险也是归在这一类中。

6. 自然风险

自然风险也就是自然灾害可能给企业的正常经营造成的损失。

在这六大类风险中，对企业影响最大的是前四类。这里说这四类风险影响大，并不是讲这四类风险对企业造成损失最大，而是这四者发生的可能性更大，概率最高，随时随地都可能发生，企业要排除这四类风险难度较大。下面，重点分析这四类风险的回避和价值的增加途径，如图 1－11 所示。

风险仅仅是一种可能，是不希望发生的不利事件发生的可能。其值可用不利事件发生后的损失额乘以发生的概率得到。基业稳固价值，也就是所预期的企业发展收益减去风险值。

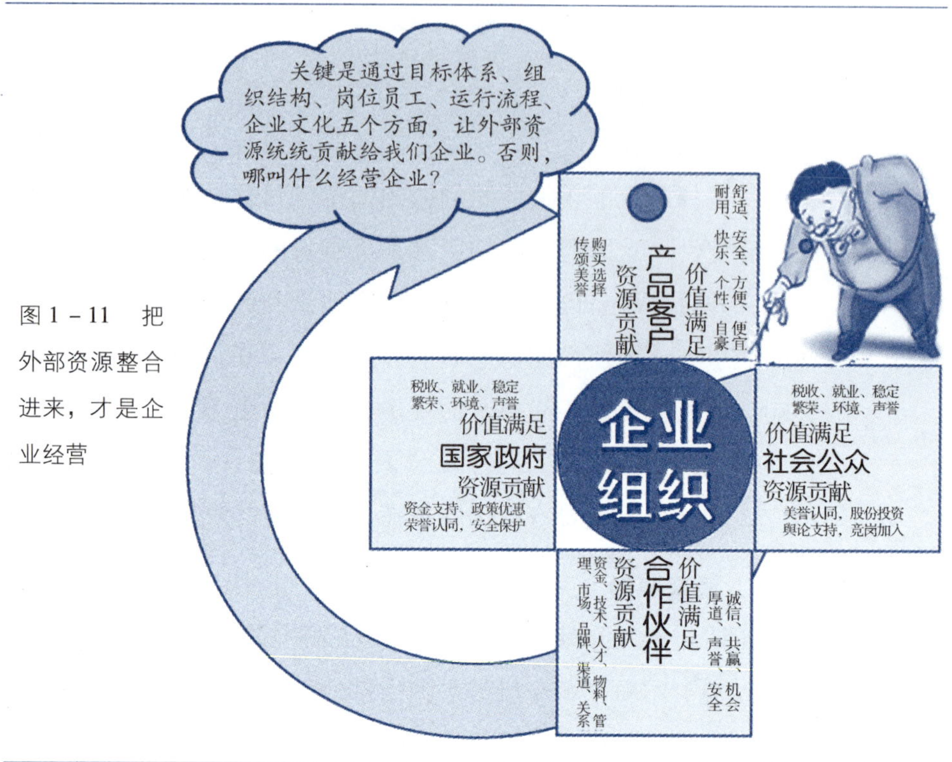

图1－11 把外部资源整合进来，才是企业经营

三、投资回报价值

企业发展价值是使企业得以实现成长的价值，是保障企业在原点有所作为的支持因素。它不是关系到企业生死存亡的因素，但企业要实现发展，没有它们的实现却是完全不可能的。

首先来看投资回报。它是企业进行一定投资后所获得的经济报偿，是企业交易收益超过投入而给企业带来的价值增值。

企业要经营，必须进行相应的投入，企业进行这些投入的目的，是为了寻求获得更大的价值，即取得回报。投资回报所表现的是企业在为客户提供价值满足时，不仅实现了投入的补偿，而且还带来了增值。企业不仅不会毫无报偿地白白为客户提供价值满足，而且还要从客户所支付的等价物中获取大于其投入的价值物，这是由企业所固有的性质决定的。企业有交易收益，没有投资回报，就只能在投入所形成的规模的基础上运行，维持存在；只有交易收益有大于投入的余额、形成正值的投资回报、有钱可赚时，企业才能实现发展。而企业发展又是以赚钱为目的的，同时又通过赚钱实现发展。企业组织运行无论行业跨度有多大，经营周期有多长，都最终不得不回到赚钱的原点上来。

投资回报不等同于税后净利润，它小于税后净利润，是税后净利润扣除资金费用——筹资花费和借债筹资所要支付的利息。资金费用是不允许直接进入成本的，它只能从税后净利润中扣除。

投资回报的计量，可直接选择通过企业税后净利润减当年的资金费用来计算。

四、社会美誉价值

社会美誉是方方面面的社会主体对企业组织运行的方式、方法的认同，是企业通过它的诚信友善活动，在社会上树立起来的美好形象，是方方面面的社会主体对企业组织整体的一种肯定性评价。在企业组织运行过程中，其行为方式越是得到方方面面的社会主体认同，企业的社会美誉度就越高。这里的社会主体最直接的是产品客户、商务伙伴和员工。企业组织运行的方式、方法会直接影响到他们的利益。所以，这三个方面的主体满意度越高，社会美誉度就越高。此外，国家政府和社会公众也是这方方面面的社会主体中的两个构成部分。他们不可避免地会参与到对企业组织运行的方式、方法的评价中来，并且他们的评价在一定程度上还能超越自身利益关系的局限。

社会与企业进行资源交换，吸纳所需的资金、人才，并把产品销售给客户，这是建立在相互信任基础上的一种交换行为。如果客户怀疑企业所提供产品质量的可靠性，这种交换就无法进行。企业既无法获得它所需要的生产要素，也无法出售其产品。这样，企业就会陷入绝境，不仅不会有发展，而且生存的危机还会马上光顾。社会美誉则会消除方方面面的社会主体对企业的疑虑，使之放心地为企业提供所需资源，购买企业所提供的产品和服务。企业在获取社会美誉上的投入，不是为了做慈善事业而做慈善事业，它是在构筑自身与社会联系的稳固链接，是在为企业本身的长期稳定发展奠定基础。

就市场竞争力分析，企业的社会美誉度越高，也就是企业的品牌价值越高，企业在市场竞争中就越是处于有利地位，企业发展也就越稳定。

社会美誉价值的计量，可用社会美誉度提升变化率来计量。其计算公式为

$$M = \sum\ (Z_{it} - Z_{i(t-1))} J_i \div \sum Z_{i(t-1)} J_i$$

式中 M——社会美誉度提升变化率；

i——客户，伙伴，员工，国家政府，社会公众；

Z_{it}——当年的第 i 种社会主体的满意度；

$Z_{i(t-1)}$——上年的第 i 种社会主体的满意度；

J_i——对应于第 i 种社会主体的评价权重。

第八章

价值积累式发展的价值增值积累途径

企业发展所寻求的四大价值，不可能从天上掉下来，只能通过企业组织的每一个成员共同努力，把它们创造出来。

企业发展四大价值是从哪里来的？或者说是如何创造出来的？简单地说，它们是企业组织作为一个整体运行的结果。企业组织运行，也就是企业信息流、人流、物流和资金流四流相互推动、相互制衡而完成的一种混合运动。

一、企业组织运行四流之间的关系

企业组织首先是由人构成的，所以企业组织只要在运行，就必然有人流运动。无论是怎样的无人化生产，都不可能让企业组织无人化。任何一种社会组织，必须由两个以上的人构成，才能称为组织。企业组织作为一种特定的社会经济组织，也不例外。企业组织，是加入企业的人，通过自己的活动来推动其存在和发展。人流运动是企业组织运行的最引人注目的运动。并且，运行过程中的企业组织，首先让人看到的就是进进出出的人流运动。

尽管人是一个动物，但人的活动并不是由人的动物本能驱动的。人是具有自我意识的主体性存在，他的行为活动表现的是他的一种意志行为选择。影响人的意志行为选择的，是他所得到的关于他周围环境的现状和发展变化的信息，以及由这种信息给他带来的感受——希望或失望。只有希望才能让人孜孜以求，付出努力。这也就是说，与企业人流运动平行的还有信息流运动。

而进入企业的人，其活动目标和方式，又是由企业组织本身的性质决定的。进入特定企业的每一个人，都必须按照企业交易收益、基业稳固价值、投资回报和社会美誉四大价值的增值和积累的规律和要求活动。这也必然有寻找市场、采购物料、组织生产、提供服务、销售产品等一系列活动。这一系列活动也就是企业组织运行的广义物流运动，即企业为了存在和发展的目的，把特定物料采购进来，通过生产作业，形成能为客户带来价值满足的效用之后又销售出去，以获得投资回报的过程。它是企业组织运行的物质内容，有形的物质通过物流运动，渗透到企业组织运行的过程中，引导企业组织的运行，实现企业组织的运行。

而物流运动的过程，也是企业组织资金运动的过程。在物流运动过程中，以任何形式存在的物，都必然会体现为一定数额的价值占用。这种价值占用也就是在企业组织运行过程中的资金。资金是货币化的价值物。从这个意义上讲，企业组织的物流运动，也就是企业组织的资金流运动。不仅处于企业组织运行过程中任何环节上的物流运动、人流运动和信息流运动的每一个活动，都必须投入一定的资金提供支持才能实现，并且要达成企业组织本身的存在和发展的目标，还必须通过资金这一特定的价值形式进行监督和控制。只有通过对资金流的运动进行记录跟踪和资金的投入效益核算分析，才能准确地把握企业组织运行的效率和效益。它是企业组织运行的核心，企业的性质是由它来体现的。企业的本质直接决定于资金的本质。资金的本质是增值，企业的本质就是赚钱。

在企业组织运行的现实中，尽管可以相对独立地划分出信息流、人流、物流、资金流来，但它们任何一个方面都不能独立于其他三者之外，同时也不能凌驾于其他三者之上。没有信息流运动，人流、物流、资金流也就失去了运动的方向和目标；没有人流运动，信息流、物流、资金流也就失去了运动推动的主体；没有物流运动，信息流、人流、资金流也就不可能有现实的运动发生，最多只能是一场与投资商进行的密谋对话；没有资金流运动，信息流运动、人流运动、物流运动也就超越了企业的限制，不再是企业的信息流、人流和物流的运动了。

从系统的角度进行分析，企业组织就是存在于一定社会之中的一个系统，企业的信息流、人流、物流、资金流也就是企业组织这个系统之中相互依存的四个子系统。

信息流运动与决策制定紧密相关，所以又称为信息决策系统；人流运动与组织管理紧密相关，所以又称为人流组织系统；物流运动与市场营销紧密相关，所以又称为物流营销系统；资金流运动与财务管理紧密相关，所以又称为资金财务系统。

相对于企业组织这个有机整体而言，信息流与信息决策系统、人流与人流组织系统、物流与物流营销系统、资金流与资金财务系统，各项的二者之间都是一种同一关系，仅仅是在不同情况下的一种不同的称谓。这四个子系统作为一个统一的整体，也就是企业组织本身，这四个子系统作为一个整体的运行也就是企业组织运行本身。它们四者之间相互依存，不离不弃。在这四个子系统中，任何一个子系统的运行，都必须以另外三个子系统的正常运行为前提。

在这里，信息决策系统、人流组织系统、物流营销系统、资金财务系统四者都是服务于企业组织所寻求的四大价值的增值和积累这一目的的。在达成这一目的上，它们四者又构成了一个粗线条的流程。

(1) 信息决策系统是达成企业发展四大价值的增值和积累这一目的的活动的起点。从哪里，通过什么途径，达成企业发展四大价值的增值和积累，必须通过信息决策系统的功能作用的发挥来确定。

(2) 人流组织系统是达成企业发展四大价值的增值和积累这一目的的活动的中继点。明确了努力的方向和方法，必须通过人流组织系统功能作用的发挥以保证有人为之积极努力，并做出贡献。

(3) 物流营销系统是达成企业发展四大价值的增值和积累这一目的的活动的具体过程。只有物流营销系统功能作用的全面发挥，才能通过为客户提供价值满足以实现企业发展四大价值的增值和积累。

(4) 资金财务系统是达成企业发展四大价值的增值和积累这一目的的活动的循环终点和继起点，企业发展四大价值的增值和积累这一目的达成的效果是好还是坏，会在资金财务系统活动中体现出来，并根据它来决定是中断还是继续服务于企业发展四大价值的增值和积累目的的特定经营活动。

二、企业四流系统的功能作用

企业组织的运行，就是信息决策系统、人流组织系统、物流营销系统和资金财务系统四者协调运动。而要保证企业组织的运行——企业四流运动，能最大限度地达成企业发展四大价值增值和积累的目的，企业这四流系统各自应该具有什么样的功能作用？下面分别加以分析。

1. 信息决策系统的功能作用

如果我们把企业组织比做一棵大树，把企业组织的运行比做这棵大树的成长过程，那么，信息决策系统，也就起到这棵大树的根的功能作用。

根是大树存活和成长的基础。一棵大树没有根，也就成了死木头。企业组织这棵大树必须依靠信息决策系统不断地通过目标和措施的选择、确立和更新，为企业组织这棵大树吸收营养和水分——从企业组织外部整合所需资源。否则，这棵大树也就必然枯萎而死。

企业组织信息决策系统健全完善，也就能保证企业组织决策制定得当，对企业组织内、外环境变化的反应及时有效，也就使企业不断有吸引人、激动人的发展目标和保证目标达成的措施确立起来。这种吸引人、激动人的发展目标和保证目标达成的措施也就能像大树的根一样，把企业发展所需的资源，从外部环境活动主体手中，吸纳到企业组织运行的过程中来，成为服务企业发展的资源。很多 ST 公司，一旦确立了能让人感到具有充分希望的项目，即企业发展目标和达成发展目标的措施办法，马上会起死回生，在股票市场上翻身，甚至创造出连续多个涨停的佳绩。这就是例证。

任何一个企业组织，如果其信息流干涸了，信息流运动停止了，企业组织其他三流的运动也就失去了方向，人流、物流和资金流也就无法再有序地运动起来，这个企业组织也就不再有整合资源的能力了。那么，这个企业组织不用破产关门，也会像人失去血液而死亡一样，甚至连干尸也无可保留，能留下的仅仅是人们茶余饭后的闲话资料。

2. 人流组织系统的功能作用

人流组织系统，是这棵大树的干，是它支撑着企业组织这棵大树的枝叶，并向枝叶输送水分和营养，直接为大树枝叶的通风透光提供保障。这就像原始雨林中的树木一样，要争得自己的一片阳光，必须靠高大的树干冒出头来。在世界统一的大市场这个雨林中，没有人流组织系统这个干为企业组织这棵大树提供支持，企业组织也就不可能赢得自己的一片市场。

企业组织人流组织系统健全完善，也就能保证企业组织人才济济、责任分明、关系协调，并且个个能力强、素质高、意愿烈、热情旺，该由他们承担完成的事务工作，件件事都能做好、做到位。有了这一保证，企业组织也就像一棵主干高大的望天树，耸立在对阳光竞争残酷的雨林中，获得自身生长发展的机会。

在原始雨林中，也只有树干高大的树，才能枝繁叶茂。否则，它就只能化作肥土成为其他树木的养分。企业组织也是如此。企业组织的运行，面临着比原始雨林更为残酷的竞争，或者成为竞争的优胜者，把竞争对手变成肥土；或者变成竞争对手的肥土，为竞争对手提供养分。而要保证企业组织成为竞争的优胜者，也就必须健全、完善人流组织系统。企业组织中的每一个成员都有活力，企业组织的运行才能有效率和效益。

所以，人流组织系统也就必须起到企业组织这棵大树主干的功能作用。

3. 物流营销系统的功能作用

物流营销系统则是这棵大树的绿叶和花朵。这棵大树要存活，要成长，得通过它进行光合作用，把企业组织这棵大树的根所吸收上来的水分和营养，转化成大树的成长，并开花结果，繁殖后代。一棵大树，没有绿叶进行光合作用，不仅不可能长大、开花、结果，甚至连存活也不可能。世界上的确很少植物有可以直接通过枝干进行光合作用而实现其存活和成长，但这类植物是长不大的。

企业组织物流营销系统健全完善，也就能以最快的速度发现市场需求、组织需求供给、提供价值满足。

所以，只有当物流营销系统健全、完善时，企业组织这棵大树才能茁壮成长。叶稀花弱的树，是不会有生命力的。物流运动规模狭小并且混乱无序的企业组织，也是绝不可能有竞争力的。

在企业组织运行的现实中，物流量的大小，还直接体现为企业组织规模的大小。企业组织物流量大，意味着能为客户提供价值需求满足的能力也大。物流运动是否稳定有序，也直接体现为企业组织运行状况的好坏。

所以，物流营销系统也就必须起到企业组织这棵大树绿叶的功能作用。

4. 资金财务系统的功能作用

资金财务系统，则是企业组织这棵大树的茎枝，是它把起光合作用的绿叶与树干连接起来，并沟通水分和营养的输送。一方面使绿叶的光合作用有源源不断的水分和营养，为光合作用提供原料；另一方面撑开绿叶，在树叶、花果、树干之间形成一种平衡，以保证每一片绿叶都能吸纳到充分的光，以使每一片绿叶都能为这棵大树的成长进行能量合成。同时，它又起着承载绿叶和花果的作用。

企业组织资金财务系统健全完善，也就能保障企业组织运行的资金供给充分、核算控制有力、使用效率稳定。这也就是企业组织大树茎枝疏密有序、枝强茎壮。

在企业组织运行过程中，任何一项活动所需的任何形式的资源，都首先是以资金的形式输送的。任何一项活动，都得通过资金的投入和产出分析来立项和预算、核算。所以，只有当资金财务系统健全、完善，企业组织作为一个有机整体，才能长成参天大树，才能叶茂果累、生命旺盛、健康长寿。否则，企业组织也就只能像青菜一样，再壮实，也难有超越一个春秋的繁茂。

所以，资金财务系统也就必须起到企业组织这棵大树茎枝的功能作用。

第九章

决策制定关注焦点之一：交易收益价值增值积累

企业的发展表现为企业发展四大价值的增值，要使企业实现持续快速发展，企业交易收益价值、基业稳固价值、投资回报价值和社会美誉价值必须相互协调，不能偏废。

这四大价值相对于企业而言，也就直接构成了企业的目标，企业作为一个经济社会群体，它的存在也就寻求这四大价值的增值。但是，我们这里所说的企业的四大价值实际上是把企业作为一种超人的主体看待的，也就是说，把企业视为一个有机的生物体，它想生存，想发展，走过的途径就像一个人的发展要有身高、体重、智力、知识等的提升一样。但这只是一种假定，企业这种社会经济组织，是由多个方面的利益主体所结成的利益关系的集合，它的发展实际上是集合在这里的各种利益主体欲望的一种满足。

所以，不同的利益主体会对企业的发展内涵给出不同的定义，或者说在企业发展中所实现的利益取决于企业发展这四大价值的不同方面。在本章中，我们仅仅把企业作为一个有机整体，就它的发展进行分析。企业的四大价值从发展的角度构成企业的四大价值目标，这四大价值目标如何才能实现？这是我们本篇要进行分析和讨论的。

一、交易收益价值增值积累途径概要

交易收益是企业为客户带来一定价值满足之后，客户为企业带来的经济收益，也就是销售收入。企业不会白白地毫无报偿地为客户提供价值，只有当客户为获得他所寻求的价值而向企业支付等价物时，企业才会为客户提供价值满足。客户为企业支付的等价物——销售收入是合法经营企业收入的唯一来源。所以，它是企业赖以存在的基础，企业发展也以此为前提。交易收益的增加是任何一家企业都期望实现的价值，企业规模的大小是直接表现在这一价值的大小上的，如果没有这一价值的增值与扩张，也就没有企业规模的变化。所以，几乎所有的企业都会重视这一价值的增值。究竟如何才能实现这一价值的增值呢？其思路可从两个方面来进行分析。

1. 通过市场运营战略来实现

通过市场运营战略来实现即通过市场战略的调整来扩大企业的销售收入，主要包括五个方面的内容：

（1）单一行业的单一产品的市场份额的增加，即增加所生产的经营产品在整个市场上所占的比重。

（2）单一行业的产品线发展，即增加产品的品种数和规格数，为顾客提供更多的产品以实现销售收入总额的增加。

（3）实现多角度化经营进入更多的行业，以使在行业产品市场份额不增加的情况下，实现销售收入总额的增加。

（4）市场区域单一化，加深市场开拓的深度，在同一市场上实现多行业、多产品的市场开拓，以实现销售收入总额的增加。

（5）拓展更多的市场区域，扩大市场的空间范围，借此实现销售收入总额的增加。

2. 通过资本运营战略来实现

市场运营战略的实施，必须借助于特定资本运营战略来实现，要扩大企业规模，必然伴随着资本规模的扩张。这种资本如何在企业经营的实践中实现？这就是资本运营战略要解决的问题。概括起来资本运营战略包括六个方面：

（1）企业自我投资建厂铺点，增加企业的产能和市场销售收入。

（2）通过收购兼并来增加自己的市场份额，进入新的行业领域和市场区域来实现销售收入总额的增加。

（3）通过控股参股来控制支配更多的企业，以实现企业之间一种稳定的联合，使这个战略联盟在整体上获得更多的销售收入，从而也巩固自己的市场份额，稳定自己的市场竞争能力，以实现紧密的战略联盟——企业集团的销售收入的增长。

（4）通过合资合作的途径来实现发展，也就是平等地与其他企业通过资本、技术、市场或者品牌来进行合作，从而谋求更稳定的销售收入及其增长。

（5）通过贴牌委托生产来增加企业产能，以实现销售收入的增长，这种生产方式是当代众多企业实现发展的一种选择，它是控制两头——产品开发和市场销售，让出中间，把生产这个环节的工作通过贴牌委托的方式转移给其他企业。

（6）接受贴牌加工生产，也就是发挥自己产能闲置的作用，利用其他企业的技术开发能力和市场网络来实现自身规模的增长。

二、市场运营途径

前面已经做过分析，要增加企业的交易收益价值，最终必须有市场运营战略上的实施，在市场运营的五个战略中，企业必须根据自己的实际情况，主要是资源条件限制和市场资源限制来选择。每一种战略都有其特定的资源条件要求和市场资源要求，在这一点上，任何一个企业，它的主观努力都要受到一定的限制，这是我们首先必须明确的一点。当我们根据资源状况选定了某一战略之后，还必须把这一战略如何付诸实施、落实设计出来。下面，我们就分别对这五种战略加以分析。

1. 单一产品战略

单一产品战略也就是专业化生产，即仅仅选择某一种产品来实现自己的发展。即使自己所生产经营的产品在品种类型号不增加的情况下来实现企业规模的扩张，这一战略是众多企业在资金实力和资源限制较大的情况下广泛采取的一种战略。这种战略的优势是可以集中自己的资源，把这种特定产品的质量、特色提升到一个高度，以构建一个特定的品牌，这就是全聚德烤鸭店在实现多元化经营之前所选择的战略。它就以烤鸭这单一产品实现了规模化发展。它高度地专业化，使它所加工出来的烤鸭是其他食品饮食店加工出来的烤鸭质量远远不可比的，并且还形成了特别受消费者喜爱的口味特色。这就使它在此基础上形成了自己特有的强大品牌力量，从而通过连锁店经营，实现了销售收入的倍增，使其他众多的提供多种多样饮食品种的饮食企业望尘莫及。天津狗不理包子在它进行多元化经营之前走的也是这一条路。

这一战略的优点可以概括为三个方面：

（1）所受的资源限制比较少，不需要投入很多研究开发力量，也不需要投入很多的资本，并且其原材料也可以根据实际自主把握。

（2）这种途径的发展可以实现高度的稳定，完全可以根据消费者对这种产品认同度的提升稳步发展，因而经营风险较小。

（3）这种途径可以形成自己独特的市场优势，因为其专业化程度比较高，创造了自己独特的品牌优势，使竞争对手无法挤压自己的市场。

这一发展途径的局限性有两个方面：

（1）这种战略所实现的规模发展速度相对较缓慢，很难在短时期内实现快速发展。

（2）它必须有自己垄断的秘密配方或工艺，并且这种配方或工艺还不能申请专利保护，因为专利保护期是有时间限制的，超过时间限制，专利技术也就变成了通用技术，谁都可以使用。

这一战略实施的关键点有如下三个。

（1）绝对垄断的技术或资源，包括配方、工艺或者独一无二的资源供给。

这一点是这一战略实施成功的前提。并且，这种技术和资源的垄断程度即消费者认同的程度，也是两个直观且重要的决定性因素，只有其他竞争对手无法复制和模仿才能够实现自己这独特产品的垄断，也只有消费者认同程度的提高和发展才可能使这种产品在同类产品中占有充分高的市场份额。可口可乐公司不算它的多元化产品，在可口可乐这一产品上，实现的销售收入之巨，在同类软饮料中占有市场份额之高，让任何一个企业经营者都会垂涎三尺，靠的就是它独特的配方垄断以及客户对这种配方饮料的高度认同。贵州茅台酒驰名全球，靠的就是它所独有的酿酒最重要的资源——水。这种水是独一无二的，由这种水酿造的酒也是独一无二的。所以，这就是它能够通过单一产品来实现长期稳定收入的保证。

在这第一个关键点上，可以确立两个量化的目标，一是所垄断的配方和工艺要绝对保密，使这个商业秘密被人窃取的可能性为0。不过，所垄断的如果是资源，则不需要这一数量目标。二是分析发掘自己所拥有的产品与竞争对手生产的同类产品的差距及其价值，并将这种差距和价值通过种种途径给予宣传，提升消费者的认同程度，至少要保证消费者在同类产品中对自己产品的认同度高于一定比例，比如30%。这个比例的大小是决定其市场份额的关键，也是实现销售收入能最终扩大到多大程度的一个决定性因素。

（2）根据发展的市场需求组织生产，使企业这种产品的产能与市场需求一致。

这种产能组织可以设立三个数量化目标：一是数量目标，即多少个单位的产品能基本跟上市场的发展；二是质量目标，即保证这种产品的质量与消费者所认同的产品期望值相等，使客户对这种产品消费的满意程度达到100%，也就是0抱怨，在这里，尤其要注意竞争对手所采取的非法手段竞争，假冒自己的产品以扰乱或影响消费者对自己产品的信任度；三是产能供给的时空目标要求，即要求产能在时间上和空间上与市场分布能够吻合，以100%地保证消费者需要这种产品的时候能100%地满足供给。

（3）规模发展所需要的各类员工的选择和聘用。

前两个关键点的工作最终都得由人来落实，因此必须根据这种发展的进展配备各级各类人员，这种人员的配备不仅是一个简单的招聘工作，还有一个根据自己企业的实际组织培训，以提升他们对企业的认同度。同时又通过他们的行为来提升企业的这种特定产品的市场认同度。在这里，就需要确定一个人员选聘和培训的数量目标，即所聘用的员工在技能上和行为规范上都能够与企业的既定要求100%地匹配。

2. 产品线发展战略

通过产品线的发展来增加企业的交易收益价值，这几乎是所有企业在规模扩张过程中都会做出的措施选择。实施这一战略的优点有三个：

（1）目标客户相同或相近，在营销上不必再做很多工作。

（2）可以增加自己的市场竞争能力，在抵制新进入者上有一定的作用，以维持自己的市场份额。

（3）在管理和技术上从价值观念活动来分析，共享程度比较高，加之又有相同的目标客户，所以其风险很小。

其局限性主要体现在两个方面：

（1）会加剧原有市场的竞争，如果同行竞争对手已经选择了与自己不同的产品线，彼此之间本来是处于一种和平共处状态，当你扩展产品线之后，就进入对方的经营势力范围。如果市场容量本身没有增长，就必然通过抢夺他人的市场份额来实现自己的发展，这就必然会招来竞争对手的反击，甚至引起恶性竞争，造成两败俱伤的局面。同时，往往又因为在这些产品上都没有自己独一无二的特色和垄断资源，而使谁都难以保证自己在这场恶性竞争中占有绝对优势，从而也就使这种竞争变成了同行业内各方实力的总较量。

（2）这种战略必然伴随有大量投资的进入，从而，资本实力也就成了选择这种战略的一种限制，产品种类的增加与产品型号的增加二者都会对技术设备提出新的要求，因而都必须要追加较多的投资，甚至在有些情况下，进入一个新的品种，进入一个更大或者更少的规格，都会有技术上的跨越。比如，生产双缸洗衣机的企业要增加滚筒洗衣机的生产，生产20吨以下汽车的企业要把它的生产能力提高到50吨以上，这都会在技术上提出更高的要求。如果这个技术以及与之相适应的设备没有突破，也就不可能有产品线的新扩张。

实施这一技术要取得成功的关键点也有三个：

（1）对市场环境的准确把握，或者是本身这个市场仍在发展之中，自己企业拓展产品线之后不会直接争夺他人的市场份额，而可能是来自市场本身的发展。

在这里，就必须通过调研分析，把握住自己在这个市场中的地位和自己潜在的竞争能力，只有当市场还有所发展或者拓展产品线导致恶性竞争之后，自己才有把握不会在这个恶性竞争中成为第一个倒下的企业。在这一点上，要确立的工作数量目标有两个：其一是对市场的分析判断100%准确，因为稍有疏忽就意味着通过这种产品线的扩张战略引起的市场战火是烧死自己而不是竞争对手；其二是100%地准确把握竞争对手的动向，以便能把握时机，在恰当的时候快速出击，以争取这种战略实施的主动性。

（2）在战略实施上，要采取集中优势兵力打歼灭战的战略措施。

这样可以使你所扩展的一个新产品的新型号或者新品种，在推向市场之后，在竞争对手还没有反应过来，或者还没来得及采取任何措施时，就已经拿下了相当的市场份额。尤其是在这种发展过程中，不能选择四面出击的战略，否则，树敌过多，在这个市场上引起众多人对自己围攻，自己的市场就会面临危机，新拓展的产品没有争取到一个市场份额，反而把自己已有的产品份额也失掉。因为你拓展产品线之后，进入他人的市场领地，就会相对削弱原来产品相对的市场防御能力，竞争对手也就可能利用你应接不暇的时机抢占你原有的市场领地。在这一关键工作上要确立的数量目标主要是单一产品的分品种、分市场的占有率，在这里，不能简单地选择销售收入总量在短期内的增长作为数量目标。如果你是通过四面出击，在短期内让竞争对手还没有进行反击之前，零零碎碎拼凑出来的一点销售收入的话，那么它们会因为竞争对手的反击而全部丧失。

（3）要形成自己的市场竞争能力储备，就像打仗要留有后备部队一样。

如果不储备市场竞争能力，一旦遇到竞争对手的反击，刚正面较量就可能败下阵来。这往往会造成全军覆没的后果。所以，在产品线这一发展战略的过程中，既要把握住新产品有优于对手的特色，又要保有能够潜在优于竞争对手的特色。可确立为数量目标的有产品特色个数、销售服务的特色个数这两个特点。也就是说，通过确立这样的数量目标，让企业从市场竞争这个角度来思考每个单位部门的工作，而不仅仅是为了完成工作而做工作，要让与之相关的单位部门和岗位角色都能够从增强自己企业产品的竞争优势的方向去努力。

3. 行业多元化战略

行业多元化战略是在企业已经有相当实力之后，进一步实现规模扩张，增加交易收入的价值的一个战略选择。产品线发展是在同一行业内实现产品品种和型号的多元化，行业多元化则是突破原有的行业，进入更多的行业领域，以实现企业交易收益价值的增加。

一般认为，行业多元化战略可以分散风险，以保证自身立于不败之地。具体说来，这一战略主要有以下三个优点：

（1）进入新的行业，实现多元化经营，避免恶性竞争的发生。

人们常说避免“把鸡蛋放在同一个篮子里面”也就是这个思路。但这种行业多元化并不一定能够增加企业的经营保险系数，降低风险。鸡蛋放在同一个篮子里面，就需要只盯住这一个篮子，把这个篮子盯住了，我们的风险也就降低了。如果把鸡蛋放在多个篮子里面，相反风险还可能更大，因为这意味着要分散资源的利用，从市场竞争的角度来看，会导致多方面的竞争，从而因为顾此失彼而增大风险。强调通过行业多元化来降低风险是处于一种静态的思考，没有考虑到市场竞争是动态的。进入任何一个行业，竞争对手都会对你采取一定的措施进行反应，除非这个市场本身就很大，并且还在不断的发展之中，你的进入不会导致竞争对手蒙受任何损失，竞争对手也就可以忽略你的存在，也就不会针对你的进入进行专门的反击。在现实企业经营中，只要发现一个新的成长的行业，都会有人大量拥入，就像现在的移动电话的生产一样，不仅有专门的厂家进入生产，而且原有的成规模的家电企业也都进入了这个行业，因为这个行业的市场不仅巨大，而且发展速度极快，谁的进入都不会挤占他人的市场份额。

这一战略的优点可以说是在企业规模已经比较大的情况下，快速增加自己的交易收益价值来拓展规模的有效途径。如果企业本身已经具有相当规模，在已有的行业所拥有的地位已经相对较高，再继续在这个行业寻求更多的市场份额必然会激起更激烈的竞争，尤其是当这个行业已经发展为一种垄断性竞争市场格局后，在这个市场中存在和经营的竞争对手都具有相当规模，要获得任何一点市场份额的增加都会招来一场你死我活的市场拼斗，这往往就是得不偿失的。选择一个新的行业进入，只要这个行业还没有形成这种垄断性竞争的市场格局，如果你的进入可以在实力上胜过新进行业中众多小型的竞争对手，你就有可能轻松地取得一定的市场份额，实现销售收入的增加，在这种情况下，这种多元化经营就是规模扩张最优的战略选择。

（2）通过纵向多元化，可以增强自己企业在原行业中的竞争实力。

前向多元化则有可能巩固自己在该行业中产品主要原材料和零部件的供给，降低企业发展对外部的依赖。这是长虹进入彩管行业所做的战略选择的依据所在。另一个是后向发展，或者说是向下游发展，即通过向终端消费者靠近来增加对消费者偏好和质量要求的把握，以在取得增加这一部分销售收入的同时，还可以明确原有产品改革发展的方向，取得一手资料，以实现对市场稳定的把握。有些生产中间产品的企业逐步转向下游产品的生产也是用的这一策略。

（3）可以争取更多的市场机会，并为自己的企业进入行业组织打下基础。

任何一个行业都是有生命周期的，如果等到这个行业的生命周期已经进入尾声时才另谋出路，往往会增加风险。企业实行多元化经营策略就可以自主地根据行业发展的阶段进行取舍和组合，不仅保证行业组合优化，而且保证资源有限的情况下实现销售收入的最大化。如果只守在一个行业经营，这就可能有这种行业选择组合的余地，从这个意义上讲，这一战略还是企业行业更替的一条有效实施途径，也就是在原有行业的生产经营出现衰退之前，为自主地选择新行业奠定一个基础。

图1－12 企业发展四大价值与客户八大价值的关系

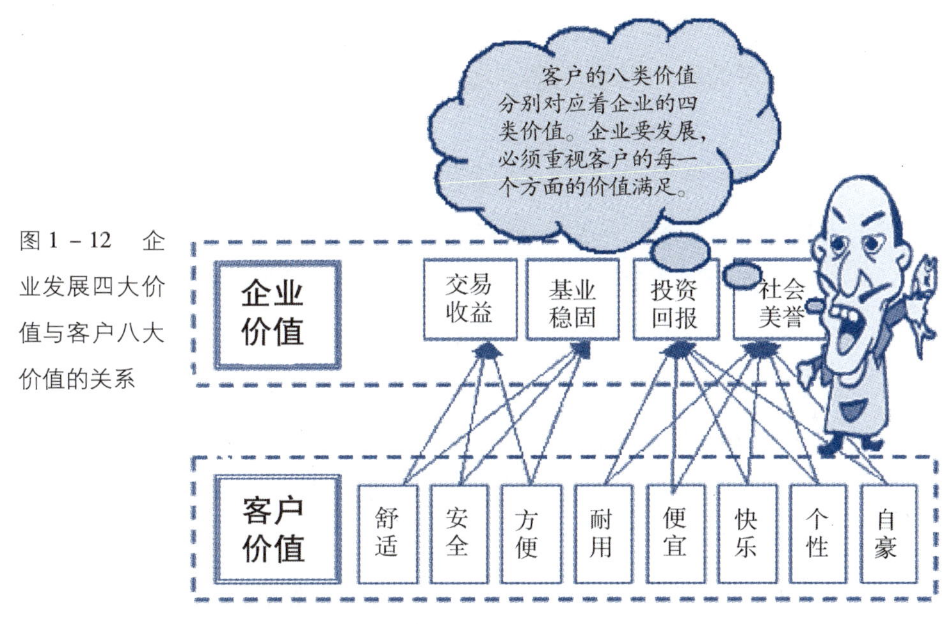

这一战略的局限性比较多，主要有以下三个方面。

（1）资源限制。企业所拥有的资本资源、人力资源、技术资源等，如果不是充分大，实现多元化经营只会是自导覆灭，因为资源限制会使企业在任何一个市场中都不能取得相对的优势地位，企业在市场上的地位就显得很脆弱。同时，任何一个行业的经营都有最低规模限制，这就在资源上提出了更高的要求，资源总量达不到一定的高度，就根本不可能实现多元化经营。

（2）管理能力限制。实行多元化经营的企业集团的管理要比单一行业的经营管理涉及范围广、头绪多，协调起来更困难。如果一个企业没有形成自己独有的管理模式，进入多元化经营之后，就会增加经营的风险。

（3）企业在行业内地位的限制。实现多元化经营必须要求企业在所进入的行业已经取得比较高的地位，也就是说，在原有的行业中，他人已经无法轻易地动摇该企业的市场份额。如果要进入新的行业，企业也必须能够做到这一点，如果进行“撒胡椒面”一样的投资，每个行业的市场地位都不稳，随时随地都有被竞争对手清除的可能，那这种多元化就肯定是得不偿失的。通用电气公司强调每一个事业部都必须进入全世界的前三位，也就是从这一局限的角度思考问题的。

这一战略实施成功的关键点有三个：

（1）行业选择足够准确。也就是说，所进入的新行业必须有助于稳定自己企业的竞争力。一方面在众多的行业之中能够形成一定的关联，以实现更多的价值观念环境的共享。另一方面，所选择进入的行业或者是市场容量大，市场发展潜力也大，或者是在这个行业中，还有众多势力弱小的市场主体使自己的进入能够轻而易举地战胜他们，从他们那里获得自己想要的市场份额。因此，在做这种市场选择决策时，可以把价值观念活动的共享程度、市场成长的比率和原有市场分散的程度三者作为衡量指标。在对行业进行选择时，对可能的被选行业至少要达到三个以上，以便于进行比较优化。

（2）人员的组合进入一个新的行业，技术是全新的，市场也是全新的，如果没有能够与之适应的全新的人员组织，就往往难以取得成功。就如联想的柳传志所说的“不赚钱赢利的项目不做，能赚钱但投资能力有限制的不做，能赚钱并且投资能力也没有限制，但没有恰当的人也不做。”他在这里讲的第三点，是关键点所在。很多行业尽管市场容量很大，发展前景也很看好，并且企业的投资能力也能够轻松应对，但没有恰当的人员组合就仍然不能进入。

（3）一定要在多元化经营之前，完善企业的经营管理模式，健全企业文化，完善企业管理规范，实现一种规范化管理。只有通过分析论证，确认自己在已有行业的成功都是自己企业主观努力和资源积聚的结果所致，不存在侥幸获得的特别机遇。任何一个企业的经营要实现自己的发展，在任何情况下都不可以心存侥幸，必须有充分的把握通过自身的努力获得成功，而不能把这种成功寄托于一种幸运的赌博上。

4. 市场区域多元化战略

市场区域多元化战略与行业多元化战略有近似的地方，后者是通过进入更多的行业市场来谋求交易价值的增值，前者则是谋求更多的空间来增强自己的交易收益价值，但二者从性质上又不完全一样，其实施的难度前者要小于后者。消费者作为人总有他的共性，区域虽然对这种共性会产生一定的影响，不同的地区、国家、民族在对特定产品的偏好上有不同的特点，但除了一些特殊的例外，这种共性仍然是占主导的。所以，进行市场区域多元化，相对要容易得多。

市场区域多元化战略的优点可以概括为以下三个方面：

（1）在不改变和增加技术投入的情况下，仅仅通过营销网点的增加，在新的区域市场增设网点，就可以使对企业产品本来有潜在需求的客户的购买变成现实的销售收入，这是最简单也是应用得最普遍的规模扩张、战略选择的原因所在。在原有的发展思路中，甚至认为产品的区域局限很大程度上也通过谋求市场的多元化而实现了大发展，光明和伊利牛奶就是典型。

（2）可以避实就虚开展竞争。在原有的市场竞争已经过于激烈时，避开这个市场而到新的市场区域就可能发现更多的发展机会。最典型的是，鼎新集团的成功就是走的这样一条道路。该企业创始人原籍在中国台湾，所从事的行业是实用油加工，而这个行业在中国台湾本土市场的竞争已经相当激烈，他感到已经不再有任何发展的余地，所以选择了到大陆发展。到大陆来之后，他所生产经营的油品又与当时的居民消费存在一定的差距，反而在寻找这种机会中发展了一个新的机会。在他旅行的途中，众多人对他所带的方便面具有浓厚的兴趣，最后，他选择了这个产品，并在很短的时间内取得了成功。他所经营的康师傅方便面早已成为我国这一产品的第一品牌。

（3）这种战略的市场风险比较小。一般而言，只要这种产品的生产加工比较规范，其产品的消费又不存在什么风险，该产品进入一个新的市场区域，总会有一定的客户。即使当地原有的同类产品已比较多，仍然不会改变这种状况，因为消费者的偏好本身是不断变化的，加之人的本性中都包含有喜新厌旧的成分。当出现一个新的产品时，只要没有安全方面的担忧，则都会选择来试一试，尽管这种产品没有任何特色差异，仅仅是品牌的不同。20 世纪 90 年代众多的白酒生产厂创造出销售收入大幅度提升的奇迹，就是建立在消费者这一特点的基础上的。他们应用广告攻势进入新的区域市场，一下子就把这种消费者都吸引到自己的旗下，并且当这种产品的广告达到一定力度之后，甚至还会使这种产品的消费成为一种时髦或时尚，从而也就可以实现销售收入的大幅度提升。

这一策略的局限性体现在以下两个方面：

（1）新的区域市场环境的限制。如果不吃透新市场的环境特征，盲目进入，往往可能带来灾难性的后果。一些国际知名企业在进入新的市场区域前，总是在对市场做了精确的调研之后才会采取逐步深入的办法。

（2）要保证这种销售收入能够稳定就必须保证你所提供的产品在同类产品中有一定的特色，最终通过竞争使认同你这种产品特色的消费者成为你的稳定客户，从而获得与之相适应的市场份额；否则，单纯利用消费者见异思迁的心理，说不定哪一天他又思他去了，这样就很难形成稳定的市场占有率。最典型的是山东的几家白酒生产企业，孔府家、孔府宴、秦池、金贵、齐民思，它们都曾经通过猛烈的广告攻势进入新的区域市场，然后实现了销售收入在短期内的多倍增长。但其业绩十分不稳定，几乎都是昙花一现。原因都在于他们的产品都不具有足够的特色，只是利用了消费者见异思迁和从众的消费心理罢了。当它们的广告攻势减弱之后，人们马上就放弃了对其产品的选择。

这一战略实施成功的关键点主要有两个：

（1）与第二个局限相适应的要保证这种收入增长的稳定性，而不出现大起大落的波动，必须使自己的产品在与同类产品相比较时，有其特色，这种特色被消费者认同的程度是这种产品最终能够维持的市场份额的关键因素，但如果没有特色，也就可以说你的最终市场份额趋于0。仅仅靠猛烈的广告攻势不可能把一个毫无特色的产品的市场份额长久地维持在一定高度。尽管你的产品广告攻势猛烈，本身可以构成你的产品之外的一个特色，但这种特色其效用是递减的，不会有这样的消费者——因为特别喜欢某一广告而成为相应企业的忠实客户。所以，开发和发掘出多少个产品特色就成了检验这一战略实施成功的一个重要指标。

（2）与第一个局限相对应，要进入一个新的市场区域，不仅要保证你的产品与当地市场消费的偏好以及习惯风俗等相适应，而且你的经营方式及企业的内部活动方式也必须与当地的社会环境相吻合。尽管我们说，一个新的差异会引起更多的人的关注，在平静的水塘里激起一点涟漪，但这种差异有一个度的限制，如果超越了人们所忍受的限度，引起了社会公众的反感，不仅得不偿失，而且可能是灾难性的。海尔的经营到了美国也要根据美国市场文化做出调整，海尔在国内实施的“站 6S 大脚印，反省自己工作没做好的差距”不得不改变成“站在 6S 大脚印上总结自己取得成功的经验”。

三、资本运营途径

我们把资本运营途径与市场运营途径并列起来分析，只是为了叙述的方便，其实二者是相互融合的，不是相互独立的，通过市场运营途径来实现交易收益价值的增值，不可能没有资本的支持以及相伴随的独特的资本运营形式。同时，通过资本运营来扩大交易收益价值也必须通过前面所分析的市场战略，不可能在这些市场战略之外谋求市场销售收入的大幅度增长。但在其思路和运作上，又代表着不同的内容，因此，不得不独立进行分析。

1. 自我投资发展

所谓自我投资发展，就是企业为了扩张自己的规模增加销售收入，新上项目包括单一产品经营、为增加产能而增长生产线或者连锁网点实行产品线扩张、增加产品品种或产品型号、实现多元化经营、进入新的行业产品生产或销售等，都完全由自己融集资金，新起炉灶，组织经营。

采取这一战略的优点有三个方面：

（1）不会导致不同主体的资源事例矛盾，完全由自己企业按照原有的模式招聘选用人才，或者是从内部分离人员，从而可以起到新上项目的经营组织与原有企业在文化和管理上实现更多的整合，避免矛盾。

（2）自主性完全，在项目运作管理上不会受制于人。企业完全可以根据自己的期望和价值观念来组织实施。

（3）在时空发展的选择上自由度更大。完全可以根据自己对这个项目的判断实现一种最优选择，不需要任何形式的迁就，因而有可能保证这种新上项目的效益最优。

但这一策略的实施具有很多局限性，主要有以下三个方面：

（1）这一策略无法借用他人的资源。资源的组织必须靠自己独立进行，现有资源的规模可能制约这一策略和最终实施的效果，并且企业组织资源能力的大小成了通过这一战略实现发展的最后极限。

（2）这一战略的实施要取得成功严格地受制于新上项目的市场状况，如果新项目的产品市场发展余地很小，甚至没有发展，要通过这一战略获得成功，就必然会受到项目所进入市场的竞争对手的强烈反击，加剧竞争，增加这一战略实施的风险。如果所进入市场没有分散的众多势力弱小的竞争对手存在，通过这一战略获得成功的可能性就会降低很多，从而增加其经营风险。

（3）人力局限。这一战略的实施不仅不能利用他人的技术资源和资本资源，而且也不能利用他人的人力资源，而人却是项目成功的最关键性因素，再好的项目，如果没有恰当的人去承担，也就不免失败受挫。

这一战略实施的关键点有三个：

（1）人员组织。另起炉灶组织项目实施，选配形成一个强健有力的项目团队是关键，甚至可以说，没有技术可以通过购买专利来弥补，资金不充分也可以通过有效的方式融资（如发行股票、债券或从银行货款等）获得，但项目团队的组织却没有捷径可走。一时拼凑的项目班子彼此之间没有经过磨合，在不充分了解的基础上凑合到一起，很难统一意志、统一行动来应对复杂的工作。因此，企业实施这一战略就必须有相应的人力资源储备，至少能够形成一个项目团队的核心力量，能在企业原有的业务中发展起来。

（2）市场本身的限制。如果项目所在的市场结构不好，发展潜力小，企业进入这样的市场开展经营活动必然凶多吉少，所以对于新发展的项目必须充分考虑它的市场结构。

（3）资本组织能力的积累。因为通过这种方式来拓展市场往往很难避免激烈竞争的发生，这种竞争一旦发生，最后都是以资本实力的强弱为竞争胜负的关键点。没有资金实力的储备，难免会出现中途败阵的局面。因此，企业通过新起炉灶来扩大市场份额或者销售收入，就不仅要计算项目投入规模与自己承受能力之间的关系，还要考虑到激起竞争所需要的资本实力支持。

2. 收购兼并发展

收购兼并发展是当代企业实现扩张普遍采用的一种战略。它甚至比新起炉灶、自主投资的战略应用得更广泛。它具有其独特的优点：

（1）通过这一战略来实现规模扩张不受市场格局的限制，因为通过收购兼并是直接把被兼并收购企业的市场份额纳入自己企业的名下，不再受市场发展增长的限制和市场众多实力弱小的经营主体存在的要求限制。

（2）通过这一战略的实施可以在很短的时间内改变原有市场竞争格局，使自己的市场份额实现快速提升，从而改变与竞争对手之间的实力对比的格局。

（3）可以充分利用他人开发的现成技术，使自己企业一进入这个市场就可以获得相应的优势，被收购兼并企业的专有技术及一切商业秘密也会随着这种收购兼并的完成而归入自己名下，这就缩短了自我开发积累的时间。

（4）可以充分有效地利用被兼并收购企业现成的团队。任何一个企业只要连续存在一段时间，相互间的磨合总会把一群人整合为在意志和行动上比较容易协调的团队，由这种团队所体现的人力资源整体力量就可以通过这种收购兼并而为自己所用。尽管收购兼并之后，有可能需要对其团队经营领导人进行调整，但这并不意味着要彻底摧毁这个团队，甚至只要不是恶意的收购，这个团队的主要领导人也不一定需要改变。

这一战略的局限性尽管比较单一，但是却是非常严密的，这就是所控制的资本组织能力限制。要收购兼并其他企业，你就必须有充分大的资本实力做后盾，这一限制也就成了实施这一战略的不可突破的约束，它是必要条件，也是充要条件，没有这个条件的满足，就完全不可能通过这条途径来实现企业销售收入的增长。

这一战略实施成功的关键点主要有两个：

（1）与其局限性相对应的资本资源的组织。

（2）保证这一战略实施最终的结果是自身企业竞争力的稳定提升，也就必须实现对收购兼并企业在运营和管理上实现与自己原有企业的整合，从而形成合力，真正起到 $1+1>2$ 的效果。

因此，企业本身不仅需要有完整的管理模式和企业文化，而且还要使这种管理模式和企业文化具有开放的性质，一方面能够容纳吸收被收购兼并企业优秀的思路和做法，同时又具有充分的生命力，能够很快取代被兼并收购企业陈腐无效的思路和做法。尤其是当被收购兼并企业处于一种效益不佳、发展受阻的状况时，更是要依赖原有企业的管理模式和文化价值来推动被收购兼并企业的复苏和发展，就像海尔吃休克鱼一样。

3. 控股参股发展

控股参股战略与收购兼并战略在作用上有相似的地方，但二者又存在一些差异。收购兼并是完全取得被收购兼并企业的绝对支配权，而控股参股可以说仅仅是一种实现紧密的战略联盟的实施途径。但你对它的影响只能通过股东会和董事会这种特定的途径来产生，即使你对它已实现了控股，你也不能随意地调用被控股对象的资源，这种控股不过是加强了它与自身实现合作的一个保障。严格地说，被参股控股的企业所实现的销售收入还不能记在自己企业的名下，但它却可以通过这种合作关系的稳固而增强自己企业在市场中的竞争能力，从而达到提升企业的销售收入、增加交易收益价值的目的。

这种战略的优点主要表现在可以用较少的资本资源来控制影响众多的企业，从而达到调动更多的资本资源为自己所用的目的，使自由资金在这里起到杠杆作用，实现自己企业实力的倍增。这种战略的实施所受到的资本资源总量的限制较小。

这一战略实施的主要局限是对控股参股的选择必须进行充分论证，能够通过这种持股参股影响被参股企业的经营决策和战略选择，以服务于自身企业市场竞争力的提升，从而获得更多的销售收入，而不仅仅是为了获得投资回报。

这一战略实施的关键点是与它的局限直接联系在一起的。要保证通过这一战略能够真正增加交易收益价值，不仅在控股参股的企业选择上要充分考虑到其行业特征、区域特征，而且还要考虑到其本身的市场竞争力，否则，对自身企业竞争力的提升就会有限，甚至为零。

所以，在实施这一战略的时候，要想服务于企业的这一价值，在做选择的时候，就必须考虑到这一要求。

图 1－13 兔子没有打盹也没有跑过乌龟

4. 合作经营发展

合作经营实际上是一种通过协议来完成的一处项目经营，彼此以所投入的资源来获得相应的回报或者产品，所以，它也可以成为企业增加销售收入的一个战略途径。通过合作，按比例获得的产品的销售可以视做参与合作项目的企业的销售收入。但在一般情况下，这种合作都是有时间限制的，只是在协议期内才存在，协议期限终止时，这种合作也就终止了，这是这种合作所独有的特征。其优点如下：

（1）通过应用单一的资源，比如技术、厂房、设备、人员、场地、主要原材料等，来实现自身销售收入的增加，从而可以使自己所拥有的某些独有的资源创造出更多的企业价值。

（2）引进自己可复制的资源，从而达到发展自己企业原有资源的目的，又通过这种资源的发展而提升企业交易收益的价值。比如，在我国企业中，有众多的企业通过与发达国家或者国际上有影响的先进企业举办合作项目，而达到从对方引进技术、引进管理的目的。比如海尔就是通过这种方式与德国利勃海尔合作而实现发展的，它从利勃海尔复制了冰箱的生产技术和先进的管理方法。这是海尔实现销售收入增长及其后来在交易收益价值上实现稳定发展所做出的一个最漂亮的选择。

这一战略的有效实施还有三大局限：

（1）合作有期限限制，从而使所增加的交易收益价值会随着这种合作协议期限的终结而终结。

（2）企业自主程度比较低。即使你有某一方面的资源存在，能否通过合作来取得这种资源的有效利用，要受外部环境的制约，即必须有企业看重你这种资源，充分认同你这种资源的商业价值。

（3）不免发生短期化行为。因为合作存在协议期限限制问题，合作的任一方都只是希望通过这种合作谋求到尽可能多的现实利益，所以，它只能成为企业实施一定的发展战略的一个手段，不可能构成企业发展战略的关键性部分。

这一战略实施的关键点在于发现、发掘或光大自己所有的某一种资源的价值，即让自己所拥有的这种资源具有充分的商业价值，同时，还要通过一定的方式让人能够认同这种资源的商业价值。

5. 贴牌委托生产

贴牌委托生产是当代社会实现企业规模扩张非常普遍的一种策略选择。通过这种策略的实施，很多企业都在很短的时间内实现了规模的快速扩张。最典型的是戴尔公司和耐克公司，它们都只是抓住经营的两头，而把生产经营的这个环节转让出去，即按照自己所提供的技术和质量要求组织生产，生产出来的产品以协议价格收购，并贴上委托方的品牌进入市场销售。

通过这种战略来实施企业交易收入价值增值有两个优点：一是可以节省投入，使企业的这种经营省去生产加工环节上的种种投入。使自己已有的资本资源可以更有效地发挥作用，从而达到在资本规模没有成倍增长的情况下，就可以实现销售收入的多倍增长；二是可以省去生产加工环节上的组织和运作的精力投入，以使企业可以把有限的人力资源用到更关键的环节，以创造出更多的交易收益价值。

这一战略实施的局限性主要是自己必须满足“在研发和市场这两头取得优势地位，不仅有人愿意接受自己企业的委托贴牌加工，而且能够在这一产品的市场上保持相对领先的地位”这一前提。

这一战略实施的关键点是企业必须有市场运作的强大优势，即使没有研发的优势，但也必须有市场运作的优势。因此，要通过这一方式来实现交易收益价值的增值，一方面自己要有强大的营销网络，能够将通过贴牌生产所组织的产品在很短的时间内推向更广泛的市场；另一方面，或者开发出独特而有效的市场运作方法和模式，在市场运作上处于绝对的优势地位，否则，就会在一条龙的经营企业面前变得不堪一击。并且，这两种市场资源的积累和发展还必须相辅相成、不断推进。

6. 接受贴牌加工

接受贴牌加工这一战略与前一战略刚好相对应，它是通过利用他人的研发能力和市场运作能力来实现自己的交易收益价值的增值。按照协议接受他人的委托而为他人提供产品就可以以这个协调价格来计算自己企业的交易收益。这一战略的实施有以下三个优点：

（1）可以充分发挥自己企业的生产加工能力，从而间接地达到增大市场份额的作用。

（2）可以通过这种为人做贴牌生产逐步积累市场资源，为将来从后台走向前台奠定基础。因为能够为品牌优势强大的企业做贴牌生产，也就可以把自己的产品通过这种间接的方式推向客户。当这种稳定的联系持续一段时间之后，就完全可以打出自己的品牌来，并告诉消费者他们原来使用的产品本身就是我们生产的，从而使客户相对较快地认同接受其产品。

（3）几乎没有市场风险。接受委托贴牌生产是按协议组织生产，最终销售是否出现问题的风险不用该企业来承担。在这种情况下，企业就可能获得比较稳定的销售收入的增长，也可以通过这种方式间接地取得更多的市场份额。这也是格兰仕走向国际市场、在全球占有微波炉市场最大份额的成功经验所在。

这一战略的第一个局限是自己的依附性太强，如果贴牌生产所占的比重过大，也就把自己企业的发展附在了委托贴牌的企业身上，从而导致对贴牌委托企业的依赖。并且，如果委托贴牌企业终止委托合同，还会导致企业发展的大幅度波动，甚至导致陷困破产。

这一战略的第二个局限是生产加工能力必须具有相当的优势，否则很难争取到这种贴牌委托协议。一般委托贴牌的企业都只会选择那些生产加工能力在同行中比较超前的企业，并且要运作规范，使其质量稳定、供给稳定，这就限定了实施这一战略的企业必须具备这种特定的优势和能力。

这一战略实施成功的关键点主要在于自己拥有一定市场的前提下来实施，不能单一地来接受他人委托贴牌生产。格兰仕之所以在微波炉市场获得如此高的市场份额，贴牌生产是一个重要原因，但这种成功却是建立在它已经占有中国这个最广大的市场的前提下的。只有在上述这种情况下，贴牌生产才能算得上是一种自我发展的战略。

四、管理战略途径

企业交易收益价值的增值，除了市场运营和资本运营两条途径之外，管理也可以相对独立地成为一条途径。

企业可以通过管理水平的改善提高员工的积极性和创造性，在不追加投资、不拓展市场空间、不进入新的行业领域的情况下，仅仅对已有的市场，通过内部员工积极性和创造性的发挥，也可以提升企业的交易收益价值。这条途径的实施主要是通过强化管理来实现，即把每个人的直接或者间接的交易收益价值与他从企业得到的各种激励更准确地对应起来，从而使每个人的工作都能够直接或者间接地作用于企业的交易价值的增值。

通过管理途径来提升企业的交易收益价值，最大的优点是无须企业追加投入，包括厂房设备、人员等的投入。这可以说是另一种内涵的扩大生产。这又可以称做是企业内部的挖潜，它直接意味着企业经济运行效率的提升和经济效益的改善。

这一途径的局限性体现在以下三个方面：

（1）所能带来的交易收益的增加在总量上有一个限制，不可能通过这条途径实现企业规模的大扩张。

（2）见效速度相对缓慢，通过管理增加的效益价值是渐进增长的，不会出现那种大幅度的增长。

（3）管理的思路和方法必须与企业的实际相适应，能够得到企业内部绝大多数人员的认同和支持。这一限制是一种硬约束，不满足这一条件，就不可能带来企业的这种价值的增值。

这一途径实施的关键点有三个：

（1）在企业内部确定每一个岗位与增加企业交易收益价值的关联关系，并根据这种关系设立成数量化的工作目标要求。

（2）严格考核。即根据所确立的目标要求对每个人所承担的工作进行严格的量化考核，科学公正地确定每个岗位对增加企业交易收益价值所做贡献的大小。

（3）强化内部激励。即以经济福利激励，包括工资奖金、津贴、福利等，以及非物质激励，包括职务晋升、评优、培训等，严格与考核成绩挂起钩来，真正做到使每一份勤劳都可以获得对应的奖励回报。

第十章

决策制定关注焦点之二：基业稳固价值增值积累

只有当企业投资能稳定地获得交易收益、实现投入补偿、不存在任何使投入本身无法收回的可能性时，才有正值的基业稳固价值。所有非法行为在基业稳固价值上都存在高额负值，这种经营活动随时随地都可能被查处，随时随地都可能丧失其投入及非法收入。

企业的运营总是存在一定的风险，从而使自身发展陷于一种难以持续稳定的不确定之中。一般情况下，企业运营的收益大小与风险的大小直接相关，高风险有可能带来高回报，但风险和收益的关联关系并不是稳定的。也就是说并不是风险越高，收益就一定越大。

企业的经营所做的工作，实际上可以界定为在保证收入的情况下降低风险，这就是增加企业的基业稳固价值。本章就对市场风险回避途径、财务风险回避途径、人事风险回避途径、质量风险回避途径、政策政治风险与自然风险的回避途径等进行分析。

一、市场风险回避途径分析

前面我们已经讲过，市场风险也就是市场供求本身的变化所带来的风险。这种风险存在的形式可以概括为以下六个方面：

（1）产品客户消费的偏好变化带来的风险。即他们对原有商品的性能、样式等在偏好上发生了变化，从而使企业按照客户消费的偏好发生变化之前所提供的产品和服务不能再适应消费者的需求，是所生产的产品以及为这种生产或服务所进行的投入带来的风险，即这种投入不能再通过为客户提供价值满足的收益来补偿企业的投入。

（2）材料设备采购风险。任何一个企业的经营要提供服务或者产品，都不可避免地要在市场上采购原材料和相应的设备，而原材料和设备本身是否最终符合自己的需要，这有不确定性。任何一个供应商提供的假冒伪劣产品，都可能使自己的产品产生灾难性的后果。

（3）产品创新风险。人人都知道“一朝鲜，吃遍天”，而这一朝鲜的创新是不是符合消费者的胃口，消费者能否最终接受它，却带有很大的不确定性。如果投入所带来的创新最终未被消费者所接受，这种投入就变成了毫无意义的浪费。

（4）行业扩张风险。当企业需要突破原有的行业进行多元化经营时，进入一个新的行业往往就会招来新行业的市场竞争对手的反击。这种反击会在多大程度上对自己的这种经营构成威胁，这又是不确定的。

（5）新市场进入风险。企业为了扩大自己的规模，就必然会进入新的市场区域，而所进入的市场在风俗习惯、文化、政治等方面有可能与已有的市场存在很大的差别，而这种差别所带来的影响也是不确定的。

（6）外部合作风险。企业在为客户提供服务的过程中，往往免不了要与市场上的其他主体合作，从而为客户提供更完整的产品和服务，而这种合作主体的选择往往存在一定的风险。所选择的合作主体是否能真正与自己结成诚实的合作关系，往往会直接影响到这种合作能否成功，从而带来风险。

要最大限度地降低这六个市场风险，其措施在于完整地收集市场信息，准确地把握市场供求的实际，并对未来进行预测。要降低市场风险，也就是要提高这种市场运营的决策质量，减少失误，而其基础却是市场调研和市场预测。总之，要使这种决策中所包括的不确定因素最大限度地降低，避免这种不确定因素给企业的相应经营活动带来的不确定的影响。

二、财务风险回避途径分析

资本是企业存在的血液，任何资本循环得不当，都会导致企业陷入困境甚至是死亡。财务风险就险在这里。而资本作为一种宝贵的资源，其获得和使用都是需要成本的，当一个企业需要资本而没有资本的时候，企业会面临危机，甚至会因为流动资本的短缺而濒临破产；但当资本充足，却没有恰当投入时，资本的这种闲置又会导致资本价值无法实现，而使资本获得和使用带来的成本无法补偿而造成损失。因此，任何一个企业都要尽可能地防止财务风险的发生。财务风险发生的情况一般有以下四种：

（1）负债风险。当一个企业负债经营时，如果债务组合不恰当，还债期间与企业的现金流量就会发生背离而导致信用崩溃。

（2）投资组合风险。当企业选择进行一个比较大的项目投资时，投资完成了一部分后，因为种种变故导致后续的投资发生困难，使项目投资难以为继，就会给企业造成巨大的损失。

（3）资本闲置风险。尤其是通过负债的形式融集的资金，当资金融到手中之后，项目由于种种原因发生变化，使这种资金无法得到恰当的应用，而使企业白白地蒙受这种资金获得和占用的成本投入。

（4）资本投入风险。资本的投入是为了谋求资本本身的价值增值，但所投资的项目最终能否实现增值，是要受市场检验的，往往就不免会发生不确定性。有些企业实行资本运营，将闲置资本用于证券投资，往往也会因为收益的不确定性而导致资本的损失，甚至是本金的损失。

财务的这四个风险的存在，实际上也与市场的运作直接相关。从一定意义上说，财务风险也可以是市场风险的延伸，但它又不是简单地等同于市场风险，除了市场运作本身由于市场运作带来的风险之外，还有资本、资金管理本身所存在的问题，如果企业的资本、资金管理不能够严格按照资金运作的规律进行，就必然会增大这种风险。所以，降低财务风险的途径有两个：一是在市场运作过程中，要减小这种投入的不确定性影响；二是严格规范资本、资金管理，保证资金的运动和市场的运作相吻合，尤其是对企业的资金和负债要进行有效的组合。资产的组织重点在于使资金的不同形态的比例与所在行业的比例关系对应，尤其要避免把短期流动资金转化为长期投资而造成流动资金的短缺，使企业发生困难。负债的组合是强调要让负债的还款期与企业经营的现金流量吻合，避免过于集中的到期债务的偿还超过企业资金流量。

财务风险更多地体现在，企业经营过程中所获得的现金流量不能偿付到期债务和维持正常经营开支所造成的经营中断和危机。所以财务风险的衡量，可选择企业财务风险保障系数提升率作为指标。企业财务风险保障系数提升率，定义的是从财务角度分析，企业发展稳定程度的提升变化。企业财务风险保障系数提升率越大，说明企业发展越稳定，波动的风险越小。反之相反。

从财务角度分析，只有当当月的现金流量减去当月应还债务之后仍能保障经营常规支出有余时，企业组织运行才不会受财务因素所累。所以，只有当余数越大，企业发展才越没有财务风险，发展也才越稳定。企业财务风险保障系数的提升，也就是这个余额的增长。企业财务风险保障系数提升率的计算公式如下：

$$C=\{[(X_t-Z_t)\div J_t)]-1\}\div\{[(X_{t-1}-Z_{t-1})\div J_{t-1})]-1\}$$

式中 C——企业财务风险保障系数提升率；

X_t——当年当月现金流量；

Z_t——当年当月还债总额；

J_t——当年当月前3个月平均经营常规费用总额；

X_{t-1}——上年当月平均现金流量；

Z_{t-1}——上年当月前3个月平均经营常规费用总额。

图1－14 借力经营有窍门

但有一点又必须明确，这种基业稳固价值与效益又是一对矛盾，企业财务风险保障系数过高，就意味着存在一种流动资金过剩而闲置浪费的问题。以流动资金形式存在的资产是不能为企业带来任何价值增值的，所以，企业财务风险保障系数并不是越大越好。

三、人事风险回避途径分析

人事风险往往比前两种风险来得更猛烈，尤其是在高级人才和关键性人才的使用方面。诸葛亮错用马谡失街亭，导致一场重大的军事行动，从而归于失败。在企业的经营中，往往更是如此。一件事能够得其人，也就可以保证其成功，误用一个人，则整个项目就会完全失败。英国巴黎银行最后破产最直接的原因就是用错了一个亚太地区的经理人。

人事风险的形式主要表现在三个方面：

（1）所选用的人与其所承担的事业在能力或品行上不适应，致使由其所担负的工作归于失败。

（2）企业激励机制不健全，不能最大限度地调动人员的积极性和创造性，使之得其人而不能得其力。

（3）绩效考核风险。绩效考核是对员工的一种评价，评价的失真，往往会带来更大程度上员工积极性和创造性的丧失，因而导致这种人事风险的发生。

衡量人事风险，可选择关键岗位人才增长率指标。

所谓关键岗位人才，就是在企业发展过程中起骨干作用的岗位员工。这类员工不仅在人才市场上很难招聘到，而且至少在三五年时间内难以培养出来。在社会高速发展的今天，企业发展是否能保持稳定，关键是关键岗位人才的稳定和增长，甚至财务风险对企业发展稳定性的影响也没有它大。只要人没有散，关键岗位人才都在，人心没有散，即使遇到很大的财务风险，也是不难化解的。人心稳定，尤其是能保证企业价值增值和积累的关键岗位人才的人心稳定，财务上的困难也就只是暂时的。

关键岗位人才增长率，定义的是企业发展的稳定程度的提升变化。关键岗位人才增长率越高，说明企业发展得越快、越稳定。关键岗位人才增长率的计算公式如下：

$$Y=(Y_t-Y_{t-1})\div Y_{t-1}$$

式中　Y——关键岗位人才增长率；

Y_t——当年全年关键岗位人才平均数；

Y_{t-1}——上年全年关键岗位人才平均数。

企业财务风险保障系数提升率，是从财务角度分析定义的企业发展稳定程度的发展变化。企业财务风险保障系数提升率越大，说明企业发展越稳定，波动的风险越小。反之则相反。关键岗位人才增长率，是从人员角度分析定义的企业发展稳定程度的发展变化。企业关键岗位人才增长率越大，说明企业发展越稳定，波动的风险越小。反之则相反。如果企业财务风险保障系数提升率和关键岗位人才增长率都为正，那么，企业基业稳固价值综合值可由下式得到

$$F=(1+C)(1+Y)$$

式中　F——基业稳固价值综合值。

人事风险的三种形式都与企业的人力资源管理相关。人力资源管理不能够适应企业的发展需要，不能按照企业的运营对应找到恰当的人才，不能够客观地对他们的能力和贡献进行评价，不能对他们所作的贡献及时给予有效的激励，也就对应着这三种风险的发生。要降低这三种风险，其一是强化企业内部的人才资源开发和发展管理，保证所用的任何一个人都在客观、准确地把握其特点的基础上授予与其能力和品行特征相适应的岗位和工作，避免“空降兵”式的用人。

四、质量风险回避途径分析

前面已经分析过，质量风险包括两个方面的内容。

1. 产品质量的风险

产品质量的风险主要是产品质量与客户的要求不吻合而导致企业产品的市场发生震荡，往往以质量事故的发生为特征，而这种质量事故的发生对于一个企业的发展有可能是生死攸关的。许多有相当影响力的企业就是因为一次质量事故，而导致整个市场的崩溃，最后倒闭关门。产品质量风险的回避途径主要有两条：一是强化质量的管理，避免不符合消费者要求的产品流入市场、流向消费者；二是强化客户关系管理，及时有效地处理

和消除因为产品质量问题而带来的客户抱怨和不满。

2. 工作质量的风险

事情的成败是与做事者工作质量的高低直接联系在一起的，如果工作质量不好，发生事故，往往就会导致所做的事情失败。操作机械的人可能发生机械事故，进行决策的人可能发生决策失误，即使是进行调研收集信息的人，也有可能弄虚作假，使调研资料缺乏真实意义。而工作质量风险不仅在于工作者本身的素质和态度，工作者心情、情绪和情感都会对其产生重大影响。如果企业内部关系处理不当，人与人之间彼此处于一种尔虞我诈、人人自危的环境中，使人处于一种高度的心理紧张状态，工作质量就难以保证。就像一个飞行员，当单位得知他在家发生夫妻斗嘴的事时，就会终止他当天的飞行工作。而人总是生活在一个复杂的环境之中，不可能消除人际关系之间的矛盾和冲突带来的个人的情绪波动。从这个意义上讲，任何一个人的工作，其质量都会存在一定的风险，而要降低这种风险，最关键的一点就是建立健全的、诚信友爱的企业文化氛围，使这个团队的任何一个人都能得到他人的关怀，从而减少情绪、情感波动。以及通过敬重和关心，安抚团队成员的情绪、情感，避免这种情绪、情感波动带来不利的影响。除此之外，要通过一定的方式为每个人内心的情绪波动提供发泄途径，使每个人内心的紧张和压力都能够得到有效的释放。

五、政策、政治风险与自然风险的回避途径分析

政策、政治风险主要表现为：政治环境的变化和政策方向的变化，使企业原有的经营活动或者已经付诸实施的战略规划不得不作调整，从而使企业蒙受损失。政策、政治环境也就是一个外部社会环境问题，它所表现的是就社会而言鼓励什么、禁止什么，并且这种鼓励和禁止带有强制性，使企业只能遵循，不能反对。所以，一旦政策、政治环境发生变化，就会给企业带来直接的影响。不过，政治、政策环境的变化带有明显的趋势性，也就是说很少在短期内发生巨变。企业很容易通过自己的判断来回避这种风险。正是出于这种原因，在一些政局不稳的国家，企业都不愿意进行长期投资，这就是政策、政治环境风险带来的直接影响。政治局势不稳定，这种政策、政治环境趋势的变化就存在更多的不确定性，所以，企业

避免这种风险的方式或途径也就是尽可能少地到这种时局不稳的地区去投资，尤其是避免进行长期投资。

自然风险是与自然灾害联系在一起的。自然风险就目前发生阶段而言，除了火山爆发、地震、泥石流等不可抗拒的自然灾害及火灾外，其他的自然灾害一般都能够相对准确地预测到。借助这种预测就可以有效地回避这种风险，降低这种风险带来的损失。而火灾的发生又与内部管理相关，只要强化内部管理，强化每个人的安全意识，每个人都有防灾、防火的意识，火灾这类自然风险也就可以降到最低程度，甚至可以避免。

第十一章

决策制定关注焦点之三：投资回报价值增值积累

对投资回报价值的追求，是企业这一社会组织区别于其他社会组织的一个根本特征。企业经营的最终目的是赚钱，或者说企业最终所寻求的价值就是寻求投资回报的增值。

怎样才能实现企业投资回报的增值？概括起来有六条途径：①加速资金周转，使其投入的资本所获得的回报的次数增加；②强化成本管理，降低成本投入，减少投资的浪费；③事先投资优化，让企业的每笔投资都能够带来尽可能高的收益；④发挥自由资本的杠杆作用，通过合理负债来提升企业的投资回报；⑤实现多级控股，放大自由资本投资的作用；⑥营造相对的市场垄断环境，牟取高额利润。本章就这六条途径分别进行分析。

一、加速资金周转途径分析

通过加速资金周转来提升企业投资回报率，这是马克思在《资本论》第三卷中系统进行过分析的。这条途径的实施主要是通过优化企业的业务流程，对业务流程进行再造重构，并且以实践资源为标准来进行优化。这就要求强化企业的管理，提高企业的规范化管理程度，使工作与工作、岗位与岗位、部门与部门之间的协调更吻合、更密切，减少中间环节的时间投入和资本投入。

这一途径的优点主要有两个：

（1）能够相对独立地实施，不受外部环境的影响和制约，企业完全可以通过自身的努力来缩短资本的周转时间，提高资本周转率。

（2）不需要进行较大的追加投入，就会相对取得比较好的效果。一般而言，企业强化管理，在制订或者创新方案的时候，需要一笔不太大的投入，当这笔投入完成之后，取得了比较好的成果，这种成果就可以通过复制的方式来进行推广，所以其投入费用相对较少。

这一途径的局限性主要有三个。

（1）要想通过这种途径获得投资回报率的提升，就必须保证资本周转的加速，保证不会不恰当地降低销售价格，并强调要通过业务流程的改造、重构，优化业务流程，减少部门之间、岗位之间乃至不同工作环境之间的停滞，以节省资本周转的时间。现在企业管理中，广泛应用的“及时化”技术（just in time）就是加速资本周转的一种通用技术。

（2）通过资本周转所能够带来的投资回报率的提升从相对量上分析，可以达到倍增的程度，但从绝对量上分析，它不可能实现投资回报的大规模增长。

（3）其实现必须建立在高效规范的管理基础上，并且企业老板不可能通过它在短期内创造奇迹。它只能通过脚踏实地的管理工作来实现渐进的增长。在短期内创造大额回报的奇迹不可能通过它实现。

这一途径有效实施的关键点主要有两个：

（1）在对企业业务流程进行系统科学分析的基础上，对其进行优化，并且这种优化效果的实现还要依赖于员工主动性和创造性的全面发挥，员工处于一个被动情况进行工作很难取得好效果。对业务流程每个环节的改造都要依赖于员工的集思广益、创造性地进行工作。

（2）企业领导人及高层管理人员具有平等的观念和民主的作风。这与第一个关键点有着因果联系。如果企业经营管理人员实行专制、独裁的管理，只想使用员工的一双手，那也就很难通过这条途径获得比较好的效果。这就像及时化管理技术在很多企业实施之后效益不佳的原因一样，如果得不到全体员工的理解和支持，仅靠企业经营领导人和高层管理人员的聪明才智，很难全面实现业务流程优化。

二、强化成本管理的途径措施分析

任何一个做企业的都明白，在产出一定的情况下，降低投入成本就会带来投资回报率的上升。成本和投资回报二者是一种彼消此长的反比例关系，正是这一原因，迫使每一个企业不得不重视它的成本控制。但在不同的企业中，之所以对成本控制工作在重视程度上存在很大的差别，除了企业经营领导人的思路方法限制之外，主要的原因就在于它们所能实现的投资回报的途径。如果一个企业能够通过其他途径来获得比较可观的投资回报，那么这个企业也许就会淡化成本的控制工作，因为从一定意义上讲，成本控制工作会让各层员工在资本投入决策上更严密，每个人在对资源使用上也更严格。当这种成本意识还没有普遍被每个员工认同时，往往会引起企业内部人员关系的紧张，甚至被视为小题大做。

成本控制途径与资本周转时间节约途径存在一定的相关性。在资本周转节约的途径中，它是把资本及其占用时间当成一种重要的资源来对待的，而成本控制途径则是把资本本身的投入作为核心来对待。并且，直接与资本占用时间相关的资本周转时间的节省，也可以视为成本控制的内容，因为资本的获得和占用都会投入相应的成本，缩短资本周转时间，也就是对资本获得和占用成本的节省。但是，我们把二者区别开来，这里讲的成本控制，更多的是强调在企业的运营过程中，每一个环节在花费上的节约。也就是人们经常讲的“花小钱，办大事”。即在所要达到的目标要求不变的情况下，使达成这种目标要求的资源投入能够实现节省。

这一实施途径的优点与资本周转速度的缩短大致相同，但还有一个优点，这就是达到目的的手段和途径更多。比如，对投入品采用新的原材料或者低质取代品，或者采取新工艺也可以达到这个目的，甚至在企业生产经营的专业化上进行努力，提高这种专业化水平，减少对高素质人才的需求，也可以起到降低人工成本的作用。在生产经营的每个环节减少浪费，也可以明显地降低成本。

成本控制的局限性比节省资本周转时间少。成本控制途径有效实施的关键点有三个。

（1）强化企业内部管理，其核心是要让企业的各级、各类员工都有一个成本意识，能够自主地在自己的工作中减少浪费，寻求减少投入的新思路和新方法。因为企业成本的投入是分散在企业经营的每一个工作环节中的，也只有每个员工都有了这种意识，并自觉地实施，才能真正有效地控制住成本。

（2）保证各级、各类员工具有成本意识，并能够自觉地控制成本，以节省投入，必须通过一定的激励措施把这种成本与个人所能得到的利益挂钩，使每一个员工能自觉自主地去寻求降低成本的措施，减少浪费。有些企业在这一点上采取对所节省的投入实行员工和企业分享的办法，甚至是让员工从这种节省中获得大头的利益，这就能够提高员工自我控制成本的积极性。有些企业采取目标成本的管理办法，对成本进行定额管理，超定额部分由个人赔偿，节省部分企业和个人按比例分成。

（3）强化成本的考核，即把降低成本直接作为对企业所做的一种贡献，在完成同类工作的质量和数量的情况下，本身就意味着提高了工作效率。所以，强化成本管理的考核也就可以把工作效率作为绩效的一个重要方面。

三、投资优化途径分析

所谓投资优化也就是在投资项目的选择上以及在所选的投资项目上进行优化，保证企业的每一笔投资都可以获得尽可能高的投资回报。

在现实市场的运用中，因为行业市场本身的结构特征，使不同的项目投资本身可能带来不同的投资回报。如果能够保证企业每一项投入所进行的行业产品和服务的生产经营都能够取得相对较高的投资回报，就可以提升投资回报的总水平。但投资项目的组合优化问题却不是这么一目了然。投资项目组合是强调把众多的项目投资作为一个整体来分析，使不同的投资项目能够产生互补作用，从而保证投资整体回报的最大化。在此，不是强调投资单一项目回报的最大化，因为在整个社会经济中，不同的经济活动存在着不同的关联关系。一个活动可能对另外一个活动起着支撑作用，尽管就单个分析，这特定的一项投资不一定能获得理想的投资回报，但它却因为对另外一项投资活动起着支撑作用，使另外一项活动的投资回报率远远高于平均投资回报率，这就从总体上实现了投资回报的优化。

比如，通用电气公司在对其事业部进行优化的过程中，就是通过这种项目投资的优化来取得更高的回报率，它强调其事业部如果不能够做到全球的前三名，就要卖出去。这就是对单一投资项目的优化，强调对每一个事业部都要在同行全球市场上名列前茅，并通过这种市场地位来谋取稳定的投资回报。同时，他们也对部分企业进行收购，从而强化原有事业部的作用，比如通过收购同类产品的企业来增加这种产品在市场上的份额，这实际上是对不同类产品的一种组合优化。

投资优化的优点在于可以根据资本的实力获得与之相适应的大规模投资回报，并且只要项目抓得稳，一定能够实现投资回报的增值。

投资优化的局限性则主要体现在以下两个方面：

（1）资本总量的限制会使这种投资组合的操作变得困难。也就是说，只有当资本实力充分雄厚的时候采取这一途径，才会取得理想的效果。

（2）这种组合的实施要受制于一定市场的进入与退出的障碍限制。如果企业所认定的能够取得高额回报的项目处于一个多障碍的市场结构中，那么企业的这一决策最终实施就会有困难；反过来也一样，如果某个行业因为市场结构本身的特点，使它的回报仅仅等于平均投资回报率，因为退出障碍的限制，也会使它的这种实施变得相当困难，甚至不可行。

此外，通过收购和兼并来实现的这种组合，往往还要受制于对被收购兼并对象信息的准确把握，否则，由此导致的决策失误不仅不会提升投资回报率，相反还会带来投资回报率的总水平的降低。

投资优化有效实施的关键点主要有两个。

（1）投资项目的准确把握。让对投资项目的预测与市场发展前景真正吻合，所以在进行项目选择的时候，对项目的调研分析显得非常重要。

（2）新上项目的团队组合问题。即使选准了一个好的项目，如果没有能够形成一个意志统一、具有强大凝聚力的团队，也很难让新上的项目获得预期的投资效果。这在现实中也是普遍存在的。在任何一个行业中，都可能存在亏损的企业。在这里关键因素就是人的问题，即人力资源与这种项目要求的吻合问题。

四、发挥自由资本杠杆作用的实施途径分析

在企业的发展中，投资回报率最高的是自己没有资本、纯粹依靠借贷的资本来组织运营，这也就是人们常说的“无本经营”或者“借鸡下蛋”。在一般情况下，只要保证项目经营的投资回报率高于借贷利率，就可以起到放大已有资本的投资回报率的作用。

自由资本杠杆作用的优点是可以使自由资本的投入获得无限高的回报

率，以及规模巨大的投资收益额。

自由资本杠杆作用的局限性表现在以下三个方面。

（1）能借到的资本的数量受制于自由资本的限制。因为自由资本的存在是保证企业信用的前提，企业没有信用，也就不可能借到资本。这种信用的大小除了与企业的理念和外部形象有关之外，还受自由资本总额的限制。在市场经济条件下，一个企业信用的高低大多是以负债率的水平来计算的，当负债率达到一个危险的高比例之后，就不可能再获得信用资本的支持了。

（2）要保证这一途径能够充分发挥作用，只有当所投资的项目的回报率与贷款利率之间有足够大的差距时，投资回报高，才能获得自由资本。

（3）风险相对较高。如果自由资本在整个项目投入中所占的比重过小，往往就意味着风险很大，任何一点关于项目投资回报预期的风吹草动，都会导致获得借贷资本的难度提升，使项目的运作难以为继，往往会成为半拉子工程，从而导致企业破产倒闭。

这一途径有效实施的关键点有三个。

（1）要进行有效的、科学的债务组合，不仅要通过债务组合降低负债的成本，而且要通过有效的债务组合使债务的偿还期限与企业所能创造的现金流量严格地一致起来。

（2）企业要保持良好的信用，因为只有企业的行为受到广泛的认同，才能够容易地获得信贷资本的支持，只有在这种情况下，才能使自由资金所占的比重太大这一限制有所突破。

（3）所投资项目的运作要严格地制订计划和预算，并且要严格地按照这种计划和预算实施。在企业管理上的任何随意行为都可能使这种高额负债的经营发生债务危机，最终导致陷困甚至破产。

五、实现多级控股的途径分析

实现多级控股是突破自由资本总量限制的一个重要途径。它与负债组合有相同的作用，也就是使自由资本能够成倍地发挥作用，从而获得投资回报这一价值的增值。在债务组合这一途径中，自由资金是通过信用的作用来放大其对整个资本的支配作用的，自由资本能够放大的倍数完全取决于这个企业所形成的信用的好坏，不过在多级控股这一途径中，自由资本所带来的资本总量的控制却不是靠信用获得的，而是通过向下多级控制从而支配其他小额资本来达到目的。但在这里可能存在一个问题，多级控股要能够保证投资回报总比例的提升，就必须实现所控股项目彼此之间的协调和组合优化。这是保证核心控股企业获得充分高的投资回报率的一个前提。否则，这种投资回报率的提升就只能像安然公司那样，通过内部交易向下转移债务，通过欺骗分散的小额投资人来获得短期的企业繁荣。

实现多级控股的优点主要有两个：

（1）在实施上相对比较灵活，企业可以根据所经营的产品的特点通过控股建立稳定的战略联盟，以增强企业的核心竞争力，并在通过这种核心竞争力建设的前提下获得更稳定的、相对更高的投资回报。

（2）通过这种途径所影响支配的资本量相当大，在股权相对分散的公司，对它的近期股并不需要50%以上，甚至5%就可以达到目的。通过这种途径，用很少的资本就可以实现对巨大的产业链上的资本额起到支配作用。

实现多级控股的局限性主要体现在以下三个方面：

（1）要使这种多级控股能够提升投资回报率，所控股企业必须与核心企业形成互补关系，甚至直接让被控股企业作为自己的卫星企业。使其生产经营以为核心企业提供服务为宗旨，也只有这样才能够提升企业投资的回报率。

（2）这种控股是以直接投资的形式实施的。资本一旦投资出去，就很难实现转换，因为这种资本的抽回要严格地受到行业退出障碍的限制以及证券管理法规的限制。

（3）核心企业对被控股企业的约束也是有限的，只有当二者结成一种互利“双赢”的关系时，才能保持与小额股东之间关系的协调，否则，引起小额股东的逃离，这本身就会把被控股企业搞垮，最后导致对被控股企业投资的资本投入损失。

实现多级控股有效实施的关键点有三个：

（1）核心企业与被控股企业之间必须形成一种战略伙伴关系。也就是说，让被控股企业能够从与核心企业合作中获得稳定的利益，同时又使这种合作能够有效地提升核心企业的市场竞争力。

（2）核心企业在通过这种多级控股形成的战略联盟中，必须处于这个产业链上的核心关键环节，否则，通过这种多级控股就难以提升其投资回报。

（3）核心企业与控股企业之间的关系也必须建立在公平的交换关系基础上，不能允许不平等的内部交易发生。否则，这种战略联盟就很难长久地维持下去，并且一旦这种战略联盟被打破，就会导致这种投资血本无归。

六、相对垄断市场营造的途径和措施分析

一谈到垄断，人们会很自然地想到国家的反垄断法，这里所要探讨的是相对的市场垄断，是不会与国家反垄断法撞车的。我们这里所说的垄断，就是企业通过自己的努力营造一个与他人不一样的特征和特点，并且使竞争对手在短期内无法模仿来获取这种垄断的特征和特点，从而维持一个相对的市场垄断状态。

这种垄断主要通过以下七种形式存在：

（1）对原材料供给资源的相对垄断。因为自己有这种垄断的特殊资源，使这种产品的质量要优于竞争对手，比如茅台酒厂的泉水。

（2）配方工艺的垄断。这种垄断既可以以专利技术的形式存在，又可以以非专利的企业独有秘密技术存在。作为企业独有的秘密技术，只要不泄露，这种垄断就可以永远地维持下去。就像可口可乐的配方一样，专利技术则可以保证在专利保护期内使竞争对手无法获得这种特有的资源，它也就在专利保护期内维持了垄断。

（3）市场关系垄断。因为与市场购买主体有特殊的关系，使他人无法从自己手中夺走这块市场，甚至竞争对手以更低的价格也不可能夺得这块市场。不过建立在这种关系上的市场垄断是与市场经济发展的不完善相联系的。随着市场经济发展的完善，这种形式的垄断会越来越少，尽管它不会完全消失。

（4）高效而独特的管理模式垄断。企业可以通过自己的努力，构成自己高效而独有的管理模式，使他人无法模仿，使这种管理模式可以在聚集人、激励人上发挥独特的作用，以使企业的员工能够更积极主动地从事自己的工作，创造出高于竞争对手的效益来。

（5）独特的区位优势垄断。例如，一个商业企业占领了一个好的位置就可以获得超越他人的经营利润，因为这种有利于商业经营的地理位置是独一无二的，谁占有了它，谁就可以取得垄断地位。

（6）关键的人力资源垄断。在企业的发展过程中，人的因素是关键，如果一个企业能够通过某种特定的关系稳定住这种特有的关键人才，也就可以使它在这个行业中一直处于领先地位，而这种关键人才的垄断格局的形成并不完全依赖于一种市场化的人才竞争。人是一种有感情的社会动物，仅仅外部利益往往不一定能够打动他的心，而与其结成深厚的感情关系，才可以维持这种关键人才的垄断。这就相当于刘备与关羽的关系一样，他们结下了深厚的友谊，所以曹操无论用什么样的高官厚禄也无法打动关羽。在现实的企业运营中，这种情况也是普遍存在的。

（7）品牌声誉垄断。也就是通过自己的努力，使消费者能够特别认同自己的品牌，而这种品牌的存在又是一种排他性的，所以，有了强有力的品牌，也就形成了一种市场垄断状态。

相对垄断的优点主要有两个：

（1）相对垄断只要能够得以实施，就可以获得丰厚的回报，并且突破所拥有的资本总量的限制。

（2）营造这种相对垄断状况的途径是多种多样的，任何一个企业都可以根据自己的实际情况选择一定的途径来营造自己的市场垄断环境。

相对垄断的局限性体现在以下三个方面：

（1）这种垄断都是相对的，不可能形成绝对垄断，任何一个企业都可以通过形成自己独有的特点，并在这个特点上造成一定的垄断，来与对方的垄断相抗衡。

（2）这种垄断所能创造出来的效益尽管可以保证相对的稳定，但其实效总是有限的，除了对特定资源的垄断之外 ，其他形式的垄断都会随着市场垄断的变化而失去这种垄断地位。

（3）这种垄断的形成都具有明确的条件，任何一家企业并不是说想在某个方面形成垄断，就可以构筑出这样的垄断格局来。

相对垄断有效实施的关键点主要有以下两个：

（1）企业能够审时度势，在分析透自己企业的形式与市场格局的情况下，选择能够为消费者所接受的垄断格局。

（2）在管理上实现以平等和参与为特征的人性化管理，以便最大限度地调动员工的主动性，实现创新。垄断环境的获得除了地理位置和独特的材料供给资源之外，其垄断的形成都依赖于创新。无论是在产品特色上，还是在生产工艺上，要形成垄断就必须有所创新，为产品加进新功能，提高质量，或者通过工艺创新降低生产加工成本，甚至市场关系的垄断也依赖于创新。从这个意义上讲，垄断格局的形成是建立在创新的基础上的，是这种创新在被竞争对手模仿之前，使企业拥有了与别人不一样的产品或者生产能力。同时，要使企业不断维持垄断的地位，也需要不断创新。要使企业内部在各个方面有充分多的创新，就必须最大限度地发挥企业全体员工的主观能动性和积极的创造精神。

第十二章

决策制定关注焦点之四：社会美誉价值增值积累

企业的社会美誉，能消除社会公众对企业的疑虑，使之放心地为企业提供所需的资源，购买企业所提供的产品和服务。企业追求社会美誉，并非为了赢得表面赞美而处心积虑，而是在构筑自身与社会联系的稳固链接，是在为企业本身的长期稳定发展做奠基工作。

概括起来，提升企业社会美誉价值的途径主要有三个：①口碑途径，即与企业有种种联系的人通过直接与企业的接触，认同企业的文化和行事方式，之后向他人介绍、称赞企业，从而提升企业的社会美誉价值。②媒体途径，即企业自主举办一些活动，引起媒体的关注，由媒体主动进行宣传报道，从而提升企业的社会美誉价值。③广告途径，即企业通过一定的广告来宣传和传播企业优点，从而提升企业的社会美誉价值。

还有一种情况就是，口碑途径、媒体途径和广告途径在一个企业同时得到应用，在不同的时间、不同的事件中组合选用，来最终达到体现企业社会美誉的效果。

一、社会美誉价值增值积累途径概要

社会美誉是企业通过它的诚信友善活动在社会上树立起来的美好形象，是社会公众对企业的一种认同和肯定性评价。社会与企业进行资源交换，吸纳所需的资金、人才，并把产品销售给客户，这是建立在一种信任的基础上的。

如果客户怀疑企业所提供的产品质量的可靠性，这种交换就无法进行。企业既无法获得它所需要的生产要素，也无法出售其产品。这样，企业就会陷入绝境，不仅实现不了发展，还会面临生存危机。

社会美誉则会消除社会公众对企业的疑虑，使之放心地为企业提供所需资源，购买企业所提供的产品和服务。企业追求社会美誉，并不是为了做慈善而做慈善，它是在构筑自身与社会联系的稳固链接，是在为企业本身的长期稳定发展奠定基础。

美誉究竟应该包括哪些具体的内容呢?

社会美誉度最高的企业，就是最受尊敬的企业。《经济观察报》在2002年组织的“中国最受尊敬的企业”的问卷调查中，选择的评价标准有九个要素：企业品牌形象好、顾客满意度高、高质量的产品和服务、遵从企业伦理并注重商业道德、令员工满意、对社会的贡献大、企业财务实力强、对社会及环境的长期承诺、长期投资价值高①。在这九个评价因素中，没有一项是客观的数量标准，由此类标准作出的评价引起争议往往也是不可避免的。在这里，要确定社会美誉度的高低，对它的内容进行分析，就显得很重要了。企业是社会的一个构成细胞，社会美誉度是社会对企业的评价，那么，构成社会的任何一个成员对企业的评价都要包含在社会美誉度的评价之中。但我们评价的是企业的社会美誉度，因为企业本身的性质决定了我们应该从哪些方面来对企业美誉度进行评价。

企业的美誉度究竟该包括哪些评价要素呢?

要回答这个问题，应该从与企业相关利益主体的角度来进行分析，与企业利益不相关的人不会关心企业，也就不会作任何评价。企业的利益主体包括八个方面，除去对社会美誉度进行构造的两个主体——企业经营人和管理人之外，还有六个方面。下面我们分别从这六个方面进行界定。

（1）相对于国家政府而言，企业值不值得称道，取决于四个方面。

①是否遵纪守法。即企业的经营活动是否在法律法规所允许的范围之内。

②是否诚实经营。即企业的经营活动是否存在弄虚作假的欺诈行为，包括是否制造假冒伪劣产品。

---

① 引自《寻找中国最受尊敬的企业——有关2002年“中国最受尊敬企业”评选活动的对话》，济南，《经济观察报》2003. 3. 3 第20版。

③是否依法纳税。即有无偷税、漏税的行为。

④社会贡献大小如何。即所提供的产品和服务大小规模如何。

（2）相对于社会公众而言，企业值不值得称道，取决于四个方面。

①企业是否关注社会公众利益。即企业有无为了自己赚钱而损害社会公众利益的问题，包括污染环境等。

②企业对社会公益事业是否关注。即企业能否力所能及地为社会公益事业作出自己应有的贡献。

③是否重视社区两个文明建设。即企业能否自主地为社区的物质文明和精神文明建设作贡献。

④是否具有社会责任感。是否把企业内部的矛盾随意推向社会，激化社会矛盾，包括不负责任地辞退员工等。

（3）相对于产品客户而言，企业值不值得称道，取决于四个方面。

①产品质量是否过硬。即企业向客户所提供的产品和服务有无不合要求的次品、劣品。

②产品定价是否合理。企业在产品经营中有无通过一定的垄断高抬价格来牟取暴利的行为。

③是否尊重客户的选择，有无强买、强卖行为。

④是否理解、关心客户，对客户在产品使用过程中发现的问题是否耐心地及时给予解决。

（4）相对于商务伙伴而言，企业值不值得称道，取决于三个方面。

①是否讲信用。即在合作的过程中能否严格按照协商的协议履行自己的义务，即使有异议的地方也能够做到主动让步，化解矛盾。

②是否平等待人。即使是一个大公司、大企业，对提供合作服务的伙伴是否也能够做到平等相待、尊重对方。

③是否能将合作建立在互利的基础上，即在与商务伙伴合作的过程中，在谋求利益的同时，能否充分尊重和考虑合作方的利益。

（5）相对于投资者而言，企业值不值得称道，取决于四个方面。

①企业发展是否稳定，没有大的风险，可以获得较稳定的投资收益。

②是否诚实守信，对投资者的资金的运用及其企业经营状况能及时真实地向投资者反馈。

③是否尊重投资者，对投资者的意见是否能够作出及时的回复，并能把投资者的意见贯彻到企业的经营活动中去。

④是否能进行持续有效的创新活动，以通过创新来为投资人谋取相对较高的投资回报。

（6）相对于员工而言，企业值不值得称道，取决于七个方面。

①是否能够任贤用能，使每一个有才干、有潜能的人在企业中充分发挥其作用和价值。

②能否对其工作作出客观公正的评价，使每个员工的价值在企业中得到体现。

③能否真正体现按劳分配的原则，多劳多得，使员工为企业所做的贡献都能通过物质福利和精神奖励得到回报。

④是否充分尊重、信任、关心员工，使员工心情舒畅，并有高度的归属感。

⑤是否能为员工的利益着想，能为员工的发展创造条件、提供机会。

⑥是否诚实守信，对员工的承诺都能不折不扣地落实。

⑦企业内部管理是否规范，以保证员工的行为有考核衡量的依据。

在这众多的评价标准中，究竟该以什么标准为主，什么标准为次，这就需要紧紧扣住企业的性质，对企业的不同的利益主体所作的评价排出先后次序。企业的功能就是从事生产经营活动，通过为产品客户提供价值服务，来谋求正当的收益。因此，在这六类利益主体中，排在首位的应该是产品客户，其次是投资人。但企业的运作最终得通过员工的努力以及商务伙伴的支持，因此，员工的评价就应该摆在第三位，商务伙伴应该摆在第四位。国家政府应该是社会公众的代表——尽管二者评价的角度是相似的，所以，社会公众应列第五位，国家政府就在最后了。

根据这个顺序，我们就可以归纳出对企业社会美誉度的评价标准。

（1）诚信标准：企业没有任何欺诈行为。商务协议纠纷多少可作为其评价标准。

（2）产品质量标准：企业所提供的产品和服务不存在客户不满意的情况。客户投诉率可作为其评价标准。

（3）责任标准：企业具有高度的责任感，对客户及社会所提出的不同意见能以积极的态度给予处理。客户及社会公众的抱怨率可作为其评价标准。

（4）社会贡献标准：企业为社会所创造的物质财富总量的大小及客户认同度的大小。它可以用企业在可比的市场上所占有的市场份额来评价。

（5）内部规范化管理标准：企业的运作是否都有健全而完善的规范，由人管理转向制度文化管理。企业系统目标功能的完善程度及其同类的劳动效率比可作为其衡量标准。

（6）遵纪守法标准：企业没有任何违法、违纪行为。违规、违法查处数为其评价标准。

（7）发展稳定标准：企业的发展体现在销售收入和市场占有率上不存在大起大落的问题。发展曲线是否稳定上扬可作为其评价标准。

（8）凝聚力标准：企业是员工向往的工作单位，外部人才向往加盟，内部人才相对稳定。可以用员工流动比率作为评价标准。

（9）创新标准：企业在产品、工艺、管理、市场等方面的创新情况是否尽可能多，自由专利技术数及管理创新数可作为其评价标准。

此外，企业品牌形象也可以作为其综合标准，如果有企业品牌价值评定的可以用这个价值评定为其评价标准，没有参与价值评定的，可以不考虑参与此项内容。

社会美誉价值实现的途径概括起来主要有三个。

（1）口碑途径。即与企业有种种联系的人通过直接与企业的接触和交往认同企业的文化和行事方式之后，向他人介绍、称赞企业，从而使企业的社会美誉价值得到提升和增值。

（2）媒体途径。即企业自主地举办一些活动，以引起媒体的关注，由媒体自主地进行宣传报道，以提升企业的社会美誉价值。

（3）广告途径。即企业通过一定的广告形象来宣传和传播企业的优点，以提升企业的社会美誉价值。

下面，分别就这三条途径逐一进行分析。

二、口碑途径实施措施分析

任何一个企业要想持续经营，都希望有一个好的口碑，即使它一贯是坑蒙拐骗，它也希望别人都说它的好话。好的口碑是稳定客户最简单也最有效的一种方式。但好的口碑却难以通过欺骗的手段获得，只能通过企业内部经营管理人员及员工老老实实做人、认认真真做事，并且只有通过这种做事、做人使与之打交道的任何一个人都感到非常满意之后，这些人才愿意宣传企业的好形象，从而形成良好的口碑。

利用这一方式，企业完全处于被动地位，它所能做的也就是老老实实做人、认认真真做事，在做的每一件事上都为打交道的对象充分考虑，并且，企业仅仅有一两次好的表现，还不足以感动他人，他人也不会作为口碑来为该企业传播美誉，只有当企业的做事方式一直都给他人留下好的印象时，他人才会为企业当这种社会美誉的传播者。

这一途径的优点是企业用在自身美誉上的投入相对较少，而是靠一种自觉自愿的行为打动与之打交道的每一个人，包括产品客户、商务伙伴、员工、政府官员及其他所接触的社会公众。同时，这一途径所实现的社会美誉相对稳定，它是完全靠企业努力逐渐积累起来的，在人们脑海中所形成的美好印象相对比较稳定。一般而言，这种美誉都是做这种口碑宣传的人亲身体验的，不是道听途说，更不是人云亦云。

这一途径的局限性也有两个方面：一是通过这条途径形成美誉所花的时间相对较长，只能靠日积月累，人们用口头传播，对于仅仅只有一次交往的人，很难让他成为这种社会美誉价值的传播者；二是企业无法左右他人的评价，仅仅只能通过自己的行为来影响他人，尽管企业好的行为和好的表现一定能够得到他人的认同，但这种认同究竟需要重复多少次、花费多长时间才能形成是不确定的。

（1）口碑途径实施成功的关键点在于企业几十年甚至几百年如一日地老老实实做人、认认真真做事，时时处处充分为他人考虑。

（2）如果企业想有效地通过口碑途径实现美誉价值的增值，就必须在企业内部统一行动、思想及价值观念，让企业做事做人都有高度的、统一的标准。不允许有任何一个人违背，也不能违背，企业内部任何一个人都代表了企业的形象，任何有损于企业形象的行为都会减少他人的口碑效益，降低社会的美誉价值。

（3）企业有严格而完整的行为规范，只有具有完整而严格的行为规范，才能保证企业内部所有人员的行为一致。

三、媒体途径实施措施分析

所谓媒体途径，就是企业有意识地策划一些活动，这种活动可以是能够直接代表企业某一方面美好形象的一个典型事件，并且这个典型事件还要能够产生一定的轰动效应，能够聚集社会眼球，从而引起媒体的关注，使媒体自觉自愿地发表消息和评论。企业通过这个典型事件来传播企业美誉，从而提高企业的美誉价值。

企业也可以开新闻发布会，请记者参加，从而实现在媒体上发消息、发评论。通过这种典型事件的策划，以及由此引起的媒体关注，还必须由企业内部前后一贯的行为作补充，因为企业的行为最终要受到与之有利益关系的人的检验。所以，如果典型事件所传达的企业美誉与企业相关利益人的直接切身体会相矛盾，企业的社会美誉价值就很难得到提升，相反地，还会让人感觉到企业是在有意识地造势欺骗他人。

海尔冰箱策划的一个典型事件，砸掉 76 台冰箱，如果没有砸醒员工的质量意识，企业产品的质量没有明显的提升，仅就这一个事件而言，还不能保证企业的社会美誉价值得到提升。

媒体途径的优点主要有两个：

（1）它可以相对主动地对自己的形象进行规划，并通过典型事件来传播，而不是像口碑途径那样仅仅是被动地接受他人的评价，尤其是企业可以和媒体加强联络、搞好关系，让媒体多关注企业的新活动、新事件。企业甚至还可以通过主动提供新闻通讯来实现美誉的传播。

（2）通过媒体途径来实现企业社会美誉价值的增值，往往可以在相对较短的时间内取得明显的效果。只要所策划的事件具有高度的典型性，并且可以吸引社会的眼球，那么这样一件典型事件只要没有与其相矛盾的其他事件发生，就可以把这个典型事件所带来的好的社会美誉传播出去，建立起来。

媒体途径的局限性概括起来有三点：

（1）这一途径的实施依赖于这种典型事件的选择和策划，并且在这种策划和实施的过程中，任何一点都可能造成“全功尽弃”的效果。

（2）必须保证企业的行为与典型事件所代表的事实和美誉不发生矛盾，如果发生这种矛盾就会带来更大的负面影响。也就是说，这种媒体途径仍然要以口碑途径为基础的，只不过媒体途径在自己的社会美誉的传播上更主动一些。

（3）这种途径的实施必须有一定投入，这种投入一方面是用于这种典型事件的策划，另一方面是用于媒体关系的处理以及有偿新闻的费用。

这一途径有效实施的关键点有两个：

（1）必须策划一个具有轰动效果、非常典型的事件，并且企业平时经营行为必须与之相吻合。

（2）必须与媒体保持良好关系，使媒体能够像画家绘画一样，对现实的景物该突出的突出、该隐藏的隐藏。

四、广告途径实施措施分析

广告途径是现代企业用得最多的一条途径。也就是人们常说的“王婆卖瓜，自卖自夸”，自己打广告来宣传自己，通过这种广告让社会公众消费者了解自己的优点和长处，从而获得更多的认同。

广告途径的优点是它具有高度的自主性，企业完全可以根据自己的需要来组织广告，把自己的所有长处和优点说透、说够，以让社会公众和消费者在较短的时期内对自己形成一定的印象。

广告途径的局限性有四点：

（1）广告属于一种自卖自夸的宣传，可信度较低。但如果没有这种信息的反复传播，往往很难让广告所传播的信息得到公众的真正认同，因此，就必须有口碑途径和媒体途径作支持。

（2）广告投入成本相对较大，如果没有大量的广告费用支持，没有能力大量投放广告，就很难保证这一途径的效果。

（3）广告所言必须与企业所做严格对应起来，否则，任何夸张的广告都只会损害企业自身的社会美誉价值，甚至因为夸张的广告而引来官司，把自己的社会美誉价值完全吞吃掉，甚至把企业送上断头台。

（4）广告的策划设计一定要有艺术感染力，并且所表达的事实一定要严密。因为，“吆喝”的效果与吆喝的形式直接相关。

广告途径有效实施的关键点有四个：

（1）企业必须通过自己的努力创造出被社会认同的价值活动，也就是广告所“吆喝”的内容要得当，任何无病呻吟的“吆喝”绝不可能增加企业的社会美誉价值。

（2）要保证广告提升企业社会美誉的效果，必须严格广告的策划设计，提升广告的艺术性。

（3）广告又是一种承诺，广告宣传所做的任何承诺，企业必须付诸实施，不得打任何折扣。

强化企业危机管理，如果发生与广告的内容相矛盾的事件，必须及时处理，避免其传播抵制广告的正面效果。

五、多途径的综合运用

上述分析介绍的三条途径，在现实中企业很少做单一化的选择，而是把三者结合起来，根据自己企业的实际情况进行组合运用。也就是说，口碑途径、媒体途径和广告途径在企业中同时应用，而只是在不同的时间、不同的事件选用不同的方式，从而最终达到实现企业社会美誉的效果。

如何进行选择搭配，这也完全是根据自己企业的实施需要所确定的。只有当企业需要通过广告公示来大幅度地提升产品销售时，企业才会重点运用广告途径来提升企业的社会美誉价值。这就像太阳神公司在完成了自身企业的CIS设计之后所走过的路一样，保健产品的市场推广本身就需要大幅度的广告攻势来推动，太阳神公司就选择了在对自身产品的介绍性广告之外，另外还专门设计了企业形象广告来提升自己的形象，并且在当时也取得了很好的效果。但与此同时，因为太阳神公司的CIS设计是国内企业中最先引入的，这件事本身就成了当时媒体普遍关注的一个事件。CIS设计既包含有企业一定的管理规范的建立，又包含有企业文化价值观念的树立，最先引进这一技术，这本身就可以说明太阳神公司在自身的经营管理上的理念和行事方式。与此同时，尽管它没有在口碑途径上自主地做很多工作，但在当时众多的保健品企业中，太阳神公司的口碑效果也算是比较好的，所以，实际上太阳神公司是综合应用了这三条途径来提升企业的社会美誉价值。尽管这个企业后来因为管理上的问题而走向了衰败，但它在有效提升企业的社会美誉价值这一点上还是值得称道的。

目前，海尔是我国社会美誉价值最高的企业之一。尽管《经济观察报》所主持完成的“最受尊敬企业的评定”在评定要素设定上以及评定过程设计上还有些值得商榷的地方，但它的这种评定也基本上能够反映一些现实状况。当时名列第一位的海尔，应该是当年我国社会美誉价值最高的企业。它所实现的社会美誉价值的积累也是通过这三条途径的综合应用来实现的。首先是口碑途径，海尔的内部管理规范而严格，并且根据其自设的企业文化观念，对于客户要做到“真诚到永远”，这句话已经落实到企业内部每一个人的行动上。使用过海尔产品或者与海尔有过亲密接触的人，大都能感受到这种真诚的存在，由此就形成了它强有力的口碑途径。媒体途径的应用在海尔也是到了出神入化的地步，无论是砸冰箱，还是吃休克鱼，实施全球化战略等，他们都高效地应用了媒体途径，从而使海尔的社会美誉价值得到了快速提升。广告途径的应用在海尔也受到了高度的重视，海尔每年花费数亿元的广告费，不仅仅是在推广其产品，而且也在不断地讲述企业为消费者、社会所做的努力以及正在做的努力。

三条途径的综合运用，其优点很明显：

（1）可以根据自己企业的实际，通过自主努力来提升企业的社会美誉价值。

（2）三条途径彼此照应，综合运用，既可以保证社会美誉价值提升的速度，又可以保证其稳定性。

（3）可以充分发挥三条途径各自的优点，从而把各自的缺点降到最低。

三条途径综合运用还有一定的局限性。企业必须具有足够强的实力，这种实力不仅仅表现在企业要有资金投入实力，支持广告和媒体途径的实施，另外，还要有相当强的市场和媒体运作实力，能够自主地驾驭变化万千的复杂市场，并通过三者的有效组合，共同服务于企业社会美誉价值的提升。

这三条途径综合运用，保证其效益达到最高的关键点有两个方面：

（1）企业必须有高效而完整的内部管理规范，一方面能够统一企业方方面面的行为，同时也保证这三条途径在运作上能够得到协调和统一。

（2）企业必须设立专门的企业文化和形象建设的协调机构，以从总体上来协调相关行为，以保证企业的美好行为能够及时传播出去，争取更多的社会认同；与此同时，对于有损于企业形象的事件能及时平息，从方方面面进行协调，避免向外传播，以免造成企业社会美誉价值的贬损。

第十三章

决策制定关注焦点之五：不断积累和发展支点资源

企业决策的终极目的，可以归结为是谋求企业发展。企业发展必须有企业经营资源的积累和发展。如何积累、发展企业经营资源？其途径有二：一是通过自我积累滚动发展；二是通过合作借用其他社会经济组织的资源实现发展。

一、跨位超越式发展——积累发展支点资源是关键

跨位超越式发展，强调要在短时期内，使企业的经营规模、市场位次、品牌档次等实现大的飞跃性发展，跨越原来明显强于自己的企业，甚至是高出自己企业几个档次的企业。但要实现跨位超越式发展，却只有选择通过合作借用其他社会经济组织的资源途径才能达到目的。

自我积累滚动发展，是指仅仅只是谋求和运用企业自己可发展的经营资源，不关注也不谋求外部可借用的经营资源。它是一种基于特定产品或市场的平衡发展，企业决策主要是根据所选择的经营产品和所进入的市场对经营资源结构的需求来发展和积累企业经营资源。企业经营资源结构因而就是一种没有特色、没有重点的平衡结构，也没有可用于对外合作的资源。这种发展途径是无法使自己企业实现跨位超越式发展的。以百事不求人的方式，由自我积累来实现发展，要受到自我积累的速度限制。自我积累只能是渐进的，除了抓住一个特别的市场机会可能实现会跳跃式的快速发展外，要成为“暴发户”就只能是铤而走险了。

通过合作借用其他社会经济组织的资源实现发展，不仅可以获得可发展资源，而且可以呈几何级地获得可发展资源。自主选择通过合作借用其他社会经济组织的资源实现发展，就是在对企业现自有资源的配置上，造成有重点选择的不平衡结构，把企业现自有资源集中于特定资源的发展和积累上，使之相对于特定产品或市场构建一种有长项又有短板的经营资源结构，进而直接以长项为龙头，通过一种高效的资源组合方式，引导其他社会经济组织来填补短板，共同实现发展。通过使企业由被动寻求合作以借用他人的经营资源，转化为其他社会经济组织为了最大限度地实现它们自身利益和发展来投靠及依赖，从而使更多的社会经济组织把所拥有的资源支配、使用权直接或间接地拱手相让。

跨位超越式发展强调的是通过自主选择创造独特的经营资源优势后获得广泛合作，直接或间接地得到其他社会经济组织所拥有的资源的支配、使用权，使企业现在自有的资源发挥杠杆的作用，倍增可借用资源和可发展资源，以实现资源积聚发展的目标（图 1 – 15）。选择创造独特的经营资源优势也就相应于设置支点，这对于有经营头脑的企业领导人而言，可以说是一个常识。但对它的运用并不广泛，这其中一个重要原因是，创造这种不平衡的经营资源优势能否最终获得应该有的经济效益往往不确定。企业自主创造独具特色的经营资源优势，只有保证使这种经营资源优势充分为其他企业或社会经济组织所关注和需要，才能使企业现自有资源最大限度地撬动独立于自己企业之外的社会资源。否则，可能因为短板限制，阻碍自己企业的发展。在此既有一个独特经营资源优势的选择问题，又有一个投入效益问题。所谓优势，必须是相对于他人的劣势而存在的。他人的经营资源，相对于自己所自主选择创造的经营资源优势，并不存在明显的劣势，这种优势也就不存在了。如果这种优势不突出，创造这特定长板优势的花费，也就有可能得不到补偿。

而除此之外，企业也就只能按部就班地滚动发展了。

要使企业实现跨位超越式发展，就必须选择创造独特的经营资源优势，以构筑撬动其他社会经济组织的资源为我所用的支点。这首先必须明确能成为支点资源的究竟有哪些?

所谓支点资源，就是能通过它撬动商务合作大门、获得广泛的外部资源的资源。阿基米德说过，“给我一个支点，我可以撬动地球。”这种资源

图1－15 跨位超越式发展的秘密

就是能撬动地球的支点。一般而言，能够构筑跨位超越式发展支点的经营资源主要有五种，即管理、资金、技术、物料和市场，如图1－16所示。它们是赢得合作伙伴认同、实现合作的前提条件。只要这五者之中任何一个形成了自己独特的优势，并且这种优势还具有一定程度的垄断性，那么它也就能稳稳地撬动数倍于自己企业经营资源的其他社会经济组织的资源，为自己企业的发展所用。

图1－16 借马得能爬上马背

二、支点资源内容分析

企业通过合作，撬动其他社会经济组织所拥有的资源为我所用的效益，又取决于对支点资源优势的选择和创造。如果选择的恰好是他人所需，并且其创造投入也不高，通过支点资源优势的选择和创造，达成跨位超越式发展目的也就如探囊取物了。这正是众多后起的企业实现跨位超越式发展、超越老牌大企业和强企业的成功经验所在（图 1－17）。美国的微软公司、耐克公司、戴尔公司是如此，中国的海尔集团、亚星集团、格兰仕集团，也无不如此。但不同的支点资源，却具有完全不同的特征。下面分别加以分析。

图 1－17　没有支点资源的积累，就不可能有跨位超越式发展

1. 管理

管理很少被人当做资源，甚至在企业老板创业所思考的问题中，它是最后进入老板视野的一个问题。但它不仅具有资源的性质，而且直接具有点石成金的神手指功能，即能发挥出数倍于其他支点资源效益的作用。它的作用是协调整合企业内、外部经营资源，深化和拓展企业与社会公众和客户的资源变换，把企业所拥有的现自有资源的作用放大，使企业能通过为外部社会所拥有的资源带来较高的增值而获得其支配、使用权，进而在

投入不变的情况下，使企业获得更多、更大的效益和发展。任何一个企业都拥有一定的资源，它们各自所获得的效益之所以有高有低、差别巨大，就是因为企业在管理上存在差距。它因此而能够吸引社会向企业注入资金，吸引各种社会人才应聘于企业组织的相应岗位，等等，从而形成最大限度地推动和促进企业发展的效用。

管理作为一种资源，又具有其特殊性，它不能独立存在，也不能独立创造效益。例如，酒店管理公司所创造的效益依赖于它所协调整合的酒店其他资源的规模和效果。正是管理的这一特性导致诸多企业领导人忽略了它的存在，轻视对它的投资。也正是它的这一特性，使它在企业经营资源中总是处于一种稀缺状态。

管理协调整合企业内、外部资源是通过调整改善人与人之间的关系来实现的，而调整改善人与人之间的关系并不需要投入太多的资金，而在于改变对待他人的观念和态度。所以，就其投入效益分析，它所能创造的效益相对于其投入至少会呈几何级倍数增长。也就是说，它是企业谋求跨位超越式发展的最佳支点资源。

2. 资金

资金作为一种资源，是企业所拥有的和所能支配的广义货币资产的总和。其作用是使企业通过与社会公众和其他社会经济组织进行交换获得企业存在和发展的人力资源、市场资源、社会资源和信息资源。这是一种为所有企业老板高度重视的资源，有的甚至陷入马克思所说的拜物教，两眼只能看见资金。一见到它就两眼放光，并赋予它神奇的力量，似乎只要有了它，就有了一切。但它仅仅是企业发展的一种基础资源，本身并不具有任何创造效益的能力，其效益来自于对它科学有效的运用。如何运用，是由运用主体——人所决定的。最终有无效益，仍是取决于使用它的人。

资金也就是资本资源，其特征在于它是以一种抽象的价值形式存在的，没有形态上的限制，可根据需要自由转换其价值形态。它作为企业不可缺少的经营资源，本身不能创造，除了自我积累之外，就只能借用。并且能借用到的数额还存在不可突破的限制，任何一个人都不会借给他人超越其偿还能力的借款。

资金作为支点资源的作用，要远远小于管理。一分钱不能掰成两半花，它所能撬动的其他社会经济组织的资源就有限得多。只有当其他企业或经济组织遇到资金瓶颈时，它才能起到支点资源的作用。当然，在正常情况下，它也能用于合作，以借用自己企业没有的其他资源，但其效果却完全取决于投资决策人的眼光。

3. 技术

技术本身也不是一个有形的存在物，而是关于特定产品的生产加工方式、方法的系统信息。但技术要成为强有力的支点资源，必须满足以下三个条件：

（1）这种信息必须系统完整。

（2）其所传输的关于特定产品生产加工的方式、方法，必须具有高于其他方式、方法的效率。

（3）这种系统的信息为企业所垄断。

技术作为一种资源，是能够通过投入进行创造的，但投入的成本能否从它带来的效益中获得完全的补偿，却存在一定的不确定性。也许不经意所得到的一个技术具有很高的经济价值，而专门投入巨额资金所开发出来的技术却难以使其投入获得补偿。因为任何一种技术都不是唯一的，总有其替代技术存在。这就使技术开发投入存在很高的风险。

技术作为支点资源，只要满足前面三个条件，它所能产生的效益可能比资金要大得多。在它的创造发展上所投入的成本，与它可能形成的效益也完全可能是几何级倍数的关系。很多靠技术起家的企业，也就是依靠技术作为支点资源，广泛借用其他社会经济组织的资源而实现突飞猛进的发展的。它的支点作用力度也有可能超过管理，但自主投入创造带有太多的不确定性，其创造投入甚至带有一些赌博的性质。成则一步登天，败则倾家荡产。

4. 物料

物料是企业所拥有的物质资源，其形式包括厂房、设备、原材料等。它是由企业所能支配的资金转化来的。它既是企业资金的物质存在形式，在对外合作上它又具有与资金同等的作用。尽管在与社会公众和其他社会经济组织进行资源变换的过程中，它的能力往往会受到所存在的物质形态的限制，但相对于特定对象，或许会因其在时间或空间上的相对垄断地位，它的物质形态还会增加其资源变换能力。

物料成为支点资源的前提是，合作对象刚好需要这种物质形态的资源，并且如果这种需要能够通过其他途径满足，其价值作用还会在合作中贬值。因此，物料作为支点资源，是相对被动和低效的。因此，企业如果要自主选择发展和积累合作工具，创造支点资源，以增加对外合作获得广泛的可借用资源，选择物料就必须慎之又慎，要充分把握准才行。由资金转化为特定物料后，还要追加投入，而这些投入是很难获得补偿的。所以，用于合作的物料就只能是低效的、处于闲置状态的物料。但如果能创造出这种物料的垄断地位来，它所具有的支点资源的作用也是很明显的。如果这个条件不能满足，企业就要避免选择它作为合作借用其他社会经济组织的经营资源的工具。

5. 市场

市场作为企业的一种经营资源，是企业所控制的能直接实现与客户进行产品和信息变换的渠道。其作用是推动客户对企业及其产品和服务的认知与认同，促进客户对企业产品的选择和购买。它之所以能成为企业经营的一种资源，是它可直接使企业经营变得稳定和高效。企业具有稳定的市场，也就具有了稳定的销售收益，这是企业存在和发展的前提。它之所以能成为一种支点资源，撬动其他社会经济组织的资源为自己企业所用，是它相对于一个新进入特定市场的企业，可直接起到节省时间和资金投入的作用。如果没有现成的渠道，新进入的企业必须在建立了与客户联系的通路之后，才可能完成马克思所说的“惊险的一跳”，实现企业经营的价值。而这不仅需要投入相当多的资金，还要耽误相当长的时间。市场作为支点资源的意义在于它能为合作伙伴节省营销费用和营销时间，使“惊险的一跳”变得不再惊险。

市场的核心内容有两点：一是网点，二是品牌。它能成为支点资源，用于与其他社会经济组织的合作工具，也是有条件的。主要条件有四个：

（1）网点必须具有一定的密度和广度，使企业产品与客户实现信息和资源变换的时间充分短、范围充分大。

（2）合作对象刚好有特定的产品和信息需要通过这种网点与客户进行变换。

（3）品牌所能拓展延伸的市场范围允许。一般情况下，特定品牌都有市场范围限制，并不是任何一个具有影响力的品牌都可随意向其他市场拓展延伸。超越其限制，它就不再有拉近企业产品与客户和社会公众距离的作用。

（4）合作伙伴的经营方针和宗旨及其所经营的产品和服务必须与品牌

拥有企业相吻合，否则会直接造成自己企业品牌资源价值贬值的后果。

市场渠道作为一种经营资源，是能够通过投资自主创造的。就网点而言，如果现实市场上已有足够大的密度和广度的网点，再投资建设可能造成恶性竞争，导致两败俱伤的局面。就品牌而言，企业投资创造，却是一个相当长的过程，投资风险不大，但投资大。一个具有影响力的品牌，不仅需要大量的资金投入，而且需要企业持续不断地努力，以提升其知名度和美誉度。

第二篇

决策制定管理规范化的标准

决策制定管理规范化的实施，明确其要达成的标准是前提。本篇从导致决策失误的五个因素入手，分析探索了保证决策制定零失误的措施标准和五个原则要求，并讨论探索了决策问题、责任岗位和决策时间这一企业三维决策框架体系的构建方法。

决策就是配置资源，所以重点讨论分析了严格企业经营资源核算管理的标准要求。同时还讨论分析了决策分析方法选择管理和严格决策制定程序管理的标准要求，以及企业十类决策制定管理的标准要求。

第一章

决策制定零失误的措施标准

一个人能否取得成就，取决于其活动是否是服务于一个恰当的远大目标。一个企业也是如此，企业目标体系是企业的血液，是凝聚员工的核心力量。讨论企业决策制定管理规范化，不能脱离企业目标体系。完善、规范企业目标体系的管理，也就是完善、规范企业决策制定的管理。而企业决策和再决策，则是企业血液的制造和更新。

决策质量低、决策失误多，都是因为决策的信息缺乏和决策制定人的情绪波动、情感纠葛、价值偏好、思维惯性这五个因素的作用造成的。只要找到防止和遏制这五个因素发生作用的措施和办法，提高决策质量，实现决策制定的零失误也就为期不远了。

企业目标体系作为一个整体又反过来对企业决策的制定形成一定的约束，即企业具体决策的制定只能在企业目标体系的框架内进行。

一、企业目标体系是企业决策制定的结果

企业目标体系，不是一个悬浮在空中让人注目的亮点，而是由各种形式的目标计划以及为达成这些目标计划而选择的措施途径共同构成的一个完整系统。企业的目标计划，既包含有短期的内容，又包含有中期和长期的内容，它是用数量指标对企业发展愿景进行的一种勾画和描绘。不同时期的目标计划，也就是对企业发展在不同阶段上的共同愿景的具体勾画。企业为达到所确定的目标计划而选择的措施途径也是一种计划，只不过这

种计划是为达到特定目标计划而进行的一种活动方式、方法选择和具体措施安排。它描绘的是通向企业发展共同愿景的途径。

目标计划以及达成目标计划的措施途径，并不是什么外在的力量强加给企业的，而是由企业自主制定的一系列决策形成的。企业上上下下、方方面面的决策制定所作的选择，作为一个整体共同构成企业的目标体系。也就是说，没有企业的决策制定活动，也就不可能有企业目标体系的具体内容。缺少那一方面的决策制定，企业目标体系也就相应地缺少那一方面的具体内容。而目标体系之所以会发生内容缺失，这或者是因为没有人对这些相关的决策制定活动负责，及时制定决策；或者是因为决策制定人还在犹豫之中，没有最后对相关目标和措施作出选择，处于决策制定过程之中。

企业目标体系，不是对企业未来的一种空洞设想，而是建立在对现自有资源、可借用资源和可发展资源完整准确把握基础上的一种计划和安排。因而要保证企业目标体系成为具有可行性的计划和安排，就必须使之具有充分的经营资源提供支持，即配置的经营资源必须是在现自有量、可借用量和可发展量三者所包含的范围之内的。

企业目标体系不是企业一个决策的制定就能完成的。企业一个决策的制定，仅仅能选择确定企业目标体系中一个或几个方面的内容。企业全部决策制定活动的结果作为一个整体，才构成企业的目标体系，因此，企业的目标体系，也就是企业对未来活动的一个系统的计划和安排。企业决策的制定，也就是制订这种计划、完成这种安排。企业决策与企业目标体系是活动和活动结果之间的关系。企业目标体系是企业决策制定的结果，也可以说，它是企业决策的一种静态存在。

企业决策制定的内容，可以概括为两个方面：

（1）对未来活动做出计划和安排。对于企业过去的活动，不能决策。过去的活动已成为企业现在状况的原因，是既定的事实，只能接受。对于企业现在的活动也不能决策。企业现在的活动，是过去对现在活动做出的计划和安排的一种落实和执行。并且所安排的这种未来活动，在时间距离上还存在不同的差别。企业下一天要进行的活动，是企业的未来活动；下一月、下一年、下五年要进行的活动，更是企业的未来活动。无论这种未来与决策制定活动之间的时间距离是长还是短，有一点都是确定的，这就是企业决策必须也只能对企业未来的活动进行计划和安排。

（2）对企业经营资源进行配置。这就是把企业所拥有的种种经营资源进行分配和组合，以服务于企业发展目标的达成。企业经营资源是有限的。在企业经营资源中，有形的资源都是排他性的，用于一个特定的目的之后，就不可能同时又用做其他目的。尽管企业经营资源并不是一个确定的量，但在某个特定的现实时间点上却又是确定的。相对于企业的未来，它却是一个非常不确定的量。因为企业经营资源会随着企业的存在和发展，在结构和数量上都发生改变。既可能积累壮大，也可能是因为企业发展走弯路而萎缩减少。这种不确定性，与这个未来相对于现在的时间长短相关，相距时间越长，不确定性就越大。企业决策不仅仅是对现有经营资源进行配置，而且也要对未来可预期的经营资源进行配置。这是决策的制定是否具有远见的一个重要表现。缺乏远见的决策，根本不考虑长远的未来，所以其行为活动的计划和安排就仅仅只是配置现自有的资源。而具有远见的决策，则把着眼点放在较长远的未来，直接把可能积累和发展的资源，纳入其资源配置的范围。

企业决策的制定不是一个阶段性的活动，而是一个持续不断的过程。制定了决策之后，还要根据企业内外部环境的变化，不断再决策。因为随着企业经营活动的进行，企业的经营资源会不断地发生变化。这就要求根据经营资源已积累或减少的实际情况，以及预期的变化趋势，调整企业未来活动的计划和安排，更新调整已有的目标体系内容。再决策也就是对企业未来活动进行重新计划和安排，以对企业内外部环境的发展变化做出反应。从这个意义上讲，企业决策也就是流淌着的企业目标体系。企业目标体系就像大海的波涛一样，一波一波地向前推动。企业的发展也就是在这种目标体系的一波一波向前推动的过程中实现的。

企业决策与企业目标体系是一种同一关系。因此，完善、规范企业目标体系的管理，也就是完善、规范企业决策制定的管理。但讨论企业决策制定管理规范化，却又不能脱离企业目标体系。企业目标体系作为一个整体，反过来又对企业决策的制定形成了一定的约束，即企业具体决策的制定只能在企业目标体系的框架内进行。

二、企业目标体系是企业组织的生命

人作为一个思维高度发达的动物，他的活动只是服务于未来的某种目的的，并且这种目的还不能是短视的，而必须具有一定的预见性，即“高瞻远瞩”的。正是这一特点，使人超越了一般动物而成了世界万物的主宰。并且一个人能否取得应有的成就，直接取决于其活动是否是服务于一个恰当的远大目标。一个人的活动如果只是服务于百年、千年之后的目标，可能难有成就。百年、千年之后才能实现的目标，对人不会有足够大的感召力，很难让人持续不断地为之努力。如果他的活动只是服务于当天、明天或者后天的目标，也肯定不可能取得什么大的成就。目光短浅的活动只能创造出与现实相同或相近的现实，不可能有大的发展。

企业组织更是如此。企业组织的活动如果只是服务于明天、后天的目标，这个企业也就走到了尽头。它没有相对长远的未来，企业组织也就只能作鸟兽散。企业没有未来，就不会有人融入这个企业组织中来，为企业的明天而努力。企业没有了未来，即使它的员工的身体尚在这个企业组织中，但心早就飞离了这个企业。这并不是这些员工品质不高尚，而是人的本质特性决定的。人有自我意识，是为希望而活着的。有美好的未来，现实中的艰难险阻再大，他也能战胜。如果没有了未来，现实中的荣华富贵再多，也不能激起他的热情。没有了希望，人心也就死了（图 2－1）。患癌症和艾滋病的人之所以自杀的比例特别高，就是因为他们感到自己已经没有未来了。

所以说，企业目标体系是凝聚员工的核心力量。

企业作为一个社会经济组织，是由一系列的决策制定所形成的目标体系构成的愿景和通向愿景的路把不同的利益主体聚集到一块儿构成的。人们之所以会融入这个企业组织中来，就是因为由企业组织的目标体系所构成的愿景和通向愿景的路能够为不同方面、不同层次的利益关联主体提供不同性质、不同方面的利益和欲望的满足。企业要存在、要发展，就必须使自身具有这种特性。也只有这样，才能使不同方面、不同层次的人成为企业发展的利益关联主体，并把他们吸引、融合到这个企业组织中来，为企业的存在和发展提供相应资源，以实现企业的发展。在一个企业中，如果没有形成共同愿景以及保证通向这共同愿景的途径，那么，能够给融入这个企业组织的个人带来利益和欲望满足的可能性也就消失了，这个企业组织也就进入了沉寂的死亡之中，企业组织也就终结了。

从这个意义上讲，企业目标体系就是企业的血液，企业决策和再决策，就是企业有机体血液的制造和更新。只有血液不断更新，并且流量充足，生命有机体才可能获得足够的养分，也才有充分的活力。企业没有了目标，那么企业有机体的血液就干涸了。企业目标体系不能根据企业内、外部环境的发展变化，及时反应，制定决策，实现更新，企业有机体的血液循环和更新便终止了。与之相伴的就是企业血液细胞的老化和死亡，因而企业肌体的老化和死亡也就是不言而喻的。

因此，没有企业发展目标，也就不会有企业的存在；没有目标体系的不断发展和更新，也就不可能有企业的发展。因此可以说，企业目标体系就是企业的生命。企业的决策和决策制定管理也就是企业的生命活动所在。就像血液循环和更新能否为生命有机体带来营养和能量，并会直接制约生命有机体的活力和生死存亡一样，决策制定管理的好坏，也直接决定着企业的生死和兴衰。

图2－1　关键是希望的创造

三、导致决策失误的五个因素

没有哪个企业的领导人，会希望自己制定的决策发生失误。但最终决策的制定是否发生失误，可不是取决于决策制定人的主观愿望，而是取决于是否找到并消除了导致决策制定发生失误的因素。没有人希望决策失误，并不等于决策的制定就不失误。决策的制定是否会发生失误，并不是由决策制定人的主观愿望决定的，而是在企业决策的制定过程中有五个导致决策失误的因素在不断起作用。如果不消除或遏制住这五个因素的作用，企业决策的制定就不可避免会发生失误，至少会造成决策的低质量（图2－2）。下面介绍这五个因素。

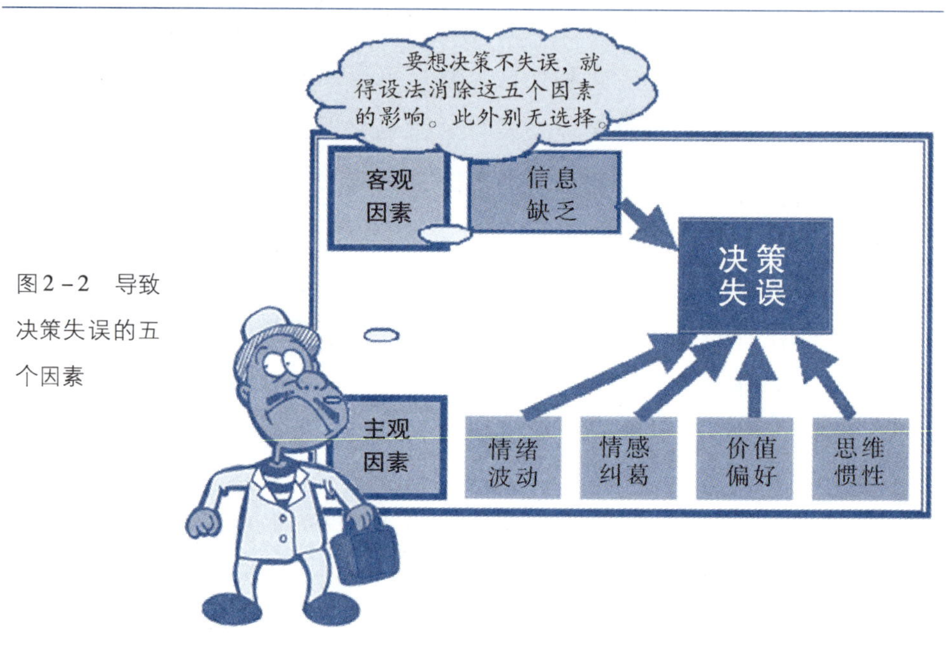

图2－2　导致决策失误的五个因素

1. 赖以决策的信息缺乏

制定决策就是谋求一种优化选择，即根据所掌握的信息对自己的活动目标和方式进行选择，以使自己的活动能最大限度地达成自己所寻求的目标。但是，如果决策信息不充分，也就无法进行这种优化选择，或者所做的优化选择根本不优。这或者是因为重要的约束条件没有掌握住信息，致使其约束作用在制定决策时被遗漏，从而最终因为被遗漏的约束条件的限制而导致决策制定的最终结果与决策所寻求的目标发生偏差，甚至背离。这或者是因为还有重要的、有助于所寻求的价值目标实现的资源和环境条件被遗漏，使这种资源和环境条件所构成的机遇没有被抓住。

之所以会导致这种信息缺乏，其原因有二：一是因为在信息收集上所能做的投入存在限制，没有投入充足的人力、财力、物力，用以收集所必需的信息，使决策制定人不得不在信息不充分的情况下，仅仅根据自己的主观臆断进行选择；二是因为决策制定人的知识结构限制，不知道该收集哪些信息，以及如何收集，甚至淹没在信息的海洋中，没有能力从铺天盖地的信息中捕捉对决策优化选择有用的信息。

无论是哪种情况导致的决策信息不充分，其结果都是一样，要么直接是决策失误，要么是决策质量低下。

2. 决策制定人的情绪波动

情绪是人的心理对外部世界的特定事件和变化的一种不自主的反应，具体表现为喜、怒、哀、乐、忧、惧六种心理状态，以及由相应的心理状态反映出的身体状态。人在这六种不同的心理状态下，对所面对的问题，会因为心理状态本身的不同特点而做出完全不同的选择。

（1）喜是一种自我价值实现后的心理状态，是其所求获得满足之后带来的一种惬意。这种心理状态会让人过于自信，从而对未来做出过于美好的预期，当然也会使人热情高涨，形成一种舍我其谁的使命感以及雄心勃勃、勇往直前的积极心态。

（2）怒是一种自我价值受到贬损的心理状态，是人的价值、尊严、地位和个性遭到他人否定，使其在所存在的社会群体中失去了应有的价值、尊严、地位，从而让其感到高度紧张。这种心理状态会让人产生一种冲动，或者付出超常的努力，用最终的成就证实自己的价值、尊严和地位；或者向他人发起攻击，强迫他人收回所做出的否定性评价。但其行为都会表现为一种不撞南墙不回头的执著和鲁莽。

（3）哀是一种自我价值被否定后的心理状态，是其所求完全成了不可能，使自己所憧憬的美好愿望彻底化做了泡影，从而让人感到无助、渺小、悲观失望和心灰意懒。这种心理状态会让人对未来作出过于灰暗和保守的预期，并沉沦悲观，甚至失去活下去的勇气。

（4）乐是一种生理需求和肌肤之利获得满足之后的心理状态。它使人感到一种放松和舒畅。这种心理状态会让人安于现状，忘乎所以，沉浸于这种满足之中，丧失对自己所处现实的判断力，失去对未来目标追求的动力。

（5）忧是一种自我价值受到威胁的心理状态，是其所寻求价值目标的达成的可能性发生了逆转，由一种可能转变为一种不可能，从而造成的一种心理紧张。这种心理状态会让人惴惴不安，使人仅仅盯住他将失去的价值目标，对他所处的外部环境的变化的敏感度下降，甚至完全感觉不到外部环境的其他变化，以致不能及时恰当地做出反应。

（6）惧是一种自我价值即将遭到否定的心理状态，即其已实现的价值将被剥夺，使人感到惊恐不安。这种心理状态会让人过度敏感，从而导致对外部环境的变化做出过激的反应。

一个人无论处于这其中哪一种心理状态，都不可避免地会导致决策的制定发生失误。因为这任何一种情绪的发生，也都会抑制人的理性，使人无法进行正确的判断和优化选择，甚至颠倒优劣、好坏。优化选择是以理性为基础的，理性受到抑制，也就必然难有真正的优化选择，决策质量低、决策失误也就不言而喻了。

3. 决策制定人的情感纠葛

情感是人的意志行为指向发生固着和黏附的一种心理表现。它让人不能及时地根据外部环境的变化调整自己的目标指向和行为选择。

情感包括有两种，一是爱，二是恨。爱会让人不顾实际情况的限制，图谋让所爱的对象顺利而圆满地存在和发展，使之获得其价值。恨则相反，会让人不顾实际情况的限制，图谋让所恨的对象尽可能快地消失，尽可能大地遭受损失，以毁灭其价值。

情感纠葛直接表现为一种非理性的偏见。因为爱而毫无理由地看重一些人和物的意义和作用，同时又因为恨而漠视另外一些人和物存在的价值和意义。这二者都会直接导致决策制定人所寻求的价值目标方向发生摇摆，忽视其所应该寻求的价值目标，从而使这种决策所寻求的价值目标与它所应该寻求的价值目标发生背离。存其所爱，灭其所恨，可能是决策者个人的一种优化选择，其所爱可能无助于企业的存在和发展，其所恨也无损于企业的存在和发展。情感纠葛会导致企业决策制定与企业发展所寻求的价值目标发生背离，形成一种从企业存在和发展的角度进行评价的非优化选择，甚至是南辕北辙的选择。

4. 决策制定人的价值偏好

价值偏好也就是决策制定人仅仅根据自己的偏好来判定什么是真、善、美，什么是假、恶、丑，并固守这种一成不变的价值观念，不知道根据社会外部环境的发展变化而调整改变。任何一个人都会有自己的价值观念，并且都会以自己的这种价值观念作为判断事物和对事物进行取舍的标准和依据。如果决策制定人所固守的价值观念与社会发展的实际不相容，或者与社会共同的价值取向有差异和矛盾，而他又想当然地按照所固守的价值观念对社会进行假设，把这种价值观念强加给企业和社会，并作为制定决策的根据和标准时，企业的决策质量的降低和失误也就不可避免了。社会是一个整体，有其共同的价值观念和行为准则，脱离这种共同的价值观念和行为准则，会直接使自己的决策所依据的条件不现实、不恰当，从而使其决策失去其现实性和可行性，导致建立在这种与社会共同的价值观念所不同的价值观念上的选择成为非优化的错误选择。

情感纠葛与价值偏好之间存在着紧密的联系。情感纠葛可以说是一种极端的价值偏好，爱和恨本身就是一种真、善、美与假、恶、丑的判断取舍。价值偏好又可以说是一种温和的情感纠葛。对真、善、美的追求本身会表现一种爱，对假、恶、丑的厌恶本身会表现一种恨。但二者并不相同，并且这种不同不仅仅在程度上存在差别，而且其所形成的原因也不同。表现为爱和恨的情感纠葛可能直接源自于利益上的关联和对立。利益上的关联必然会产生爱，利益上的对立必然会导致恨。但价值偏好的形成可能与利益毫无关系，而主要是个人的经历和知识积累的结果，是由其所积累的经历和知识形成的一种难以改变的意识。只有当他的经历有了重大改变，或者他的知识结构有了质的飞跃之后，他的价值偏好才会随之发生改变。

5. 决策制定人的思维惯性

所谓思维惯性，又称做思维定式，是由个人的已往成功经验和受挫经历，沉淀形成的一种惯常的思考问题的方式、方法。它一经形成，就会使人对于外部环境的变化和时代的变化信息的敏感度降低，甚至变得迟钝，使人忽视这种变化，直接把过去思考问题的方式、方法，套用到新形势、新情况下的问题分析上来，直接沿用过去应对问题的对策措施来解决新形势、新情况下的新问题。其结果是，决策的制定仅仅按照一个固定不变的模式进行取舍选择，从而直接导致选择的结果与其所寻求的价值目标发生背离，使应该避免的风险不能避免，应该抓住的机会不能抓住，降低决策的质量，甚至直接出现失误。

任何一个人，都会在长期的工作和生活经历中积累形成自己特有的思考问题的方式、方法。只要不把这种思考问题的方式、方法僵化成固定不变的思维模式，它完全可以为人们制定决策提供一个有效的参照系，以节省决策制定的分析判断时间。在对问题和问题发生的背景进行比较后，仅仅对所存在的差异进行分析，这会在很大程度上提高决策的效率。人的经验的价值也就在此。但因为人所固有的惰性，往往总是夸大决策所面对的实际情况中相同因素的作用，漠视其不相同因素的作用，这就不免犯刻舟求剑的错误。人的经验的危害也在于此。

四、达成决策制定零失误的途径和措施

决策质量低，决策失误多，都是因为决策的信息缺乏和决策制定人的情绪波动、情感纠葛、价值偏好、思维惯性这五个因素的作用造成的。只要找到防止和遏制这五个因素发生作用的措施和办法，提高决策质量，实现决策制定的零失误也就完全可能了。并且造物主也是公平的，生一魔，又总会造一道，让这一道足可降这一魔。导致决策低质量和失误的五个因素是客观存在的，在这种客观存在中就包含有防止和遏制它们作乱的途径和措施。这些途径和措施作为一个整体包括以下四个方面的内容。

1. 构建完备的企业决策框架体系

所谓构建完备的企业决策框架体系，也就是事先对企业目标体系所包含的各个方面、各个层次的内容和内涵做出方向性限定，构建一个企业决策框架体系，把企业的各种决策都纳入到这个决策框架体系中来制定，使企业的所有决策，无论大小，都能彼此协调和照应，以避免因为顾此失彼而导致的决策低质量和失误。企业的决策框架体系也就是企业固有的目标体系框架。它是一个完整的有机整体，企业目标体系的不同方面，相互之间存在着相互支持或相互制约的关系，从而使任何一个方面的已有决策，都会直接构成新决策和再决策的约束条件，使决策制定人必须紧密关注已有的决策对新决策和再决策的可行性限制。有了完整的决策框架体系，也就迫使决策制定人必须更全面地把握和利用决策优化选择的约束条件和资源。尤其是有了完整的目标体系，从方向上对决策内容进行了限定，这就迫使企业的决策制定人必须按照与之对应的目标体系的要求，及时有效地制定决策，以免该有的决策被忽视或者被延误。

2. 严格企业经营资源核算管理

所谓严格企业经营资源核算管理，也就是在决策制定之前，对企业的经营资源进行一次相对全面的清理核算，以明确能用于实现新目标的资源的数量和质量，保证决策所要确立的目标有足够的资源支持，使之能最终成为现实。尽管企业经营资源在未来某一时刻并不是一个确定的量，但它却不是没有限制的量。从决策制定的现在到决策项目付诸实施的未来，这

期间能够发展和积累的经营资源的总量总是有限的。它不可能不受到现有经营资源的数量、质量和结构的制约。但这个量又会因为种种原因而发生不同方向（或积累或萎缩）和不同程度（或大或小）的变化。这就必须在对现有经营资源进行核算的基础上，对从决策制定的现时现刻，到未来某一时刻可能发展和积累的经营资源进行预测。现有的经营资源加上可发展和积累的经营资源就构成对决策即对未来活动进行计划、安排的刚性约束。因此，要保证决策制定不失误，就必须对企业经营资源进行严格的核算。

3. 选择科学有效的决策分析方法

所谓选择科学有效的决策分析方法，就是让所有的决策都纳入一个经过检验的优化分析模型中，并按照这种模型收集信息、处理信息、分析约束条件、拟订方案，并在评估计算效果后制定决策。任何一个决策，也只有借助相应的科学决策分析方法的约束，并通过科学决策分析方法规范决策制定过程的组织和管理，才能避免决策人制定决策的随意性和拍脑袋决策。

所谓科学决策分析方法，就是在紧紧把握住决策所寻求的价值目标的情况下，在约束条件限制的范围内，寻求最优极值的方法。所谓科学有效，就是强调这种寻求最优极值的方法，具有充分的现实可行性。决策所寻求的价值目标和约束条件不仅都是可以明确界定的，而且都具有可检验的特性。它强调把决策所寻求的价值目标与决策约束条件建立在彼此之间的真实、客观、必然的联系基础上。只有当这种联系是真实、客观的，并且必然发生时，建立在这种联系基础上的优化分析和选择，才能真正保证行为选择的结果与行为选择的期望一致。

科学有效的决策分析方法要求对决策信息进行科学的处理，去伪存真，并抓住重点、抓住主要矛盾。还要以此保证决策需要的重要信息，能得以完整把握和充分运用，从而使这种决策的所有约束条件都直接与客观现实以及这种客观现实发展的未来现实相适应、相吻合。同时，科学有效的决策分析方法，都有明确的操作程序限制。运用这特定的科学分析方法，也就必须根据其操作程序的要求，按部就班地实施。这也就限制了决策制定人的情绪波动、情感纠葛、价值偏好和思维惯性这四个主观因素在决策制定过程中的作用。

图2-3　只有圣人的智慧才能赶上猪

4. 完善强化决策制定程序管理

企业决策质量高低，是否发生失误，不仅与决策制定人的决策能力相关，而且与他制定决策的动机也相关。企业决策是否发生了失误，是从企业存在和发展的角度来评价的，而不是单从决策制定人的个人利益最大化的角度来评价的。只有能最大限度地保障企业的存在和发展的决策，才是高质量的决策。当然，企业决策制定人的利益与企业的利益也可能是完全一致的，比如企业直接为决策制定人个人所拥有，是决策制定人选择了通过创办企业来成就自己的事业，实现自己的价值。不过，这种两者之间的分离却更为普遍。因为企业决策不可能都由企业的所有者——老板制定，而更多的决策都不得不授权让职业经理人和其他管理人员制定。但在任何一个企业中，决策制定人都是具有相当权力和地位的人，如果没有严格完善的程序予以约束，并且把这种程序作为保证决策质量的制度强行实施，即使有科学有效的决策分析方法，也会因为决策制定人自身的偏好和利益限制而任意加以取舍，致使这种科学有效的决策分析方法失去应有的约束作用。

完善强化决策制定程序管理，也就是根据相应决策的科学分析方法的要求，对决策制定过程进行细分，并在细分的基础上，明确界定决策制定人在决策制定过程中不同环节的活动的责任。以此保证决策制定过程的每一个参与人都负责地、依据企业的发展价值制定决策，使任何一个决策制定过程的参与人都不得不抑制自己的情绪、情感、价值偏好和思维惯性在决策制定过程中可能发生的作用和影响。

图2－4　盯住导致决策失误的因素才能避免决策失误

第二章

保证决策制定零失误的五个原则要求

制定决策是一种选择，是为了保证在资源有限的情况下，最大限度地实现企业的发展。要做出恰当的选择，就必须有一定的依据和取舍标准。而要保证决策制定零失误，至少必须在决策制定管理上贯彻五大原则，即价值目标明确、价值收益最大化、责任分解清晰、时机选择恰当和民主参与充分。虽然遵循了这五个原则也不能完全保证决策不失误，但违背了这五个原则，其决策失误的风险就会成倍增加。

一、价值目标明确原则的标准要求

制定决策就是选择，其目标就是保证在资源一定的情况下，最大限度地实现企业的发展。要选择，就必须有选择的依据和判断的标准。这选择的依据和判断的标准，首先是决策制定所要寻求的价值目标。企业决策制定的目标就是保证企业的存在和发展。企业能否实现其存在和发展，又取决于企业所能实现的交易收益、基业稳固、投资回报和社会美誉四种价值的积累或萎缩。这四者不仅直接构成企业发展的四大价值增值和积累目标，而且前两者还直接是企业存在的根据。所以，这四大价值的增值和积累也就是企业决策制定所要寻求的价值，企业决策所要达成的目标也就是使企业发展的四大价值最大限度地实现增值和积累。

企业的决策，无论其大小、范围如何，无论涉及哪个方面的选择，都必须使其选择的依据和判断的标准明确地指向这四大价值增值和积累目标。或者能直接有助于这四大价值增值和积累目标的达成，或者能对这四大价值增值和积累目标的达成起到间接保障作用。尽管一个决策不可能都同时满足推动企业发展的四大价值增值和积累目标的达成的要求，但至少要服务于这四大价值增值和积累目标之中的一个。企业的任何一个决策，如果所寻求的价值目标偏离了这四大价值增值和积累目标，就可以判定，它不是为了企业的存在和发展而制定的决策，而是决策制定人在利用所掌握的企业决策制定权力谋求自己的私利。在现实的企业决策制定过程中，往往总是存在决策制定人把个人的私利加到企业决策目标中来，通过企业决策制定来实现个人私利的问题。通过严格贯彻价值目标明确这一原则，就可以有效地避免决策制定人的这种假公济私行为，从而保证企业决策的高质量。

这一原则的具体要求，可主要概括为以下五个方面：

（1）在决策制定之前，必须用明确的文字界定其决策所要寻求的价值目标并公开，以让决策制定过程的所有参与人都明确这特定决策所要寻求的价值目标，并把决策制定的评价依据和标准锁定在这种价值目标上，从而限制决策制定人假公济私的行为。

（2）企业发展的四大价值增值和积累目标，是企业决策和企业活动寻求的最终目标，但企业的众多低层次决策和措施性决策，往往要经过多个中间环节才能达到这四大目标。这就要求无论在哪个时间段上、属于哪个层次以及何种内容的决策，都必须让决策制定人明确说明决策所寻求的中间价值目标与企业发展的四大价值增值和积累目标之间的关联关系，以使决策所寻求的目标最终真正能服务于这四大价值增值和积累目标的达成。同时还必须有这种关联关系的真实、确定性的论证分析。

（3）对于决策所寻求的中间价值目标与企业发展的四大价值增值和积累目标之间的关联关系，不仅决策制定人自己要思路清楚，而且要求用文字明确地予以界定，以使决策所寻求的中间价值目标与企业发展的四大价值增值和积累目标之间建立关联关系，能让人方便地通过逻辑推论来证明。

（4）所制定的决策能在多大程度上服务于企业发展的四大价值增值和积累目标中何种价值目标的达成，必须经得起质疑。这一方面要求决策制定人自己要对决策所寻求的中间价值目标与所能服务的四大价值之间的联系进行质疑并反复思考，以避免使企业决策受自己价值偏好的影响，不自主地背离企业四大价值增值和积累的方向；另一方面又要求允许企业发展的利益关联主体对决策制定人在制定决策过程中所寻求的中间价值目标与所能服务的四大价值之间的联系进行质疑，以保障企业发展的所有利益关联主体的利益不被侵害。

（5）企业发展的四大价值增值和积累目标尽管是一个有机的整体，但彼此之间在不同的场合和形式下，往往会存在一些矛盾和冲突。这往往会使决策制定人在遵守这一原则时陷于两难选择。为了避免这种情况的发生，必须根据企业发展不同阶段的特点，事先对企业发展的四大价值增值和积累目标实现的优先性进行排序，以便在遇到冲突性选择时，有选择判断的根据。

二、价值收益最大化原则的标准要求

所谓价值收益最大化，也就是企业决策的制定，不仅要紧紧盯住企业发展的四大价值增值和积累目标，而且要保证目标最大限度地得以实现，以使企业经营资源配置实现最优。价值收益最大化强调的是，企业决策的制定不仅要关注企业发展目标的达成，而且要保证企业决策的制定仅仅服务于这种价值目标的达成，不允许有与之相冲突的其他目标掺加到决策制定的约束条件中去，以保证企业价值的增值在总量上达到最大化。

这一原则的具体要求，可主要概括为以下四个方面：

（1）企业决策的制定，尤其是直接关系到企业生存和发展重大转折选择的决策制定，不仅要有完整的决策方案设计论证，而且必须提供两个以上的方案，以供最终决策者进行比较选择。

（2）多个方案的设计和论证，必须分头进行，即让不同的岗位员工，分别独立承担完成各自方案的设计论证，以避免方案设计论证人把一些明显不具有价值的方案拿来与自己所倾向的方案放到一起作陪衬，迫使决策制定人只能做不选择的选择。

（3）方案的最终选择必须有价值收益总量的比较分析，以使方案的选择摆脱决策制定人的个人价值偏好的影响，使决策的制定严格根据方案所确定能实现的价值的大小来取舍，把决策制定人的作用限制在对不同方案所能实现价值的确定性的评价上，以避免程序化的决策又蜕变为决策制定人凭直觉的随意性决策和拍脑袋决策。

（4）价值收益最大化，不仅要求用交易收益或投资回报这两个最容易量化的价值目标来衡量，而且必须对基业稳固和社会美誉两大价值进行量化计算。基业稳固和社会美誉这两大价值最终也会体现在交易收益和投资回报两大价值的增加上，但它的作用是潜在的、长期的。为了保证决策制定的准确性，要求通过对这两大价值所能带来的未来交易收益和投资回报进行贴现计算。

三、责任分解清晰原则的标准要求

要化解企业决策质量低和发生失误的风险，就必须让决策制定人对所制定决策的结果承担相应的责任，以使每一个决策制定过程的参与人，都能够负责任地、慎重地对待自己所承担的决策活动，以真正保证这种决策服务于企业发展目标的达成，及其这种目标实现的最大化，避免把个人的私利加到这种决策之中来。因此，这就必须对决策制定活动的责任进行分解，明确决策制定过程中的每一个环节、每一步活动的承担者所应该承担的责任。企业的任何决策的制定，都可以分为多个步骤来完成。这每一步活动，只有都有相应的人来承担责任，才能保证决策制定过程中相应活动的承担人审慎负责地对待所承担的决策制定活动。

对于规模较小的企业，其决策制定过程的活动可以集中由一个人承担，但这个决策制定人就得对这个决策制定的后果承担全部责任。参与企业决策的制定，在决策制定过程中承担特定环节上的活动人，必须对他所承担活动的质量负责，其责任的大小必须根据相应的活动在整个决策制定中的作用来界定。这一原则的落实，要求决策责任的分解必须对应于决策制定过程进行细分，并通过决策制定过程的细分，来细分决策的责任。

决策制定过程的细分，至少必须明确界定以下七个方面内容：

（1）收集对企业存在和发展有影响的内、外部环境变化信息。

（2）对这种可能影响企业存在和发展的内、外部环境变化信息进行跟踪调研。

（3）分析判断，以确定是否对这种变化做出反应。

（4）收集并探索可用于对内、外部环境变化进行反应的措施办法。

（5）比较反应的措施办法，并讨论拟订决策预选方案。

（6）对预选方案进行比较，选择最优方案。

（7）组织贯彻实施最终选择的方案。

决策责任的细分，至少必须明确界定以下五个方面的内容：

（1）决策信息收集人的责任及其承担责任的方式。

（2）决策方案拟订人的责任及其责任承担方式。

（3）决策讨论参与人的责任及其责任承担方式。

（4）决策拍板人的责任及其责任承担方式。

（5）决策贯彻实施过程的组织者的责任及其责任承担方式。

这一原则的具体要求，可主要概括为以下五个方面：

（1）决策制定过程细分与决策责任细分，两者都必须不折不扣地完成，不能偏废。没有决策责任的细分，决策制定过程的细分也就没有意义。没有决策制定过程的细分，决策责任的细分也就只能是一句空话。

（2）决策责任细分的五项内容，必须在具体决策实施前与相关岗位员工进行沟通，以达成事先的约定，让决策制定过程的各个环节上的活动，以及活动的责任和责任承担方式，在决策活动承担者意识中建立稳定而紧密的联系。

（3）必须给予决策制定过程的后继活动承担人对前遂活动结果进行评价和返工指令的权利。即强调决策制定过程的后继活动的承担人，对前遂活动的承担人拥有监督控制权利，以保证决策制定过程中的每一个环节上的活动都高质量地完成。

（4）在决策责任的分解过程中，必须考虑决策活动责任人的责任承担能力问题。即在决策制定过程的细分上，只能把决策制定过程中相应环节的工作交由具有相应责任承担能力的人来承担，以避免责任落空，使决策制定过程参与人不负责任的情况发生。

（5）必须给予决策制定过程的前遂活动的承担人对决策制定后继活动的讨论参与权，以使决策制定的前后环节上的活动承担人彼此之间有机会充分地进行沟通交流。一方面使前遂活动的承担人能提供没有反映在决策方案上的信息和思考；另一方面让前遂活动的承担人能更准确地理解后继活动本身的要求，从而保证当发生返工时，能更好地返工，达成后继活动的要求。

四、时机选择恰当原则的标准要求

企业决策只有在恰当的时机完成，才能取得最佳的决策效果。根据决策制定的自由度原理——“决策制定与决策所寻求的目标之间的时间距离越短，决策制定的自由度就越小；决策制定与决策所寻求的目标之间的时间越长，决策制定的自由度也就越大。对越是迫近现实的未来制定决策，决策的制定就越是没有选择的自由”，企业必须选择恰当的时机制定决策。不同的决策有不同的最佳决策制定时机，要保证企业决策制定的效率和效果，就必须保证企业的每一个决策制定都在恰当的时机完成。

要使特定决策的制定能为企业发展目标的达成提供最大限度的支持和帮助，决策制定的一定自由度是其前提条件。但决策的时间选择有两个限制：

（1）决策制定信息收集限制。决策制定所需要信息的准确程度和完整程度，直接和决策制定与决策所寻求的目标之间时间距离的长短有关。决策时间越是靠近决策所寻求的目标，决策信息越能收集得完整、准确、充分，同时投入决策信息收集的成本也越低。而决策制定与决策所寻求的目标之间的时间距离越短，决策制定的自由度越小。

（2）在企业经营资源发展和积累实际把握上的限制。这一点非常重要。决策制定与决策所寻求的目标之间的时间距离越短，企业可能发展和积累的经营资源就越有限，在其数量、质量和结构上进行调整改变的余地就越小。决策制定的自由度主要是受制于企业经营资源调整改变的可能性。没有调整改变的可能性，就不可能有比较大的决策制定自由度。

因此，时机选择恰当，就是保证决策信息的完整性和准确性，是决策制定的自由度之间实现平衡调和的基本要求。决策既要保证其选择有充分大的自由度，以充分发挥决策制定人的主观能动作用，使这种决策有意义；同时，又要保证其决策制定依据的现实可得性，以使这种决策制定所依赖的信息完整、准确，使决策中为企业所做的未来活动的计划和安排在一定时间内能适应企业内、外部环境的变化。

决策时机的最佳点，一般很难通过量化计算来确定。决策的制定究竟该在所要达到目标之前多长时间启动和完成，可以根据不同决策所寻求的价值目标的实际情况来分析确定。只要能收集到尽可能准确、完整的信息，决策制定与决策目标实现之间相距的时间是越长越好。只有这样，才能为企业创造出更多的竞争优势。在这里，完整、准确的信息的获得构成了一个硬约束。在现实中，往往是企业收集到完整而准确的信息时，企业进行选择的自由度已经很小了。决策制定的最佳时机如图 2－5 所示。要保证企业决策制定的一定自由度，就必须通过一定的科学方法来预测企业决策所需要的信息。因此，这一原则要求也就转换为对预测未来信息的方法的要求。

图2－5 决策制定的最佳时机

要保证决策时机选择恰当，必须对相应的不同决策所赖以进行的信息收集和预测的方法做出明确的界定。

这一原则的具体要求，可主要概括为以下四个方面：

（1）把不同的决策责任明确地界定给企业组织特定层次上的岗位员工，由他进行控制，组织决策的制定。尤其要明确不同时段上的决策制定的具体责任人，以使不同时段上的决策都有具体的人为之承担责任，并经常思考，以保证在恰当的时机组织决策的制定。

（2）对不同的决策何时进行、何时结束，都必须划出一个大致的时间限定范围，以保证决策的制定不滞后。这一方面，需要保证决策的选择有充分大的自由度；另一方面，又要保证为这种决策的制定收集到充分准确、完整的信息，包括通过预测收集相关的信息。

（3）确定制定具体决策的时机，必须与决策制定的具体责任人进行沟通，以保证决策制定的时机限制能为决策制定的责任人所认同。

（4）对不同决策所需的关键性信息的收集，要明确确定其方法和途径，尤其是对未来信息的预测，必须事先确定其必需的科学方法，以保证决策赖以进行的信息的准确性和完整性。

五、民主参与充分原则的标准要求

企业的决策无论大小，最终都必须有人贯彻，并保证其全面实施，这样才有意义。因此，要保证决策贯彻实施的能动性和质量，在决策的制定过程中，必须给予决策贯彻实施人讨论参与权，让他们能完整地理解这种特定决策的意义和作用，提高他们对这种特定决策内容的认同程度，从而增加他们对特定决策贯彻实施的能动性和创造性。

民主参与充分原则，并不是要求让企业所有人员都参与到企业大小决策的制定过程中来，而是让与决策的贯彻实施有直接关联关系的人，包括承担实施责任的人和利益关联人，都参与进来。这种参与主要是讨论沟通，让他们明白决策制定过程的科学性和合理性。这种参与并不是要他们在决策的制定过程中具体承担什么工作，也不需要由他们承担这种决策制定讨论参与的责任，但这种参与无疑会提高参与人的责任感，消除和降低其抵触情绪。如果说要由他们承担什么责任的话，这种责任就是要求他们通过自我约束创造性地贯彻决策，来保证决策的顺利实施，不能也没有必要让决策的这种参与人在经济福利上承担相应的责任。对决策的结果承担责任的只能是决策制定过程中实质性活动的承担人，包括决策的拍板人、决策信息的收集人和决策方案的设计论证人。

民主参与充分原则的具体要求，可主要概括为以下四个方面：

（1）必须提供充分的机会，让决策的贯彻实施人和决策的利益关联人参与到决策的制定过程之中来，并给予他们充分表达其意志、意愿的机会。

（2）给予决策贯彻实施人对这种决策进行质疑的权力，并让决策制定实质性活动的承担人对这种质疑做出解答，直到所有决策讨论参与人的疑团全部解开为止。

（3）给予决策的利益关联人对自己的利益进行辩护的权力，以在决策的制定上能实现利益的平衡，避免把一部分人利益的实现，建立在他人利益损失的基础上。

（4）民主参与的方式，即沟通的方式，要求事先根据决策本身的性质和所涉及的范围做出界定，避免把民主参与变成一种形式。民主参与的形式不是只有正式的会议讨论这一种，能够提供沟通机会的非正式场合都可以选做讨论沟通的方式。但要想保证民主参与的严肃性，这种参与沟通活动必须有正规会议形式提供保障。

第三章

企业决策框架体系构建管理的标准要求

企业是一个有机系统，为企业存在和发展所做的种种决策作为一个整体，也必然构成一个完整的有机系统。完备的企业决策框架体系，可概括为由问题、时间和组织层次三个维度构成的一个立体结构，由此可分析、界定企业决策框架体系的标准要求。

要构建完备的企业决策框架体系，避免因顾此失彼导致决策失误，必须按照问题、时间和组织层次三个序列维度梳理、构建，必须公开化，必须与企业规模相适应，必须使企业各层次管理人员高度关注在贯彻执行更高层次决策过程中的再决策问题。

一、企业决策框架体系构建管理的内容

企业决策无论大小，都不是孤立的。任何一个决策都与企业的其他决策存在着不同程度的关联关系，或者是特定决策的延伸，或者要受到其他决策的制约，不存在完全独立于企业其他决策之外的企业决策。企业是一个有机系统，对于企业的存在和发展的未来活动安排所制定的种种决策作为一个整体，也必然构成一个完整的有机系统，使彼此之间不能分割。究其原因，主要有两个方面。

1. 沉淀成本

任何一个决策，都会带来一定的沉淀成本。因为任何一个决策制定出来并付诸实施之后，都会投入相应的资源。而所投入的相应资源又直接会

使决策制定人所能控制和运用的资源数量相应减少，使再决策不得不考虑已经投入的这部分资源运用的效益。这就使已有的决策构成了再决策的约束条件。这种约束，是直接来源于这种已有决策的沉淀成本。任何一个企业所拥有的经营资源都是有限的，从而使其后续决策不可能不考虑前遂决策造成的这种沉淀成本构成的约束。

2. 关联效益

决策的目的就是寻求效益最大化。而要保证这种效益最大化，首先就必须充分保障企业内部不同方面决策之间的关系协调。一个决策就是对企业未来活动的一种安排。对企业未来活动的安排，如果不能彼此实现协调，就不可能获得企业前后活动在关联协调基础上形成的效益，从而也就不能使这种决策的效益达到最大。企业作为一个有机整体，其所有的决策都是服务于企业发展目标的，一个方面的决策也仅仅是对企业未来活动的一个特定方面的计划、安排。但这却只是计划、安排了企业价值目标实现的整个过程中的一个环节的活动，单靠这个环节本身是不可能保证企业效益最大化的。

往往有人谋求一种摆脱已有决策限制的零基决策，即不予考虑已有决策带来的约束，从一种全新的开端制定决策。但在现实中，这种思路仅仅是一种不现实的假设，不可能付诸实施。尽管一个企业家可以把他所经营的所有产业都出售变为现金后重新进行投资，并且从理论上分析这也是可能的，但投资的实施及其获得成功，不仅是资金投入问题，除了资金之外，人力资源、市场资源、社会资源等的积累，也是极其重要的约束条件。一个企业家在考虑进行这种再投资时，不可能完全不考虑已积累的资源所形成的约束，而已有的资源积累的形成，本身又是以往决策实施的结果。

更重要的是，企业决策的制定更多的是在企业已有决策的框架范围之内进行的，即在企业所确定的经营方针、战略规划所限定的范围内制定决策。因此，企业已有决策的框架也就把企业的所有决策限制在整个企业原有框架的一定节点上。整个企业的现实情况，以及已为企业的发展作出的安排，都直接构成了企业决策所寻求的价值目标最大限度的实现的约束条件。这种约束条件，尽管除了企业内部的这种已有的现实和已有的决策安排之外，还有市场环境、社会环境等多方面的限制，但只要原有的状况和已有的决策安排与企业所面临的外部环境尤其是市场环境不存在绝对的对立和矛盾，也就无法推倒重来，也没有必要推倒重来。完全舍弃企业已有决策的框架，不把它作为再决策的约束条件，是不可能的。

决策就是要谋求使决策所寻求的价值最大化，但这种最大化只能在已有约束条件之下实现。如果没有约束条件，就不存在最大化问题。没有约束条件，也就没有极值的存在，这种最大化将是一种无穷大，这就没有决策制定问题，更没有决策要寻求的优化选择。因此，任何决策都必须充分考虑这种决策所存在的约束条件。而构成企业决策约束条件的最重要内容，正是企业内部现有资源实际和已为未来所做的安排。而现有的资源实际，及其为未来所做的安排，又都是特定决策所形成的结果。企业决策要准确而全面地把握其约束条件，就必须建立完整的企业决策框架体系，以便清理相关方面的约束条件，使企业的后继决策能完整、全面地限定在这种约束条件之内进行。

图2－6 任何一个决策，都有沉淀成本和关联效益

完备的企业决策框架体系，是由问题、时间和组织层次三维构成的一个立体结构。

1. 问题维度的内容

在一个企业内部，尽管所面临的问题多种多样、变化万千，但对这些问题进行一下梳理，就可以发现它们都可归纳为几个大类。然后根据这几个大类的问题之间的内在逻辑关系排序，它们也就构成了一个由问题序列形成的维度。这就是企业决策框架体系的第一个维度。

2. 时间维度

企业的任何一个决策都是对企业未来活动的安排，这种未来活动从时间上分析，相距决策制定时的时间距离有长有短。这种对不同时间上的活动的安排，就自然而然形成了一个时间序列。这就是企业决策框架体系的时间维度。

3. 组织层次维度

对决策体制进行分析，通过明确决策在企业组织的哪个层次上完成，界定决策制定的责任人，这就形成了一个由决策制定责任人的组织层次序列构成的维度。任何一种决策的制定，都必须由具体的人或机构来实施，而企业的规模只要有所发展，就不可能把所有决策的制定都集中由企业老板来完成。

将企业所要制定的决策，置入由这三个序列维度构成的决策框架体系中进行梳理，就能方便地理清企业决策制定所要面对的内部约束条件，因而使决策制定人忽略这些内部约束条件而导致的决策失误和低质量决策(图2-7)。

图2-7 决策定位，就要认真

二、企业决策框架体系构建管理的具体要求

要构建完备的企业决策框架体系，避免因为顾此失彼而导致的决策失误，必须满足以下五个具体要求：

（1）必须按照企业决策框架体系的三个序列维度全面梳理构建企业的决策框架体系。这就是要求，对于企业的决策框架体系，必须从问题序列、时间序列和组织层次序列三个方面分别进行分析、清理、界定，不遗漏、不忽略任何一个序列维度的梳理。由这三个序列构成的三个维度，直接把企业决策的框架体系变成了一个三维立体结构。把企业的所有决策都纳入到这个完整的三维立体结构中分析，就可以有效地避免因企业决策的内部约束条件的遗漏而导致的决策失误或低质量。

（2）企业决策框架体系必须与企业规模相适应。这就要求，企业所确立的决策框架体系要与企业自身的规模相适应。企业的规模越大，就越是必须对企业决策框架体系进行详细的分析。反之则相反。并且，当企业规模较小时，涉及的问题也会少得多，考虑问题的时间段也不会有成规模企业的长，组织层次也相对单一。这就决定了没有必要让所有的企业都按一个既定的模式来构建企业的决策框架体系。

（3）企业决策框架体系，必须先梳理，后构建。这就是要求对企业所要制定的决策，分别根据其问题、时间和组织层次进行分析梳理，并将每个特定的决策都纳入问题、时间和组织层次三维立体结构的框架体系中。这种分析可由各个决策制定人根据已有的现实进行收集归纳。然后，再根据企业实际，在保障其最佳效果的情况下，确定每个决策在三维立体结构中的节点位置，从而使企业的所有决策制定都能在恰当的时候，由恰当的人完成。

（4）企业决策框架体系必须公开化。企业决策框架体系本身并不含有什么商业秘密问题，整个决策框架体系必须作为与企业组织架构相对应的文件规范，在企业内部全面公开。让每个岗位上的角色都明确各自将要承担的决策、参与的决策，以及何时决策，并使之有时间和机会自主地进行安排，在恰当的时间，投入足够的精力思考决策问题，为决策的制定做好充分的准备。

（5）决策框架体系从组织的维度进行界定，必须使组织的各个层次上的管理人员，都在重视对组织中更高层次上的决策内容的把握和领会的同时，高度关注所制定决策在贯彻过程中的再决策问题。无论组织的哪个层次上的决策，都有一个向下贯彻实施过程中的再决策问题。

三、从问题维度分析、界定企业决策框架体系的标准要求

企业决策所要解决的问题，多种多样，变化万千；有物的问题，也有人的问题；有生产问题，也有销售问题；有技术问题，也有市场问题。根据问题的内容及其性质，可以归纳成十大类，即经营方针决策、价值目标决策、行业选择决策、产品选择决策、市场推进决策、内部挖潜决策、资金筹集决策、质量方针决策、人事管理决策和组织建设决策。

要保证所要制定的决策在问题维度上的分析、界定恰当准确，就必须满足以下四个方面的具体要求：

（1）对企业所有的决策，都必须按问题归类，让每一个决策制定人都能明确由自己所制定的决策在问题维度上的定位，及其与其他决策之间的相互关系。

（2）企业规模无论大小，其经营方针决策和价值目标决策的制定，都必须在绝大多数员工广泛参与、讨论的基础上完成，并要求有公开的文字详细解释说明。

（3）在问题维度的决策中，不同的决策彼此之间存在一定的包容与被包容关系，要保证下一层次的决策能够准确地贯彻上一层次决策的精神和要求，必须把所有上层决策内容，向下一层次决策的相应活动承担人公开，并且要有详细的解释说明。

（4）必须通过一定的培训，让企业管理人员明确这十种决策的内在逻辑联系，使每一个管理人员在承担决策制定活动时，都能够从这种逻辑联系中明确自己所承担的活动必须受到的约束，以及这种决策制定活动本身的意义和作用。

四、从时间维度分析、界定企业决策框架体系的标准要求

从时间维度对决策进行分析，其目的是明确所制定决策的时段特征。在时间维度上，不同时段上的决策彼此之间存在一种演绎关系，即由对长时段上的未来活动的计划和安排，分解确定短时段上的未来活动的计划和安排。短时段上的决策必须为未来更长时段上的决策服务。所以，相对时段越短的决策，就越是要服从长时段上的决策。

但是，不同决策之间的这种时段关系，并不是固定不变的。长时段的决策也需要根据企业所面临的内、外部环境的变化进行调整，不能一成不变。因为对未来更长时段上的活动的计划和安排，所依赖的信息资料更多的都是建立在预测的基础上的，远不是客观的现实，从而这种预测无论采用何种科学的方法进行，也都无法保证这种预测 100% 地与未来现实相吻合，无法保证其具有 100% 的准确性。这就使建立在这种预测基础上的决策，不免会因为企业发展所面对的现实与预测的信息相偏离，从而使这种决策有失偏颇。这就要求决策制定人根据已发生的企业内、外部环境的变化对已有的决策进行调整，这就使不同时段上的决策不再仅仅是一种简单的演绎关系。相反，有必要由此构成一种相反的关系——归纳关系。即由不断出现的现实不断对所做的预测进行修正，从而修正长时段上的决策。

从时间上划分，企业决策有企业经营方针决策、战略目标决策、战略措施决策、年度目标计划决策、季度目标计划决策、月度目标计划决策和周日目标计划决策等。

要保证所要制定的决策在时间维度上的分析、界定恰当准确，必须满足以下五个方面的具体要求：

（1）根据企业的规模，对每个时段上的活动目标和内容都必须做出明确的界定。尽管每一个时段上的决策在内容的详略程度上可以因企业规模的大小不同而有所不同，但不能因为企业规模较小，就完全忽视某一时段上的决策。

（2）制定短时段上的决策，必须充分考虑已有的长时段上的决策，并要求对与已有长时段上的决策的关联关系做出明确的分析、界定说明。在思考问题时，在概念上，或者是在同类而不同时态的概念上发生跳跃，这

是任何人都难以避免的事。没有限制，制定决策时忽略以往的决策也就是不可避免的。

（3）长时段上的决策，不能一成不变，必须通过滚动制定方式来不断修订，使之能够自动地适应已经发展变化的企业内外部环境实际。也只有滚动地制定不同时段上的决策，才能保证不同时段上的决策的协调和不失误。

（4）对长时段上的决策，必须有人为之承担责任，并付出努力，不断地收集现实信息，以分析预测未来可能发生的变化，对长时段上的决策进行修正和更新。长时段上的决策对企业存在和发展的影响尽管不直接，但却更重大。没有远虑，必有近忧。

（5）要定期检查不同时段上决策内容的完整性，以避免本该制定的决策发生遗漏和延误而导致企业组织运行的混乱和低效。一个时段上的决策不是一个决策，它是企业决策内容立体框架中的一个横切面，包括彼此关联的一系列的决策。

五、从组织层次维度分析、界定企业决策框架体系的标准要求

根据决策的内容和所涉及的范围，把决策制定权分散到企业组织的不同层次上，这是保证企业组织运行效率和充分发挥每一个人的能动性和创造性的基本要求。只有保证每一个决策都是在恰当的组织层次上做出的，才能保证这种决策的准确性，以及其贯彻落实的完整性。这就形成了企业决策框架体系的组织层次序列维度。企业决策框架体系的组织层次序列维度的作用主要在于，明确对一定的决策，该由企业组织的哪个层次的哪个岗位提供思路和方向指导，该由企业组织的哪个层次的哪个岗位对决策制定的拍板负责，为保证决策的有效贯彻必须吸纳哪个层次的哪些岗位参与讨论。

从组织层次上分析，一个具有很大规模的企业，其决策框架体系的组织层次，可分为企业集团层、事业部层、公司层、作业单位层和现场操作层五个层次。

要确定不同时序、不同问题的决策制定交由企业组织的哪个层次完成，或者说由企业组织的哪个层次上的哪些岗位员工作为决策的指导人、

决策的拍板人和决策的讨论参与人，首先必须对以下五个问题做出分析解答。

（1）这一决策是哪一决策的延伸？

（2）这一决策会受到哪些决策的约束和限制？即所制定的决策必须在哪些决策的约束限制之内进行？

（3）与这一决策相关联的决策还有哪些，彼此之间相互关联的性质怎样？

（4）与这一决策存在约束关系的决策的优先顺序怎样？即哪个决策处于优先地位？

（5）对于原有决策的约束能在多大程度上突破？突破的前提、途径和方式是什么？

从决策组织层次维度对企业决策框架体系进行分析、界定的具体要求，主要包括以下七个方面的内容：

（1）对不同问题、不同时间的决策，必须明确界定其思路提供和方向指导的组织层次和岗位名称、决策拍板的组织层次和岗位名称，以及讨论参与的组织层次和岗位名称。

（2）特定组织层次上的决策制定人必须保证能够完整地获得企业组织的上一层次的相关决策的内容，使之能在自己的决策中准确地把握其地位与关系，防止所制定的决策与组织的上一层次的决策内容充分吻合，避免管中窥豹，防止所制定的决策缺乏远见和全局性。

（3）决策的组织层次的确定，必须遵循现场主导原则。决策所要解决的问题在哪个层次的现场发生，就必须把其决策拍板责任的组织层次和岗位确定在哪个层次上，上一层次的主管只能承担思路提供和方向指导的责任。

（4）任何一个组织层次上的决策，都必须充分吸纳直接下属岗位参与讨论。并且，这种讨论不能只是一种形式，必须充分体现下属的意志、意愿，使之能把这种决策直接当做自己制定的决策来付诸实施。

（5）同级职能部门的决策，必须由其直线经理承担协调责任，以保证其决策在这个组织层次上的相互协调，避免不同职能部门的决策彼此冲突。

（6）职能部门的决策，必须直接是代表同级组织的决策，其决策内容对下属单位和部门具有同等的约束作用。下属单位直线经理有可能在岗位级别上高于上一层次组织的职能部门的主管的岗位级别，但这并不能成为直线经理不接受上一层次组织的职能部门决策的理由。

（7）每一个层次的决策都必须有具体的人为之承担责任，但不能把这种决策简单地视做决策责任承担人的个人行为，而是决策制定人岗位所在组织的行为。因此任何一个下层组织在制定决策时，都必须充分考虑上层组织决策对自己所要制定的决策的约束。

第四章

严格企业经营资源核算管理的标准要求

企业经营资源核算管理，主要包括资本资源核算管理、人力资源核算管理、市场资源核算管理、社会资源核算管理、信息资源核算管理等五个方面。本章主要对这五个方面详细的管理标准要求进行分析。

一、资本资源核算管理的标准要求

资本资源是企业投资人通过投资形成的企业经营资产。这种资源不仅指企业所直接拥有的净资产的多少，还包括所能调动运用的资产，即通过多种形式的商务合作获得的对其他社会经济组织所拥有的资产的直接或间接支配、使用权。资本资源，就其存在形式分析，包括固定资产、商品资产、证券资产和货币资产。

资本资源现自有量的核算比较简单，其计算方法如下。

（1）现自有固定资产：是指企业所拥有的资产中，难以进行空间变换或者空间变换要追加相当投入的资产。其内容包括厂房、设备、土地等。其计量方法是：厂房按面积计算其数量；设备按生产能力计算其数量；土地按面积与位置加权计算其数量。三者都可根据其重置成本减去折旧来计算其价值额。

（2）现自有商品资产：是指比较容易变现的实物资产，包括原材料、产成品、在产品。其数量可直接按其变现能力计算。

（3）现自有证券资产：是指企业所拥有的在证券市场上可以自由流通

的股票、债券、国债、期权、未到期的应收账款等。其数量按其保有价值计算。

（4）现自有现金资产：是指以银行存款、现金储备和到期并一定能即刻收回的应收账款的形式存在的企业资产。在这种资产中不能包括已到期但已成为呆账、死账的应收账款。其数量按其金额计算。

资本资源的可借用量和可发展量，不能精确计算，可通过表2－1（资本资源的可借用量和可发展量分析表）予以估算。

表2－1 资本资源的可借用量和可发展量分析表

估算项 资本资源类	各个支点资源所能带来的可借用量					项目选择可带来的可借用量			前8项合计	可发展量						总合计
	管理	资金	技术	物料	市场	银行贷款	实物租赁	其他负债		第一年	第二年	第三年	第四年	第五年	合计	
列号	1	2	3	4	5	6	7	8	9	10	11	12	13	14	15	16
固定资产																
商品资产																
证券资产																
现金资产																
合计																

说明：

（1）管理、技术和市场三个支点资源，在性质上是非排他性的。它们发展成为具有一定垄断性的优势资源之后，其所能带来的可借用资源数量，完全取决于它们自身所拥有的优势和垄断程度，也就是为他人所认同和需求的程度。

（2）资金和物料两个支点资源，在性质上是排他性的。它所能带来的可借用资源数量，完全取决于它们的外部配套资源数量。

（3）项目选择也就是对企业现自有资源的一种配置方式的选择，即企业选择进入某个行业或产品市场经营。

（4）项目选择所能吸引的银行贷款，不完全取决于项目本身的可预期投资回报率，企业的信誉和负债率是其重要影响，其数额可用银行授信额度作为估算标准。

（5）项目选择所能创造的实物租赁和其他负债两项可借用资源，与银行贷款有替代关系，它们的增加会导致银行授信额度的降低，但不完全是等量的；实物租赁和其他负债二者之间也有替代关系，彼此之间会直接形成一种此消彼长的关系。

（6）其他负债主要是供货商的缓付供货款和经销商的订货预付款，其他形式的应付账款也包含在其中。

（7）分年度的可发展资源，是企业自我积累滚动发展可实现的增值量，也包括通过股票发行和吸引股份投资增加的企业净资产数量。

资本资源核算管理的具体要求，主要概括为以下七个方面：

（1）必须准确地把握资本资源的现自有量。它是企业决策制定的最基本的依据。可借用资源和可发展资源虽然不完全取决于它，但它具有刚性约束。无论多么重视和强调利用可借用资源，自主选择创造资源优势，构筑支点资源，都不可避免地要受到现自有资本资源的性质和规模的限制。

（2）对企业现自有资本资源各个分类的数量计算，不能仅仅以账面记载为依据。实物资产必须按照重置成本计算，以实有的量乘以单位重置成本；证券资产的计算必须以变现能力为依据，不能把预期收益加进去。

（3）可借用资源数量是不确定的，但根据关联关系，可以估算出来。但其估算必须松紧适度，不能过于保守，也不能过于乐观，以中间值为宜。

（4）可借用资源的数量，必须分别依据关联因素的作用力度进行估算，不能笼统地随意假定。

（5）影响资本资源可发展量的关联因素主要是现自有资源的性质、结构、数量及对它们的配置方式，其计算必须同时考虑到这两个方面的影响。

（6）股份融资中股票发行是一个很难估算的量，尤其是在资本市场发育不完善的情况下，一般估算保守一些为宜；股份投资更多地取决于项目选择，但也与寻找投资人的工作力度相关，因此必须考虑到这二者的影响。

（7）资产价值的第一形态为现金资产，其变化从现金资产的角度进行计算，就不能再计算其转换形态的资产，以避免重复计算。

二、人力资源核算管理的标准要求

企业的发展仅仅有资本资源是不够的，人力资源是其发展的一个重要限制条件。这是不言而喻的。企业所拥有的人力资源状况本身还可能成为吸纳外部资金、增加资本资源的一个至关重要的因素。

当一个企业经营不善时，就不会有人向他提供信贷资本的支持，更不会有人愿意向它投资入股。但若改换了经营领导人，并且新的领导人带来了一个有所作为的团队，银行和投资人就会重新燃起对这个企业的希望和兴趣，从而使之不仅增加可借用的外部资本资源的规模和数量，而且可能直接带来新投资的注入，增加企业的净资产。

人力资源直接具有通过对企业经营能力的提升来实现企业资本资源规模增长的作用。不仅如此，企业的任何投资最终都必须由具体的人来付诸实施，无论多么好的项目，仅仅有投资能力，而没人来具体承担投资项目的实施，仍然是毫无意义的项目。正是从这个意义上讲，人力资源的总量和质量，会直接并严格地制约企业决策的制定。

人力资源的规模不仅在于所拥有人员的数量，而且与所拥有人员素质的高低，以及不同类、不同层次人才的搭配合理与否直接相关。也就是说，直接影响企业决策的，是经营决策、组织管理、技术开发、市场开拓这四类关键人才的拥有量和水平的高低，及其他们之间的比例关系。这四类关键人才的总量及其相互协调的程度，构成了企业人力资源的规模。下面主要就这四类人才进行分析。

1. 经营人才

经营人才是具有经营决策能力并能承担企业整体运作的一种人力资源。它可分为两个小类：高级经营人才和一般经营人才。高级经营人才，是指具有企业整体运作的能力，并对企业内外变化反应敏感，而且思路开阔、有战略眼光、能独立经营一个法人实体的人才。一般经营人才，是指具有一些企业整体运作的知识和经验，并能及时发现企业内外的变化，有一定的思路和战略眼光，能在他人指导下经营一个法人实体的人才。

2. 管理人才

管理人才是具有组织管理能力，并能承担企业项目或单位、部门运作的一种人力资源。它也可分为两个小类：高级管理人才和一般管理人才。高级管理人才是指能独立承担一个项目或单位、部门组织管理的人才。一般管理人才是指只有在他人的带领下才能承担项目或单位、部门组织管理的人才。

3. 市场人才

市场人才是掌握有市场运作技巧技能、具有市场开拓能力、能高效地把企业产品推向市场、让客户认同的一种人力资源。它也可分为两个小类：高级市场人才和一般市场人才。高级市场人才是指具有独立的市场操作能力、能开发新市场的人才。一般市场人才是指只有在他人的带领下才能进行市场操作、开发新市场的人才。

4. 技术人才

技术人才是具有技术创新开发能力的一种人力资源。他们或能根据消费者的欲望和偏好，不断地改进产品功能，创造新产品；或者能把科学技术的新发展，快速转换为企业生产工艺的改进和改善。它也可分为两个小类：高级技术人才和一般技术人才。高级技术人才是指能够独立进行产品创新或工艺创新的人才。一般技术人才是指在他人带领下才能完成一定技术创新的人才。

除了上述四类人才之外，还有其他一些能对企业的发展有所作用的人才，比如公关人才。

上述各类人才的现自有数量，都可直接根据其人数来计算。其可借用量和可发展量，可通过表2－2（人才资源的可借用量和可发展量分析表）来估算。

表2－2　人才资源的可借用量和可发展量分析表

估算项内容 人力资源类别		各个支点资源所能带来的可借用量					项目选择可带来的可借用量	前6项合计	可发展量						总合计
		管理	资金	技术	物料	市场			第一年	第二年	第三年	第四年	第五年	合计	
列号		1	2	3	4	5	6	7	8	9	10	11	12	13	14
经营决策制定人才	高级														
	一般														
组织管理人才	高级														
	一般														
市场开拓人才	高级														
	一般														
技术开发人才	高级														
	一般														
其他类人才	高级														
	一般														

说明：

（1）管理、技术和市场三个支点资源，对人力资源可借用量的影响，也是取决于它们自身所拥有的优势程度，是它们通过推动对外合作的发展所能借用到的数量。

（2）资金和物料两个支点资源，所能带来的人力资源可借用量，也完全取决于它们的外部配套资源数量，即由与外部配套资源直接相伴随的人力资源数量决定。

（3）项目选择所能吸引的人力资源，完全取决于项目本身的吸引力。真正的人才，在事业上的追求会远远大于对金钱物质利益的追求。一个项目若能代表一个事业，就必然会引来一批人才。但这种吸引力的大小，不仅与项目的内容、规模相关，而且与项目成功的可能性大小也相关。

（4）分年度的可发展量，是企业内部培训成长起来的各类人才和正常招聘积累的各类人才的数量。

人力资源核算管理的具体要求，可主要概括为以下六个方面：

（1）对人力资源进行核算，首先是对人才进行甄别。这就要求对人才确立一个统一、具体、可具体鉴别比较的评价标准，以保证对企业人力资源计量的准确性。

（2）人力资源不同于资本资源，存在一定的流动性，对现自有人力资源数量进行计算，必须考虑到已有流动倾向的人才，包括可能流进的和可能流出的。

（3）对人力资源发展量的计算，必须充分考虑企业在人力资源招聘和开发上的政策和投入。调整了这种政策和投入，不仅会立刻通过招聘带来人力资源总量和结构上的变化，而更重要的影响在于自我发展和积累量会以与以往不同的趋势变化，来影响可发展量。

（4）人力资源的发展完全可以自主进行规划从内部开发积累实现，但必须考虑到不同人才的培训发展期的长短差别和投入大小对可发展量的限制。

（5）人力资源的可借用量的计算必须根据不同项目事业的人力资源结构进行估算，并且必须考虑到合作后可能导致的人才流动。

（6）人力资源产生应有效益的前提是结构比例恰当，所以在对人力资源进行计算时，必须扣除超过结构比例的多余人员。

三、市场资源核算管理的标准要求

这里所说的市场资源，并不是说企业拥有多大的市场渠道规模，而是指企业能够用以自主控制市场的能力。这里所说的市场也不是用于合作、获得其他社会经济组织的资源的支点资源，与作为支点资源的市场不是同一个概念。它的内涵要宽得多，主要是指企业所拥有的对市场具有相对垄断地位、对企业进入市场具有直接推动作用的因素。其内容概括起来主要包括技术资源、渠道资源、品牌资源、自然资源四大类。这些资源相对于企业发展目标的达成具有直接的保障作用，并且可能为企业决策的制定在选择更高、更大的目标上提供支持。反之则相反。下面分别讨论其计算方法。

1. 技术资源

技术资源是企业所拥有的全部技术的总和，可分为具有绝对垄断地位的专有技术、具有相对垄断地位的专利技术，以及不具有垄断性质的一般技术。

（1）专有技术，是指没有申报专利而为企业所独有的技术。可根据其在企业经营中的效益作用计算其价值，就像计算所出租土地的价值一样，按它所能带来的收益与利息率之比计算。

（2）专利技术，是指正式注册登记并有保护期限制的技术。其数量可根据其转让价值额计算。

（3）一般技术，是指前两种技术之外的公开技术。它尽管不是被企业所独有，但它却是发展专利技术和专有技术、进行技术创新的基础。并且相对于任何一个企业，并不是所有公开技术都是可以自主取舍的，至少还要受到相应掌握其技术的人才有无的限制。其数量可根据其技术人才引进必须进行的投入来计算。

2. 渠道资源

渠道资源是为企业所直接控制的有一定密度和广度的市场网点。其数量可以按其重置成本即构建的必需投入计算。

3. 品牌资源

品牌资源是企业形象和信誉的一种发展和积累，直接表现为企业的一种社会美誉价值。其具体内容是，企业发展的历史和行为方式，以及其产品和服务为社会公众和客户所认同的程度。其数量可参照其品牌中介机构的估算价值计算。

4. 自然资源

自然资源是指为企业所直接或间接垄断的原材料，或者与产品市场具有特定关联而形成的地域区位优势。其数量可按其在产品经营收益中所占的比重、垄断程度、企业经营收益规模三者的乘积计算。垄断程度是指企业对这种资源所能控制的程度，其价值可根据他人要获得同等享有权利必须追加的投入及其在整个产品价格中的比例计算。比如，企业所在地接近所加工原材料的产地，尽管这种原材料并不完全被它所垄断，但它可从这种区域位置上获得一定的优势。对于生产加工原材料的相对垄断程度的计算，可用这种原材料的运输费用在整个产品销售价格中所占的比重来计算。

市场资源的可借用量和可发展量，可通过表 2－3（市场资源的可借用量和可发展量分析表）来估算。

表 2－3　市场资源的可借用量和可发展量分析表

估算项内容 / 市场资源类别		各个支点资源所能带来的可借用量					项目选择可带来的可借用量	前6项合计	可发展量						总合计
		管理	资金	技术	物料	市场			第一年	第二年	第三年	第四年	第五年	合计	
列号		1	2	3	4	5	6	7	8	9	10	11	12	13	14
技术资源	专利技术														
	专有技术														
	一般技术														
渠道资源															
品牌资源															
自然资源															
合计															

说明：

（1）对外合作，是获得市场资源的重要途径，但不同支点资源对市场资源借用量的作用性质和影响存在很大差别。

（2）项目选择对市场资源可借用量的影响作用不大，但对品牌资源具有微弱的提升作用。

（3）市场资源自我发展和积累与企业发展战略选择相关，只有实施了相应战略，才能实现其发展和积累，这就要求与企业战略规划对应进行分析估算。

市场资源核算的具体要求，可概括为以下五个方面：

（1）市场资源是对企业发展影响最直接的因素，其核算必须一方面转换成统一的价值单位进行计算，以确定资源总值；另一方面还必须以其本身所固有的计量单位进行计算，以准确核定其市场控制能力。

（2）对市场资源现自有量的计算，必须首先进行系统分析，通过广泛对比，确定企业的市场真实控制能力，以避免夸大或降低对已拥有市场控制能力的评价。

（3）市场资源中可借用量的计算必须联系可能的对外合作项目进行，不能凭空确定其数量的大小。

（4）市场资源可发展量的计算，必须紧密联系企业战略规划进行。根据战略规划安排计算时，还要考虑到战略规划本身的可行性，以及外部环境变化等一些不确定因素的影响。

（5）对市场资源的核算，必须定期系统地进行，比如每年进行一次，企业在决策时仅仅补充已发生的改变部分，以保证企业决策所依据的信息准确、完整。

四、社会资源核算管理的标准要求

企业社会资源是不能借用的，所以不存在借用量的计算问题。但它是可以发展和积累的，不过得有计划地实施，不可能附带地实现发展和积累。因此，对其可发展量进行计算，也就成了关于社会资源发展和积累的可行性规划。

社会资源核算的具体要求，可概括为以下五个方面：

（1）企业领导必须有发展和积累社会资源的意识。不仅要自觉地发展和积累社会资源，而且在制定企业决策时，要充分考虑到社会资源在所制定决策的贯彻中所起的作用。

（2）必须明确地对企业社会资源进行界定。何种社会关系才是企业的社会资源，其标准是看它能否为企业的存在和发展带来正面的促进作用。

（3）对企业社会资源必须定期核算，并通过社会资源的发展和积累来评价自己企业在社会中的地位。

（4）对企业社会资源的管理，必须有规范的程序，以把用企业资源建立起来的企业领导个人社会资源，纳为企业发展的一种资源进行管理。

（5）企业领导变更，必须有社会资源的移交环节，以避免企业领导把企业的社会资源全部带走。

五、信息资源核算管理的标准要求

信息资源具有与社会资源相同的性质特征，不存在可借用量的计算，其发展和积累也完全依赖于有计划的实施。

信息资源核算管理的具体要求，可概括为以下三个方面：

（1）必须通过组织一些报告会和培训，在企业内部形成信息资源的意识，让企业组织所有人员不仅重视信息资源的开发和积累，而且都具有一定的信息资源辨别能力和收集整理技能。

（2）对具有资源性质的信息，必须事先分类进行界定，并将标准公开化，以便全体员工对照收集和积累。

（3）对企业信息资源的核算，必须注意信息内容的完整性。不系统、不完整的信息只能作为待完善发展的信息资源。

图2－8　决策制定必须健全经营资源明细账

第五章

决策分析方法选择管理的标准要求

决策的制定是一种两害相权取其轻、两利相权取其大的选择。事先确定决策分析方法，这种利和害也就明确地固定到所确定的方法中去了，从而保证企业价值目标的实现。

在选择决策分析方法时，不得不考虑其繁简问题，使之既能保证决策的准确性，又能保证运用这种分析方法所投入的人力、财力、物力充分少，并能优化决策制定活动本身。

本章主要探讨决策分析方法选择的四个标准及决策分析方法选择管理的七个基本要求，并对明确决策目标、界定决策约束条件、设定约束条件及其相互关系、简化决策分析比较过程等方面的具体要求进行详细的阐述。

一、决策分析方法选择管理的内容

提高决策质量，减少决策失误，关键的一环是选择运用恰当的决策分析方法，并用决策分析方法本身的要求，强制性地约束决策制定人的行为活动方式，使其在决策制定过程中按照决策分析方法的信息收集内容限制和分析判断程序行事，从而直接遏制降低决策质量的客观因素和主观因素的作用。

任何决策的制定都是一种两害相权取其轻、两利相权取其大的选择，但现实中的企业决策却要复杂得多，更多的不是这种两两比较，而是多方面比较。并且何为利、何为害也不是确定不变的。对利与害的界定，如果没有事先的决策分析方法的限制，它就会变成决策者个人的价值判断问题。事先选择确定了决策分析方法，这种利和害也就明确地固定到所选择的决策分析方法中去了。事先选择确定的决策分析方法，会直接把这种利与害界定为与企业发展目标实现的关系——有损于企业发展目标实现的是害，反之则相反。这使决策制定人不能随意改变它。我们说决策就是实现优化选择，也就是保证这种价值目标实现的最大化。

不过，决策赖以进行优化选择的约束条件在很多情况下都是未知的。决策是对未来活动进行安排，不是对现有事物进行比较取舍。决策制定所依据的是未来某一时刻所存在的约束条件。而在未来某一时刻，究竟有多少个约束条件发挥作用，约束到什么程度，都是不确定的，这就要求决策制定人对约束条件本身及其相互关系进行假设。而要保证所制定的决策贯彻实施的成效与决策制定人原有的预期一致，最基本的要求是保证对约束条件所做的假设与客观现实完全一致。如果保证了决策制定的约束条件假设的客观真实性和完整性，那么，优化选择也就变成了一个简单的数量比较问题。

世界是统一的，事物之间存在着无所不在的联系，任何一个事件的发生和发展，都会给决策制定人所要寻求的价值目标的达成带来一定的影响。这就使这种约束条件变得斑驳陆离，令人眼花缭乱。而要保证决策制定不失误，就必须把所有可能影响决策所寻求的价值目标的作用因素都考虑进来，但这往往会使决策的制定所要求的极值确定成为非常复杂的事。就像把投入产出法运用于企业的决策一样，把所有影响因素都计算进来，并确定每个影响因素的影响程度，其所得到的结论可能会比较准确。这往往要企业投入不堪承担的人力、财力、物力来对这些影响因素进行界定分析，这就不免使这种决策的优化选择失去意义。企业决策的目的是为了寻求企业发展目标实现的最大化，这其中一个价值目标就是投资回报价值。如果在决策制定过程中，所投入的资源价值不能由决策的准确性所带来的效益补偿，那么这种优化选择也就失去了意义。这也就迫使我们在对决策分析方法的选择上，不得不考虑决策分析方法的繁简问题，使之既能保证决策的准确性，又能保证运用这种决策分析方法所投入的人力、财力、物力比较少，使决策制定活动本身也实行优化。

对企业决策分析方法的选择，有四个方面的标准可作为取舍的依据。

（1）有助于明确决策制定所要优化的价值目标，使决策制定人不能随意把自己的价值观念加到决策所寻求的价值目标中去，以保证决策的优化选择能充分有效地服务于企业的发展目标。

（2）有助于对决策制定约束条件的分析判断，使决策制定的约束条件能相对完整、全面地收集起来，能有效地避免发生重要的约束条件被遗漏的事。

（3）方便对所界定的约束条件及其相互关系的性质的真实性进行检验，能有效地避免虚假的约束条件被错误地掺和进来。

（4）有助于简化决策的优化分析计算，使决策的制定从信息收集到最后拍板，投入的人力、财力、物力尤其是决策制定人的精力充分小，能保证决策优化选择所带来的效益远远大于所投入资源的价值。

确立决策分析方法的选择标准，主要对应于上述四个方面的要求确定标准要求。

二、决策分析方法选择管理的基本要求

在按照决策分析方法的四个选择标准探索具体标准要求之前，有必要首先讨论一下决策分析方法选择管理的基本要求，即对决策分析方法进行选择所提出的总体要求。其内容主要有以下七个方面：

（1）操作起来比较简单，能为一般管理人员完整地理解和操作运用，不能是只有专家才能明白和运用的工具。企业的决策是经常性的，不可能事事都求助于专家。

（2）对于决策制定过程中的实际问题，能够提供明确而完整的思路方法，对决策制定人可以起到释疑解惑的作用。

（3）能对所要决策的问题，提供真实客观的内在联系分析框架，使决策制定人所寻求的价值目标与约束条件，以及约束条件相互之间的联系，能建立在真实而稳定的基础上。

（4）运用这一决策分析方法所带来的效益，与必须投入的成本相适应。分析方法的有效性，不仅仅是指分析方法对决策准确性的保证，而且包括对决策效益性的保证。

（5）不同层次、不同时段、不同内容的决策，必须根据其特点选择不同的决策分析方法。不可能也不应该谋求通过一种分析方法解决所有的决

策制定问题。

(6) 运用于特定决策的分析方法必须事先做出规定，并保持相对稳定，在没有发现或找到更经济有效的方法之前，不能随意改变。

(7) 决策分析方法的选择或改变，必须有决策分析方法的选择论证过程，不能由决策制定人的主观偏好随意确定和变更。

三、决策分析方法在明确决策目标上的具体要求

相对于企业的存在和发展而言，企业所寻求的价值目标就是交易收益最大化、投资回报最大化、风险危机最小化和社会美誉最大化。但并不是企业所有决策的制定所寻求的价值目标都必然会直接体现到这四大价值增值和积累目标上，因此，要保证企业的所有决策的制定都有助于这四大价值增值和积累，就必须借助一些中介环节。这些中介环节构成了联系企业具体决策的制定与企业存在和发展四大价值增值和积累目标的桥梁。这就要求决策分析方法确定有保证实现企业存在和发展四大价值增值和积累目标的中介环节目标。进而通过决策分析方法本身的要求，来限制和约束决策制定人，使之不仅要明确和守住企业发展的四大价值增值和积累目标，而且要明确所要制定的具体决策的价值目标，以及企业发展的四大价值增值和积累目标之间的具体联系和数量关系。

对于决策分析方法在明确价值目标上的具体要求，可概括为以下三点：

(1) 在具体决策中必须有中介价值目标的设定，并能保证所设定的中介价值目标与企业发展目标之间有客观而真实的联系，即中介价值目标的达成，一定能直接作用于企业四大价值增值和积累目标的达成。

(2) 中介价值目标必须能够量化。量化是决策制定过程中实现优化选择的一个前提条件。没有量化，也就很难有真正意义上的优化。仅有定性的比较，很难说是一种优化选择。

(3) 中介价值目标必须具有可检验性。企业所要制定的具体决策，是为了达成这种特定的中介价值目标，而这种特定的中介价值目标，最终是不是通过决策的贯彻得到了实现，在检验判断上必须直观且方便。如果不能检验判断的中介价值目标最终是否真正达成，没有客观、准确、一目了

然的评价标准，那么，把这种中介价值目标选做具体决策的优化选择价值目标也就失去了意义。

四、决策分析方法在界定决策约束条件上的具体要求

约束条件也就是影响决策所寻求的价值目标实现的作用因素。它或对决策制定人所寻求的价值目标的达成有促进作用，或者对其有妨害。

当有促进作用时，我们忽视了它的存在，也就是其决策的制定没有抓住机遇，把能够带来企业发展的机遇白白放过了。如果所忽视的因素是具有妨害作用的，这就会使企业所寻求的价值目标最终不可能变成现实。没有考虑到的妨害因素会限制活动取得成果，使决策的实施与决策的预期发生偏差。

选择决策分析方法，必须有助于对这些影响因素的归纳、收集及运用。如果做不到这一点，这种决策分析方法就会失去它应有的作用。其具体要求主要有以下四个方面：

（1）必须有助于决策约束条件的筛选和确定。世界是统一的，任何事物之间都可能存在限制约束关系，但其力度并不相同。这就要求抓住重点，抓住主要矛盾，仅仅把对决策制定质量影响作用大的因素抓住，以简化决策分析过程。

（2）必须有助于发现被忽视的约束条件或作用因素，以避免因为有相当作用的影响因素被遗漏而导致决策质量的下降。

（3）能把握住发展性的约束条件，即指在现时现刻的约束作用很弱，但随着时间的推移，其约束作用会加强的约束条件，使其不被忽略和简化掉。

（4）必须有约束条件的作用力度的分级分析，以便根据简化的程度要求来确定其影响因素的取舍。

五、决策分析方法在设定约束条件及其相互关系上的具体要求

在任何一个具体的决策分析方法中，都不仅包含有对决策约束条件的

设定，而且包含有关于约束条件之间相互关系的设定。

约束条件对决策所寻求的价值目标实现的影响有直接的也有间接的。间接约束条件是必须借助直接约束条件才能作用于企业发展的四大价值增值和积累目标的约束条件。

明确界定作用于决策所寻求的价值目标实现的条件，以及它们作用于决策所寻求的价值目标实现的方式，是决策分析方法对于决策约束条件及其相互关系的设定。这种设定也可以叫做假设，因为它们的关系并不是现实已经存在的，而是潜在的、未来的，是一种预设。这种假设涉及企业所拥有的资源及内、外部环境的不同方面与企业存在和发展价值目标之间的关系，以及它们相互之间的关系。只有当这种假设与现实及其本身所存在的真实关系相吻合时，运用这种决策分析方法制定的决策才能达成最优效果。

决策分析方法对于设定决策约束条件及其相互关系的具体要求，主要有如下两个方面：

（1）对所设定的约束条件及其相互关系都必须有明确的分析界定，其内涵能让人一目了然。

（2）所设定的约束条件及其对决策所寻求的价值目标实现的影响，能通过检验来证实其真实性。

六、决策分析方法在简化决策分析比较过程上的具体要求

决策本身是寻求价值的最大化，以及损失和投入的最小化。而世界万物又都是有联系的，就像人们常说的“美洲亚马逊雨林中的蝴蝶扇动几下翅膀，也可能给大洋彼岸带来一场灾难性的飓风”一样。

这种联系的普遍性是不可否认的，但这种联系究竟会通过多少个伴随条件的中介作用来起作用，往往带有很多不确定因素。因此，决策分析方法必须把只有众多伴随条件都同时发生才能产生作用并且伴随条件的中介作用又不确定的因素恰当地过滤掉，以使决策优化本身成为可能。

所以，所选择的决策分析方法绝不是越复杂越好，只有当它抓住了主要作用因素，过滤掉作用不确定并且其作用很小的因素，才是最好的决策分析方法。

企业决策与设计跨海大桥、航天飞机等不一样，不允许决策制定人没完没了地进行论证分析。不仅企业用于制定决策的资源投入不允许，而且企业决策的制定在时机上也都有严格的控制，不可能有无限的时间去设计和论证。这就对决策分析方法本身又提出了一个要求，即能最大限度地简化决策的分析比较过程。其具体要求主要有以下三个方面：

（1）内在逻辑结构线索简洁清楚，让人既容易把握，又便于平时运用思考。即无须投入专门的大段时间和精力，就能用于对于相关决策问题的比较分析。

（2）所涉及的比较分析，能通过简单的运算得到相对准确的答案。无须专门的数学知识和复杂的计算机程序，以能在掌上电脑完成全部比较分析计算的为最佳。

（3）在比较分析上必须具有模式化功能，即能把决策制定所面对的现实问题，套入模式之中，进行一些简单的计算，就可相对准确地完成分析比较，得出结论。

图2-9 企业决策的制定，可不能选用丢色子的方法

第六章

严格决策制定程序管理的标准要求

在作决策时，如果没有科学的决策分析方法，而由决策制定人凭直觉随意决策，是不能保证决策的高质量并减少决策失误的，因此就要严格决策制定程序，避免决策制定人的随意性行为。

严格决策制定程序管理，就要准确地进行决策框架体系定位，核算决策所要配置的经营资源，慎重地选择决策分析方法，细分决策制定过程和决策责任，周密规划决策制定过程，详细记录和分析决策制定过程。同时，还要对所要制定的决策的价值目标做出界定。

一、严格决策制定程序管理的内容

严格决策制定程序，避免决策制定人的随意性行为，是提升决策质量、减少决策失误的又一个关键性措施。严格决策制定程序管理，并不是仅仅强调收集决策信息要及时完整，还包括制定决策方案要有论证，决策制定要有民主参与，等等。尽管有了这样一些程序，也可能在一定程度上提升决策质量，但要充分保证决策质量，还要有远比这更全面的决策制定程序管理要求。

从保证决策质量的角度分析，决策制定程序管理至少要有以下六个方面的内容：

（1）准确地进行决策框架体系定位。也就是确定所要制定的决策在企业整个决策框架体系中的节点位置，以避免顾此失彼造成失误。

（2）核算决策所要配置的经营资源。即通过清理核算，准确地把握企业经营资源的结构、质量和数量，以保证决策所选择的资源配置方式能充分利用各种内容和形态的资源效能。

（3）慎重地选择决策分析方法。即针对所要制定决策的性质、内容，选择确定决策分析方法，以使决策的制定建立在科学分析和优化论证的基础上。

（4）细分决策制定过程和决策责任。即通过对决策制定过程及其对应的决策责任进行细分，以使决策制定过程的参与人都能够从企业存在和发展的角度，负责任地承担自己所要承担的决策制定活动。

（5）周密规划决策制定过程。即把决策制定过程的每一个环节和步骤，都事先进行周密规划，以消除决策制定活动中的随意性。

（6）详细记录和分析决策制定过程。即对决策制定过程的行为活动详细全面地进行记录，以便对决策制定过程中不同阶段、不同环节上的行为活动进行经验总结，明确行为责任。

只有决策制定程序在这六个方面都有明确而具体的规范，并按照这种规范组织企业决策的制定，才能全面提升决策质量。在这六个方面的规定中，包括了对决策内容、决策方式和决策制定人的意志行为三个方面的限定。这三个方面的限定，任何一个方面被忽略，都会导致决策质量不高，甚至失误。就决策内容而言，没有决策内容的明确定位，以及对所要配置的资源的准确把握，顾此失彼，低质量的决策也就不可避免。

在决策方式上，没有科学的决策分析方法，由决策制定人凭直觉随意决策，是不能保证决策的高质量的。而决策制定人的意志、行为会直接影响到决策的质量。如果决策制定人以及决策制定过程的参与人，在主观动机上只是寻求个人利益的实现，不从企业存在和发展的角度降低决策失误、提升决策质量，要得到一个高质量的决策是不可能的。

我们讲决策信息的收集、方案的草拟和方案的选择，这实际上还只是决策制定过程中的三个环节，如果没有其他相应程序的保障，决策制定过程的参与人只是收集与自己所寻求的利益相关的信息，只是制定能充分保证自己所寻求利益实现的方案，也只选择保障个人利益最大化的方案，那么，企业存在和发展价值目标的最大限度的实现，也就成了一句空话。

严格决策制定程序管理，从总体上分析，有三个最基本的要求必须满足，否则严格决策制定程序管理本身也就失去了意义。

（1）事先性要求。即企业决策制定程序管理必须在所有的具体决策制定之前完善并颁布，以便对决策制定人的行为活动有一个事先的约定。不能等到决策制定行为活动开始后，才临时拼凑程序规范。这会让制定具体决策的责任人产生逆反心理，认为这是针对他个人设定的约束，是对他的不信任。

（2）严密性要求。即决策制定程序管理的不同环节之间必须紧密配合，环环相扣。这是保证决策按照管理程序要求实施的本身要求。

（3）灵活性要求。即决策所面对的问题有大有小，尽管在总体上必须有完整而严密的程序控制，但对一些影响面小的决策，以及时限紧迫的决策，则需要灵活处理，以避免不必要的投入和时机的延误。

二、决策框架体系定位的标准要求

决策框架体系定位，就是分析确定自己所要制定的决策在企业决策框架体系中所处的位置，以使自己所制定的决策能够充分与其他相关决策进行衔接。只有完成了这项工作，才能准确地对自己所要制定决策的中介价值目标进行设定。而中介价值目标的设定，是直接影响决策优化的一个关键环节。如果决策所寻求的中介价值目标与决策所要寻求的终极目标没有直接关系，那么决策制定不免南辕北辙。当企业的决策在企业决策框架体系的三维坐标上越是向下、向左或向前，则越会使决策的中介价值目标与企业发展的四大价值增值和积累目标发生偏差。这就决定了企业决策必须通过这种定位，来选择确定决策所要寻求的中介价值目标，以避免因所寻求的价值目标发生偏离而导致失误。

进行这种定位，必须通过思考，在对以下十个问题做出解答的基础上，对所要制定的决策的价值目标做出界定：

（1）所要制定的决策，从时间维度分析，它属于哪个时间段上的决策？

（2）所要制定的决策，从问题维度分析，它属于十大决策中的哪一类决策？

（3）所要制定的决策，要服务的高一层次的决策是什么？或者说它是哪一个目标决策的措施决策？

（4）它的下一层次的决策大致有哪些？或者说它是哪些措施决策的目标决策？

（5）所要制定的决策，从组织层次维度分析，它属于哪个层次？

（6）所要制定的决策，相对于企业的存在和发展，存在一些什么样的风险？

（7）这种决策最可能发生的失误是什么？

（8）这种决策发生失误之后，其后果是什么？

（9）决策制定人对决策的后果要承担什么责任？

（10）决策制定人要以什么方式来对决策的后果承担责任？

对所要制定的决策，进行决策框架体系节点定位的具体要求，主要有以下四个方面的内容：

（1）对所要制定的决策在整个企业决策框架体系中所处的节点位置要有明确的界定，即必须确定它在企业决策的三维框架体系中的节点位置。

（2）必须通过明确所要制定的决策在企业决策三维框架体系中的节点位置，明确界定所要制定的决策与其相关联的决策，并通过这种界定来找出与之协调配合的方法。

（3）在企业决策框架体系中定位所要制定的决策，必须全面思考并回答上述所列的 10 个问题。

（4）必须通过确定所要制定的决策在企业决策框架体系中的节点位置，来确定所要制定决策的中介价值目标。

三、核算决策所要配置的资源的标准要求

企业决策的制定也就是对企业经营资源进行配置，或者叫做对资源配置方式进行选择。因而对用以实现决策所寻求的价值目标的资源，在结构、质量和数量上有准确全面的把握是决策制定不失误的前提。其内容包括：

（1）能服务于决策所寻求价值目标实现的直接资源，即可由决策人控制的人力、财力、物力有哪些？

（2）能对决策所寻求的价值目标提供实现支持的间接资源，包括上司主管所控制的资源、同事和下属所控制的资源各有哪些？运用这些间接资源存在什么样的限制？

（3）能对决策所寻求的价值目标提供实现支持的无形资源，包括哪些社会资源、信息资源？运用这些无形资源存在一些什么样的限制？

（4）除了现自有资源之外，在决策所寻求的价值目标的达成上，还有多少可借用资源？它们成为实现决策所寻求价值目标的支持资源，可能存在一些什么样的不确定影响因素？

（5）为实现决策所寻求的价值目标，自己能在多大程度上进行资源创造，以获得或发展资源？其限制条件何在？

核算决策所要配置的资源的具体要求，可概括为以下五个方面：

（1）企业必须定期对企业经营资源总量进行清理核算，建立企业经营资源的明细账，并在一定范围内公开，以为相应岗位员工提供资源核算上的方便。

（2）资源的核算，必须对应于具体决策进行，即在决策制定责任人确定了决策的中介价值目标之后，对可服务于这一特定价值目标的资源进行系统的核算。

（3）对于多人参与的决策，参与决策制定过程的每一个人，都必须参与到所能配置资源的核算讨论分析中来，以避免漏项，造成失误。

（4）对应于资源核算的五个内容必须全面分析思考，并一一做出解答，不能有遗漏。

（5）决策无论大小，都必须有所要配置的资源的清单，以使决策制定人的决策制定活动既不陷入空想，又避免粗放式资源配置导致的资源闲置浪费。

四、决策分析方法选择的标准要求

企业决策的分析方法，可分为两类：综合性分析方法和单项分析方法。综合性分析方法是把企业决策作为一个有机整体来思考，能为企业整体决策提供一个完整而系统的内在逻辑架构，以使不同的决策在企业整体决策中实现有效的衔接和协调。单项分析方法是对决策制定过程中的某一个环节，比如信息的收集、假设的检验、方案的选择提供一种实施操作程式。

我们在教科书中通常所见到的决策分析方法，大都是单项分析方法。对于一个完整的决策，这种单项分析方法只能提供决策制定过程中某一个环节上的帮助和支持。所以，如何进行决策分析方法的选择，这既要解决选择什么样的单项分析方法的问题，以保证决策制定过程中每个环节上的工作都实现高质量；同时还要解决一个选用什么样的综合分析方法的问题，为企业整体决策的制定所运用的不同单项分析方法提供整合。

要选择确定决策分析方法，首先必须思考并回答以下六个问题：

（1）所要制定的决策必须选择何种综合分析方法，来明确所要制定的决策在企业发展目标实现上的中介价值目标？

（2）有哪些有助于实现相应中介价值目标的单项分析方法可供选择？

（3）各种方法的操作难易程度如何？

（4）本人或本单位能熟练运用的决策分析方法有哪些？

（5）各种方法的运用成本如何？

（6）综合考虑，选择何种方法最恰当？

选择决策分析方法的具体要求，主要内容有以下五个方面：

（1）必须系统地思考和回答上述六个问题，以便为决策分析方法的选择确定思路。

（2）决策分析方法的选择必须具有针对性。这就不仅要分析确定决策的制定要解决的问题，而且要分析确定在决策制定过程中一些特定环节上的特殊要求。

（3）选择确定决策分析方法之后，必须对决策分析方法的操作程序进行界定。否则，仍然难以避免决策制定人的随意性行为。

（4）在决策分析方法的选择上必须紧紧盯住效益原则，并用效益原则作为取舍的评价依据。

（5）对管理人员要有决策分析方法和决策技能方面的培训，使之掌握尽可能多的决策分析方法，以便制定决策时能根据需要进行选择。

五、周密规划决策制定过程的标准要求

规划决策制定过程，也就是对决策的制定过程进行设计和安排，以保证最大限度地减少决策制定人在决策制定过程中的随意性。在企业组织的

运行中，相对于其他具体的工作而言，任何一个决策的制定都可以说是大事。要保证决策制定人严格按照科学的程序来制定决策，就必须对这种决策制定过程进行周密的规划，并把这种规划确定为必须严格遵照执行的程序。这种规划主要由决策制定人亲自完成。规划决策制定过程，虽然不是直接对决策制定的内容进行选择，但这本身就已经是决策制定过程的一个环节。

在规划决策制定过程中，必须对以下问题进行周密的思考，并做出解答：

（1）决策所要寻求的中介价值目标和最终价值目标各是什么？

（2）决策制定的主要约束条件有哪些？

（3）由谁对决策制定的结果承担总体的责任？

（4）由谁对决策制定过程中不同环节上的工作承担责任？

（5）决策的制定在时限和地点上有何要求？

（6）制定决策的不同工作在先后顺序上应该如何安排？

（7）由谁对决策的贯彻实施承担责任？

（8）决策修改的条件和程序是什么？

认真思考并回答了这八个问题，也就是对决策的制定过程进行规划。

对决策制定过程进行周密规划的具体要求，主要有以下四个方面的内容：

（1）对上述八个问题的思考和解答，一个也不能落下。回答了这八个问题，也就有了决策制定过程规划的完整思路。

（2）决策制定过程的规划，必须在决策的具体制定活动开始之前完成。尽管对同类决策作出统一的要求是可行的，也是必要的，但在制定具体的决策时，必须根据决策所面临的具体实际，对上述八个问题进行思考分析，并且必须保留相关备忘录。

（3）进行规划的过程本身也就是决策制定的过程，如果所涉及的决策问题比较大，那么这种规划的制定，还必须吸纳决策制定的相关人员参与讨论，尤其是在活动安排与责任承担方面。这些相关人员既包括决策的贯彻执行人，也包括与决策的制定有利益关系的人员。只有在与这两个方面的人进行充分交流，并得到其认同的情况下，才能保证决策的顺利制定和决策的圆满执行。

（4）对于比较大的决策，其决策制定过程的规划，必须形成书面分析报告。这一方面是便于对决策制定过程进行控制，另一方面又迫使决策制定人反复思考决策所要解决的问题。

图2－10 任何一个决策的制定，都不能只考虑一个因素

六、细分决策制定过程和决策责任的标准要求

所有的决策，尤其是重大决策，不是一个简单的拍板问题，而是由一系列的活动构成的一个完整的过程。这些活动在很多情况下是不可能由拍板人一人包揽的。同时，这种包揽的效果也不佳。要保证决策少失误，就必须通过对决策制定过程和决策责任进行细分，让最恰当的人承担决策制定过程中的相应活动，并由他承担这些相应活动的责任。只有这样，才能遏制会导致决策失误的五个因素产生作用。因此，细分决策制定过程和决策责任，成为决策制定管理的一个重要环节。

决策制定过程的细分和决策责任的细分，是紧密联系而不可分离的两个方面。决策制定过程细分是决策责任细分的前提，决策责任的细分是决策制定过程细分的目的。决策制定过程细分是为了让恰当的人进入决策制定过程，决策责任细分则是让这恰当的人站在企业存在和发展的立场上，仅仅以企业四大价值增值和积累目标的达成为最优选择的依据。企业决策的失误往往与这两个问题直接相关，或者承担企业决策制定过程中的相应活动的人，不具有相应的能力；或者是具有这种能力，但没有从企业存在和发展的立场来制定决策。

决策制定过程的细分，主要从以下八个方面进行：

（1）收集与企业的存在和发展有直接或间接关系的外部环境变化信息。

（2）收集与企业的存在和发展有直接或间接关系的内部发展变化信息。

（3）跟踪调研，以把握企业内、外部实际变化的趋势。

（4）确定是否对这些变化做出反应。

（5）收集分析可用来进行反应的措施办法。

（6）比较反应措施办法，并讨论拟订决策预选方案。

（7）比较预选方案，选择确定方案，制定决策。

（8）对决策的具体贯彻实施进行部署安排。

决策责任的细分，主要是从以下五个方面进行：

（1）决策信息收集人的责任及承担责任的方式。

（2）决策方案设计拟订人的责任及责任承担方式。

（3）决策方案选择讨论参与人的责任及责任承担方式。

（4）决策拍板人的责任及责任承担方式。

（5）决策实施过程组织者的责任及责任承担方式。

决策制定过程和决策责任细分的具体要求，主要有以下五个方面：

（1）细分的决策制定过程必须能与决策制定活动的承担分工直接对应，以保证每一个活动具有相对的独立性，能方便地对不同活动进行责任界定。

（2）决策责任的细分必须把决策制定过程中相应活动的责任，具体界定给具体的岗位员工。没有具体的人承担相应责任的活动，很难达到必须达到的标准要求。

（3）其细分的程度必须与决策本身的大小即所涉及的范围相对应，决策所涉及的问题和范围越大，这种细分就必须越详细。反之则相反。

（4）细分不等于绝对地分割，细分只是把决策制定过程中的具体活动的承担者确定下来，对于其讨论的参与必须富有弹性，不能规定得太死。

（5）细分结束之后，必须有明确的细分报告，以便于决策制定活动的每一个承担人都能明确自己的责任。

七、详尽记录和分析决策制定过程的标准要求

让决策制定过程记录和分析尽可能详细，是为周密规划决策制定过程及细分决策制定过程和决策责任两个环节工作的具体落实提供保障。只有事先的规划及过程和责任的细分还不够，要保证在决策的制定过程中能够严格地遵照执行，还必须有详尽的记录和分析。只有这样，详细地记录下决策制定的全过程，才便于分析确定决策的制定过程是否严格执行了规划，决策活动的承担者是否按照要求完成了相应的活动。这同时又是为兑现细分的决策责任提供依据。有了这一环节的工作，才能使进入决策制定过程的每一个人都不再心存侥幸，从而使之严格地按照相关要求履行其职责。

决策制定过程的记录分析，首先是要做好记录，其次才是根据客观的记录分析确定问题和责任。决策制定过程记录的内容与决策制定过程规划的内容是一致的，其分析则必须回答以下五个方面的问题：

（1）没有严格按决策制定过程规划实施的环节、步骤是什么？

（2）为什么没有严格按照决策制定过程规划制定决策？

（3）是谁批准突破决策制定过程规划的？

（4）所造成的后果和可能的后果各是什么？

（5）应该由谁对这种后果承担责任？

详尽记录和分析决策制定过程的具体要求，主要有三个方面：

（1）记录决策制定过程必须现场进行，并在记录完成之后让现场参与人员对重要的活动进行签字确认。

（2）对于重大决策，其记录要尽可能详细些，实施的每一个步骤，每一个环节的活动的完成时间、地点，以及活动承担人在承担活动的过程中所遇到的问题，都要有明确记录。这种记录不仅可以作为责任分析的依据，也可以为同类决策的制定管理提供经验支持。

（3）对于决策制定过程的记录分析，要明确对上述五个问题做出解答，并有分析说明的具体根据。

图2－11　这一步也不能跨越

第七章

企业十类决策制定管理的标准要求

企业决策制定的重大内容可以分为 10 个方面，在 ISO9000 质量标准体系中已有对质量方针决策制定管理系统的分析说明，在此不再赘述。这里仅仅讨论九大类决策制定的标准要求，即经营方针决策制定管理的标准要求、价值目标决策制定管理的标准要求、行业选择决策制定管理的标准要求、产品选择决策制定管理的标准要求、市场推进决策制定管理的标准要求、内部挖潜决策制定管理的标准要求、资金筹集决策制定管理的标准要求、人事管理决策制定管理的标准要求、组织机构设置决策制定管理的标准要求。

一、经营方针决策制定管理的标准要求

经营方针决策是对企业经营和发展的总体目标和方向性措施所进行的选择。它是为企业其他决策的制定提供方向和思路，是企业其他决策制定的依据，企业其他决策制定都必须在企业已确定经营方针决策所界定的范围内进行。其目标是确立企业发展方向，稳定企业经营活动，避免因企业发展方向摇摆而导致企业经营受挫，并使企业组织对员工具有感召力。

凡是与企业发展方向和指导思想相关的决策，都要纳入这一决策的范围内进行管理。其内容主要包括企业经营宗旨的选择确定、企业文化建设中核心价值观念的选择确定、企业九大价值观念内容的选择确定等。

拍板人：企业董事会。由他们对方案进行审定和选择，对所提供的决策方案不满意之处，可提出修改意见后，让决策方案设计论证人进行修改，甚至重新设计拟订方案。

方案设计论证人：企业文化管理中心或者企业行政办公室、企划部。由他们对企业经营方针进行归纳总结，拟定解释说明文字，并在此基础上形成决策方案。

讨论参与人：企业全体员工，尤其是关键岗位员工，必须参与讨论，并通过讨论沟通获得其认同。

1. 经营方针决策必须收集的约束条件信息

（1）企业领导人关于企业发展的总体思路、观点和经营理念。

（2）同类企业的经营方针。

（3）所在国家地区占主导地位的意识形态。

（4）代表人类社会发展方向的价值观念。

（5）国家的相关政策法规。

（6）企业关键岗位员工对社会和人性本身的理解。

（7）企业关键岗位员工对企业组织本身的理解。

2. 经营方针决策制定程序

（1）收集相关的信息资料。

（2）由决策方案设计论证人根据经营方针决策的约束条件拟订经营方针决策的内容议案。

（3）把拟定的决策方案议案下发到企业各个单位、部门，分单位、部门进行讨论，并让每个单位、部门分别拿出一份修改意见。

（4）汇总修改意见，修订经营方针决策议案。

（5）将修订的议案公布出来，让全体员工自由讨论，并交由员工以匿名的形式进行表决。

（6）将员工表决认同的议案，报董事会审定批准。

（7）正式颁布企业的经营方针。

3. 经营方针决策的最佳时机

（1）在企业发展初具规模时。

（2）具有规模的企业发生经营动荡时。

（3）企业面对外部环境的重大变化，需要对企业进行彻底改造时。

（4）企业由一个地方性的小公司拓展到市场覆盖更广的大公司时。

企业经营方针的确立和贯彻，并不单是企业投资人和经营者的事。企业领导人形成了一定的思想观念之后，也还要接受企业内外部环境的检验，而且这种检验不能等到企业经营走入歧途之后再修改调整。经营方针的贯彻，没有企业全体员工的努力，它就不免落空而成为走过场，因此，企业全体员工都必须参与到经营方针决策的讨论过程中来。也只有通过这种讨论，才能保证达到员工准确、完整地领会企业经营方针的内涵和要求的目的。

其讨论参与可分为两个层次组织：

第一个层次是企业中层管理人员及企业关键岗位员工。他们作为企业的骨干，对企业经营方针的制定和贯彻起着支柱作用，因此，这一决策必须充分征求他们的意见，使他们的意志、意愿能在这一决策的制定过程中得到充分的表达。

第二个层次是企业一般员工。企业经营方针不是空洞的口号，必须最终落实到企业组织内部所有员工的行为上。企业组织的所有员工，都必须通过经营方针讨论的参与进行沟通，以实现对企业所选择确定的经营方针的理解和认同，并最终将经营方针所确定的内容具体化为每个员工自己的行为标准。

讨论沟通的形式可多种多样，讨论会、报告会、问卷调查、座谈会、公开征集等都可以选择作为讨论沟通的方式和途径。

二、价值目标决策制定管理的标准要求

价值目标决策是与经营方针决策紧密相关的一种决策。价值目标决策是对企业存在和发展四大价值增值和积累目标的优选次序进行选择和组合的一种决策。交易收益、基业稳固、投资回报、社会美誉四种价值相对于企业而言，都是必要的，但企业处于不同的发展阶段、不同的社会背景、不同的经营方针下，可能会作出不同的选择。在不同的经营方针下，在对企业四种价值目标的排列组合上也会不同。即使是在相同的企业经营方针下，对企业的四个价值目标的排列组合也可能因为企业所面临的实际而作出完全不同的选择。究竟如何选择企业价值目标的组合，这是价值目标决

策要解决的问题（图2－12）。这种选择只有与企业的实际及其外部环境相适应，才能保证企业最大限度地实现发展。

价值目标决策对企业的发展至关重要，其目的有两个：一是选择最符合企业实际的价值目标组合，以保证企业经营活动在明确的价值目标指导下，实现最快的发展；二是保证这种选择的相对稳定性，避免企业经营在价值目标上的左右摇摆。

图2－12 企业价值目标选择论坛

对企业经营目标进行选择，对企业存在和发展的四个价值目标进行组合决策。

1. 价值目标决策制定的责任人

（1）最后拍板人：董事会。

（2）方案拟订人：企划部。

（3）讨论参与人：中层以上管理人员、企业营销骨干和技术骨干。

2. 价值目标决策制定必须收集的约束条件信息

（1）企业发展的市场定位信息，即由企业经营方针所界定的企业发展战略思路。

（2）企业所在行业的竞争信息，包括竞争的激励程度、竞争对手的发展战略和思路。

（3）企业发展的现状和所拥有的优势、劣势，以及所能发展积累的资源。

（4）企业所处社会的稳定状况，有无不稳定的震荡因素存在。

（5）企业主要投资人发展企业的目的、目标。

（6）大多数员工加盟企业所寻求利益和满足的性质。

价值目标决策制定与经营方针决策基本相同，其时机选择和讨论沟通都与经营方针决策基本相同。

三、行业选择决策制定管理的标准要求

行业选择决策，是对企业所要进入的行业进行选择，以实现行业上的优选和优化组合。这一决策对企业的存在和发展是生死攸关的。进入一个与自己企业所拥有的资源实完全不吻合的行业，都可能会给企业的发展带来灾难性的后果。行业选择决策也是对经营方针决策和价值目标选择决策的具体化，它是为企业通过什么行业市场实现其发展所做的选择和界定（图2－13）。

行业选择是有风险的，只有科学恰当的选择才能降低这种风险。行业选择决策制定管理的目的是通过对这种决策制定过程进行规范，以降低和减少这类决策的失误，保证企业所选择的行业和组合实现优化，进而保证企业能长久稳定地发展。

1. 行业选择决策适用范围

（1）兼并收购决策。

（2）合资合作决策。

（3）多元化发展决策。

（4）行业转换决策。

（5）新项目选择决策。

2. 行业选择决策制定的责任人

（1）最终拍板人：企业董事会。

（2）方案拟订人：企划部。

（3）参与讨论人：企业高层管理人员，以及企业集团所属各部门、各公司的负责人。

图 2－13 金山不是人人抱得着的

3. 行业选择决策制定必须收集的约束条件信息

（1）所想进入行业的发展前景和现有成长率。

（2）所想进入行业产品的替代品发展前景信息。

（3）上游供货商的垄断状况，下游买方市场的垄断状况。

（4）行业进入的壁垒和退出的壁垒。

（5）行业内部竞争的激烈程度。

（6）企业所拥有的资源的状况及性质。

（7）国家的产业政策。

（8）产品客户的偏好。

4. 行业选择决策制定的程序

这一决策的程序可以从新行业选择决策和行业组合优化决策两个方面来界定。

（1）新行业选择决策。

企业要进入一个以前没有进入的行业，以拓展企业的规模，或者进行行业转换，从夕阳衰退行业中抽离出来，进入新的行业以实现发展。其程序概括为以下八步：

①收集预选行业发展的现实和前景信息。

②核算企业经营资源，分析确定企业经营资源的特点。

③通过与竞争对手进行比较，确定企业现自有资源、可借用资源和可发展资源的优势及劣势。

④运用行业市场结构分析法，分析确定 2～3 个可供选择的候选行业。

⑤运用价值关联分析法，对候选行业的直接价值活动和间接价值活动，分别与企业原有行业的两类价值活动，进行两两关联共享对比、分析判断。

⑥就二者的共享程度的高低和价值关联的多少、大小进行比较判断。

⑦分析确定企业经营资源是否能够提供支持。

⑧选择确定企业要进入的行业。

（2）行业组合优化决策。

这是企业在已经多元化经营的情况下，为了加强自己的市场竞争力，实现更大的企业价值增值而对企业现有的行业进行取舍的一种决策。既要退出不能为企业发展增添价值的行业，又要进入能更多地为企业的发展增添价值的新行业。这种决策与新行业进入决策的不同之处在于它要对多个行业的组合进行优化，而不是简单地进入某个行业以实现企业规模的扩张。这一决策的程序也包括八步：

（1）收集预选行业发展的现实和前景信息。

（2）核算企业经营资源，分析确定企业经营资源的特点。

（3）通过与竞争对手进行比较，确定企业现在自有的资源、可借用资源和可发展资源的优势及劣势。

（4）运用行业市场结构分析法，分析确定 2～3 个新进候选行业，以及行业市场结构不佳的 2～3 个退出候选行业。

（5）运用价值关联分析法，对企业原有行业和新进候选行业的两类价值活动，分别进行两两关联共享对比分析。

（6）就共享程度的高低和关联价值的多少进行比较判断，以确定共享程度高的行业。

（7）分析确定企业经营资源是否能够提供支持。

（8）在新进候选行业中选择确定新进行业，在退出候选行业中选择确定退出的行业。

行业选择决策的最佳时机可分为两个方面来分析：一是新行业进入决策，二是行业组合优化决策。新行业进入决策的最佳时机，是企业在现有的行业发展中，所拥有的空间已经相当有限，而企业所拥有的资源，包括现有的和可发展的资源，已出现剩余，或者可以比较确定地预测在将来某一时刻会发生剩余时，就应该着手考虑启动这一决策的制定过程。行业组合优化决策的最佳时机，一是在企业的现有行业没有形成必要的优化组合，而企业作为一个整体，投资回报率接近或者低于社会平均水平时；二是在企业现有不同行业的价值贡献率之间存在明显的悬殊，有的行业的价值贡献率与其投入明显不相对应，使企业资源在这些行业的投入表现为一种浪费时。

这一决策的讨论沟通主要是在企业领导人与市场开发人员之间进行的。通过这种沟通，以便更准确地把握信息，堵塞思维漏洞，让决策更周密、更完善。

在讨论中，讨论参与人员必须从自己所掌握的专业知识和信息的角度出发，充分发表见解，做到知无不言、言无不尽，从而为决策制定人的最后拍板提供充分的理由和根据。

四、产品选择决策制定管理的标准要求

产品选择决策，是对行业决策的展开和具体化。企业进入特定的行业之后，在这个特定的行业中，如何进行产品线组合，以充分发挥自己企业的优势，是这一决策要解答的问题。产品决策实际上是对企业进入特定行业的深度的一种选择。在这种特定的行业中，究竟生产多少类、多少种、多少个型号的产品，既受到企业自有的资源优势限制，也受到这个特定行业市场竞争的特定格局的限制。

产品决策与行业决策，同样具有很大的风险。对决策制定过程进行规范，其目的也就是减少这种决策失误，提高决策质量，降低所选择产品的经营风险。

1. 产品选择决策的适用范围

（1）新项目选择决策。

（2）产品线调整决策。

（3）新市场进入决策。

2. 产品选择决策制定必须收集的约束条件信息

（1）市场上各种产品和各个型号的产品的供求状况。

（2）不同种和不同型号产品的利润空间。

（3）企业所拥有的资源优势。

（4）竞争对手所存在的优势、劣势信息。

（5）不同种类、型号产品的生产经营特点信息。

3. 产品选择决策制定的程序

（1）核算企业经营资源，分析确定企业经营资源特点。

（2）通过与竞争对手进行比较，确定企业现自有资源、可借用资源和可发展资源的优势及劣势。

（3）分析确定自己企业的资源优势所能拓展的产品线内容。

（4）分析确定将拓展的产品的供求情况。

（5）找出市场竞争激烈程度相对较低、市场空间相对较大、利润空间也相对较大、自己所拥有的资源又具有相对优势的产品品种和型号。

（6）与已有的产品线进行组合分析。

（7）选定所要经营的产品。

产品选择决策制定的时机选择，要把握两点：一是在企业已进入的行业中尚有发展空间，并且企业又有可利用的资源时；二是在现在的产品线组合效果明显不佳，尽管已经在企业内部挖潜上做了很多工作，超越或者达到了同行竞争对手的管理水平，但仍然不能获得高于行业平均投资回报率的效益时。

产品选择决策制定的责任人和讨论沟通与行业选择决策基本相同。

五、市场推进决策制定管理的标准要求

在当代社会中，任何一个市场都不可能是空白的。企业进入任何一个市场，并获得一定的市场份额，都必须通过特定的市场推进措施来实现。市场推进决策也就是对这种市场推进措施的选择，其内容包括对企业进入一个新的行业、新的产品、新的地区经营如何运作，以及在这特定的行业、特定的产品、特定的地区生根、发展的具体战略和措施等方面的选择。

是否能顺利地进入企业所选择的市场，直接关系到企业的命运。对市场推进战略措施的决策制定过程进行规范化管理的目的是：避免失误，降低消耗，以最低的代价来获得尽可能高的市场份额。

图2－14 天价明星广告，把我们的订单赶跑了

1. 市场推进决策的适用范围包括的内容

（1）企业产品进入新的区域市场的战略措施选择。

（2）企业进入新的行业市场的战略措施选择。

（3）在已有的行业市场和区域市场上谋求更大市场份额的战略措施选择。

（4）在原有产品市场上遇到更猛烈的竞争，竞争对手力图通过特定的方式来挤占该企业已有市场份额时，进行的应对措施选择。

（5）企业开发出新产品进入市场前，启动市场的措施选择。

2. 市场推进决策制定的责任人

（1）最终拍板人：中小企业的企业领导人，或者大型企业的事业部经理。

（2）方案拟订人：市场开发人员和产品开发人员。

（3）参与讨论人：市场销售人员。

3. 市场推进决策制定必须收集的约束条件信息

（1）竞争对手的市场战略措施。

（2）竞争对手的产品特点，尤其是其劣势。

（3）自己产品的特点，尤其是相对于竞争对手产品的优势。

（4）自己企业所拥有的市场资源信息，包括渠道能力、生产能力、降价承受能力，以及市场推广所能投入的人力、物力、财力限制等。

（5）这一特定产品的市场总容量。

（6）所进入市场的市场行为限制，尤其是市场行为禁忌。

（7）国家关于特定市场的管理条例和法规。

（8）可利用的市场竞争力量，包括忠诚的供货商、经销商、代理商、融资银行等商务合作伙伴。

（9）企业所拥有的社会资源方面的有关信息。

4. 市场推进决策制定可选择的方法途径

（1）广告攻势法。通过广告吸引客户，实现市场启动和份额扩张。

（2）关系营销法。通过与关键客户建立特定关系来引导市场销售，以进入和扩张市场。

（3）产品试用法。通过把产品先以小包装的形式赠送给客户使用，使之形成认同后再购买，以进入和扩张市场。

（4）渠道收购法。通过直接收购与自己企业产品相关联的现有渠道进入和扩张市场。

（5）渠道借用法。通过为他人贴牌生产，利用他人的品牌和渠道进入和扩张市场。

（6）渠道自建法。通过投资建设自己的渠道网点来拓展市场。

（7）同行企业收购法。通过收购具有市场资源的同行企业进入和扩张市场。

（8）让利代理法。通过让利推动代理商来拓展市场。

（9）政府政治力量借用法。通过与政府相关部门建立特定的利益关系，让政府部门以行政的力量来推动产品的客户认知和认同，以启动和拓展市场。

（10）价格战法。通过优惠的价格吸引客户购买来推动市场的进入和份额的扩张。

（11）服务先导法。即通过免费或低价服务吸引客户，使客户认同企业及其产品后，进入和拓展市场。

（12）多种途径组合法。把上述多种方法组合起来运用。

5. 市场推进决策制定的程序

（1）核算企业的经营资源。

（2）通过与竞争对手进行比较，确定企业现在自有的资源、可借用资源和可发展资源的优势及劣势。

（3）核算企业可在特定市场推进战略的实施上进行的资源投入。

（4）收集信息，明确约束条件。

（5）分析核算各个市场推进途径方法所需投入的资源。

（6）以资源投入为约束条件，设计市场推进途径组合方案。

（7）对所有组合方案进行论证，在比较分析的基础上进行优选。

（8）确定组合方案，并组织实施。

（9）对实施过程中未预料到的事件，进行应对性微调处理。

6. 市场推进决策制定的时机选择

（1）开发出新产品时。

（2）进入新的行业市场时。

（3）进入新的产品市场时。

（4）进入新的区域市场时。

（5）需要扩张自己企业产品的市场份额时。

（6）企业产品市场份额下滑时。

（7）企业产品销售额下降时。

（8）竞争对手发起市场攻势，想挤占企业产品的市场份额时。

图2－15 大降价啦，真抓狂

市场推进决策制定的讨论沟通，主要在企业领导人、营销主管与市场推进措施实施负责人之间进行，并在需要的时候邀请产品技术开发专家参加，但必须根据决策内容的实际做好保密工作。

六、内部挖潜决策制定管理的标准要求

内部挖潜决策是消除浪费，提升企业组织运行效率，对所要采取的具体措施的一种选择决策。企业要进行内部挖潜，就必须作出强化什么活动、淡化什么活动、消除什么活动的选择。

任何一个企业，只要没有达到“八零”境界，无论它的管理达到什么样的高度，也仍然有可挖掘的潜力。通过消除浪费来提升效益，是任何一个在成长速度变慢的市场里经营的企业或者谋求市场竞争优势的企业都必须选择的措施途径。但这种效益能否通过挖潜实现，关键取决于这种挖潜措施途径本身是否选择恰当。这就使内部挖潜决策的制定成了关系到企业稳定发展的重要决策。

为了使这种挖潜活动能真正消除浪费，准确地找到突破口，有效地提升企业效益，必须对这种决策的制定过程本身进行管理，以避免这种决策制定的随意性，防止其打乱企业内部运行的正常秩序，或者因为选择失误而降低企业的信心。

1. 内部挖潜决策的适用范围

（1）组织架构优化决策。

（2）薪资制度改革调整决策。

（3）业务流程再造决策。

（4）成本控制决策。

（5）员工发展管理决策。

（6）团队建设决策。

内部挖潜决策制定责任人的确定，要根据这种挖潜所进行的深度和广度来确定。这种挖潜仅仅有企业高层领导人的号召或者强行的指令，是不可能达到应有效果的。其关键是让每一个员工都形成一种以最小的投入获得最大限度的效益的意识，并且让每个员工把这种意识都自觉地落实到其工作中去。每个员工的工作都有可以挖潜的内容，所以，这种决策制定的

责任人可以包括企业的每个员工。每一个员工都可以参与进来，就自己所在岗位上可以挖潜的地方进行调整，提出一些挖潜建议，并与上司讨论沟通，让站在更高一个层次的上司从全局的角度作出判断，在达成共识之后付诸实施。所以，每一个下属都可以是挖潜决策的参与人和方案设计人，每一个上司都可以是决策制定的拍板人。

2. 内部挖潜决策制定所必须收集的约束条件信息

（1）企业发展所处的阶段及规模信息。

（2）企业经营资源的拥有和使用状况信息。

（3）企业组织运行中所存在的“瓶颈”短板信息。

（4）造成企业组织运行“瓶颈”短板的原因。

（5）效益最好的企业内部运行的具体做法。

（6）自己企业与行业内效益最好的企业在效益上的差距。

（7）其他企业在遇到自己企业面临的“瓶颈”短板时的对策措施。

（8）被广泛认同的其他企业的行为方式。

（9）国家政策及相关的法律法规。

3. 内部挖潜决策制定的程序

（1）对企业经营资源进行核算，分析判断企业经营资源的配置使用效果和效益，确定挖潜方向。

（2）运用瓶颈短板分析法进行分析，界定企业发展中的制约因素，为挖潜确定工作重点。

（3）运用价值贡献估价法或价值关联点数计算法进行分析，以找出企业的无效投入和低效投入，为挖潜优化确定方向。

（4）分析确定资源的挖潜途径和低效投入的消除途径。

（5）根据自己企业相应资源的限制，对突破限制的途径进行组合优化选择，拟订组合优化方案。

（6）对各个组合方案的贯彻可能遇到的阻力进行评估，最后选择一个阻力最小的方案付诸实施。

4. 内部挖潜决策制定的时机选择

（1）企业的资金、技术、人才与竞争对手相比不具有优势时。

（2）市场竞争趋于激烈时。

（3）企业组织运行过程中有明显的浪费时。

（4）企业的市场业绩显著，但投资回报业绩不显著时。

（5）企业产品进入成长期的后期时。

5. 内部挖潜决策制定的讨论沟通

图2－16　企业的效益在这儿腐烂

内部挖潜是涉及企业每个员工的利益和意志选择的一种决策，其讨论沟通必须让每个员工都参与进来，畅所欲言。其目的是：

（1）通过这种讨论沟通提高认识，把这种活动变成每一个员工的自主行动。

（2）通过讨论沟通，深入思考，联系自己的工作实际，分析找出企业发展的潜力所在，并挖掘出这种潜力的办法途径。

（3）统一行动，让企业上下都为提升企业的效益共同努力。

这种讨论沟通可采取分层次的办法组织，尤其强调通过小规模的讨论会、座谈会和合理化建议，让每一个员工都有充分的机会表达自己的意见。

七、资金筹集决策制定管理的标准要求

资金筹集决策是通过对可能的筹资渠道进行组合优化，在降低资金筹

集成本的同时，为充分保证企业发展的资金需要而进行的一种资金筹集方案设计和选择。其目的有三个：一是充分保障企业发展对资金的需要；二是对负债进行优化组合，以降低企业组织运行的风险；三是降低筹资成本费用，以提高企业的经济效益。

1. 资金筹集决策的适用范围

（1）负债决策。

（2）扩股决策。

（3）供货商货款支付决策。

（4）经销商订货款支付决策。

（5）企业利润分配决策。

（6）企业经营、科技、市场等方面的骨干员工的薪酬方案选择决策。

2. 资金筹集决策制定的责任人

（1）最终拍板人：董事会。

（2）方案拟订人：财务部。

（3）参与讨论人：法律顾问、企业财务管理人员，以及决策可能涉及的企业内部利益关联人。

3. 资金筹集决策制定所必须收集的约束条件信息

（1）企业发展对资金的需求信息。

（2）所需资金的使用时间限制。

（3）每个筹资渠道的可行性信息。

（4）每个筹资渠道的成本费用信息。

（5）企业未来的资金流量预测信息。

（6）企业关键岗位的收入水平和消费水平信息。

（7）国家宏观经济政策信息。

4. 资金筹集决策制定的程序

（1）明确投资需要，制订筹资计划。

（2）分析寻找筹资渠道，明确可筹资金的渠道来源。

（3）计算各个筹资渠道的筹资成本费用，即计算筹资费用率，每 1 万元资金所需筹资成本。银行贷款的筹资成本主要是利息和贷款交际费用；股份吸纳筹资成本主要是对投资主体的寻找和选择费用；股票筹资成本主要是股票发行费用；供货商和经销商信贷（供货款占用和预付款占用）成本主要是谈判费用，这种信贷一般是无息的；企业利润融资成本主要是投资机会成本。

（4）分析企业现有负债结构，明确还债风险时期。

（5）分析企业未来现金收入流量，明确未来不同时期的还债能力。

（6）对照计算还债风险时期，在优化负债结构的基础上，选择安排新负的债务。

（7）权衡还债风险和筹资成本，拟订筹资方案。

（8）选择筹资方案，在还债风险可承担的限度内，尽可能选择筹资成本低的筹资渠道以取得资金。

资金筹集决策制定的时机选择，必须把握两点：一是小额资金需要的筹资决策在资金使用前一月完成，二是大额资金需求在资金使用前三个月完成。

为了让企业的负债与企业未来的现金流量的创造能力一致，这一决策的参与讨论沟通人，除了财务部落实这一决策的执行者之外，还必须包括企业相应能创造现金流量的单位负责人。通过他们相互之间的沟通交流，有助于找到筹资成本低、债务风险低的筹资方案，同时也为其决策的贯彻提供意志动机上的保障。

八、人事管理决策制定管理的标准要求

人事管理决策，主要是对企业关键岗位人员的选聘取舍决策。企业关键岗位的人员选用具有很高的风险，其决策的任何失误都可能给企业带来重大损失。人事决策最困难的是对人本身的评价：一是能力的评价，二是忠诚度的评价。能力是做好工作的前提，忠诚是做好工作的过程保证，但二者的评价都难以找到绝对客观的量化标准。因此，通过决策制定管理来保证决策制定过程的每一个环节的工作质量，就显得尤为重要。

人事管理决策，除了关键岗位人员选聘取舍外，培训开发、绩效考核、薪酬管理等方案的设计和选择，以及一般员工的选聘管理、劳资关系管理等方面制度的决策制定，都是其重要内容。这些都直接关系到企业能否创造出自己的核心竞争力，从而实现企业持续快速发展的重大决策。企业的发展归根结底取决于员工积极性和创造性的发挥。

人事决策的失误与市场战略选择失误一样具有非常大的风险。关键岗位人员的选择不当，会导致企业发展陷困；员工没有充分的积极性和创造性，也会制约企业发展的稳定性。人事管理决策制定管理的直接目的就是保证吸引人才、稳住人才、激发人才的积极性和创造性，以稳定企业的发展。

1. 人事管理决策的适用范围

（1）中层以上管理人员、技术开发负责人及骨干、市场开发骨干等关键岗位人员的选择和去留决策。

（2）一般岗位人员招聘选择管理制度建设决策。

（3）企业内部人力资源开发决策，包括培训对象选择、培训内容选择、培训方式选择、员工发展管理方式、方法的选择等内容。

（4）企业激励机制建设决策，包括企业薪酬管理体系建设、岗位员工选择和职务晋升管理制度建设、绩效考核管理体系建设等方面的决策。

（5）劳资关系管理制度建设决策。

人事管理决策制定的责任人与这种决策的层次相关，不同层次的人员选聘去留和薪酬、考核等的责任人，直接与被管理对象的层次相联系。高层管理人员的选聘去留和薪酬、考核决策的最终拍板人为董事会；其他人员的选聘和晋升决策，通常的做法一般是上司直接提名，隔级上司批准。企业所有人事管理制度建设决策，其方案拟订人都是人力资源部，决策拍板人为企业董事会或企业管理委员会。

图2－17 用心理测评技术选人有风险

2. 人事管理决策制定必须收集的约束条件信息

（1）不同层次人员的价值观念信息。

（2）岗位工作内容信息，主要是岗位履职条件。

（3）被选人员的能力、经历、性格特征和行事习惯等信息。

（4）同行其他企业的人力资源开发和管理的通行做法。

（5）所在地区的其他企业的人力资源开发和管理的通行做法。

（6）企业现有人事管理制度的效果信息。

（7）市场人才供求状况信息，主要是人才可获得性信息。

（8）国家的相关政策法规。

有关人事管理决策制定的程序，一般人力资源管理书籍都有介绍说明，在此不列举。关于关键岗位人员选聘管理的程序，可直接将小步快跑实践检验法和期望平衡法的实施程序作为其标准。

3. 人事管理决策制定的时机选择

（1）关键岗位人员的选用决策，必须在岗位将出现空缺时开始，在岗位空缺现实发生时完成。

（2）一般岗位人员招聘选择管理制度建设决策，必须在企业发展形成规模之前完成，或者在成规模企业正式开业之前完成。

（3）企业内部人力资源开发决策，必须在企业发展形成规模之前开始，或者在成规模企业正式开业之前开始。

（4）企业激励机制建设决策，必须在企业形发展形成规模之前完成，或者在成规模企业正式开业之前完成。

（5）劳资关系管理制度建设决策，必须在企业发展形成规模之前完成，或者在成规模企业正式开业之前完成。

关键岗位人员选聘管理决策的讨论沟通，主要是在所在岗位的直接上司和间接上司之间进行，并吸纳承担这一岗位的考核服务工作的职能部门相关工作人员以及相关岗位的同事参加。人事管理制度建设决策的讨论沟通，必须覆盖制度监督执行人和制度所要约束的对象。

九、组织机构设置决策制定管理的标准要求

组织机构设置决策与人事管理决策存在紧密的联系，但其所要解决的

问题远不相同。组织机构设置决策要解决的问题是理顺和界定企业组织内部人与人之间的相互关系，明确各自的权利和责任；而人事管理决策则是对相应岗位员工人选的选择、开发和激励进行决策。

组织机构设置决策一般发生在以下三种情况下。

（1）企业在发展过程中，有新投资项目发生。如果这个新项目具有一定的独立性，就必须有专门的组织机构来承担。这直接是增加一个相对独立的经营单位。

（2）企业规模扩张之后，有些职能部门所承担的子系统的目标功能作用所对应的工作大幅度增加，从而具有更多的独立性，需要单列出来，形成独立的职能部门。另外，新技术的采用，使工作量的多少发生了变化，必须对应这种变化进行单位、部门和岗位设置的调整。

（3）企业组织形式落后，运行效率低下，不再适应企业发展的需要，需要进行组织架构的重新设计构建。

无论是上述哪一种情况，组织机构设置决策都是影响企业组织运行稳定和效益的一个重要决策，必须慎重对待。

组织机构设置决策制定管理的目的，直接是通过这种决策制定过程的管理控制，保证组织机构的设置能充分适应企业发展和战略实施的需要，以简化机构、精简人员，提升企业组织的运行效率，进而从组织上保证企业组织运行的效率和效益。

1. 组织机构设置决策的适用范围

（1）独立投资项目的组织架构设计选择决策。

（2）单位、部门分设决策。

（3）单位、部门增减决策。

（4）部门机构升级决策。

（5）岗位增减决策。

（6）企业组织架构重新设计决策。

企业组织架构重新设计决策最终拍板人为董事会，其余则为隔级上司机构的负责人。企业组织架构重新设计决策方案拟订人为人力资源部或企管部，其余为直接上级机构的负责人或企业人力资源部相关专员。企业组织架构重新设计决策讨论参与人为企业高层和中层管理人员，其余为直接上司和企业人力资源部相关专员。

2. 组织机构设置决策制定必须收集的约束条件信息

（1）将要设立的组织机构或岗位所对应的具体事务工作内容、性质、数量信息。

（2）将要设立的组织机构或岗位的关联组织机构的工作内容、性质和数量信息。

（3）企业对承担相应子系统的作用所对应事务工作的组织机构所能投入的资源大小限制。

（4）将要设立的组织机构或岗位对企业价值所能做的贡献的性质、考核标准及数量要求。

（5）将要设立的机构或岗位所承担的工作的现实分布。

（6）将要设立的组织机构或岗位的关联机构和岗位员工对它们的要求。

（7）能承担这个组织机构相应角色的人员的信息。

组织机构设置决策制定分为企业组织架构总体设计构建决策制定、分设机构的决策制定和独立投资项目机构设立决策制定。企业组织架构总体设计构建决策制定有专门分析讨论，此处不再赘述。

3. 分设机构的决策制定程序

（1）分析计算因企业规模扩张所带来的相应子系统工作量的增加数。

（2）将工作量增加最多的内容确定为该分设的机构的主体工作。

（3）将相互关系紧密而分散在不同单位、部门的相应子系统的工作集中起来。

（4）汇总计算工作量。

（5）根据工作总量的大小，确定所设机构的岗位数。

（6）对应于子系统的作用，确定各个岗位的工作标准。

（7）确定所设机构与关联部门的衔接方式和程序要求。

（8）根据该机构所承担的相应子系统的作用及关联部门的要求，确定部门工作标准，即部门主管的工作标准。

4. 独立投资项目机构设立决策制定的程序

（1）分析确定独立投资项目的目标要求。

（2）根据其目标要求，运用目标功能树系统分析模型，分析确定各个子系统的目标功能作用所对应工作的内容和数量。

（3）分析确定原有单位、部门所能兼顾完成的子系统作用所对应的工作，以及为保证其效率应该由现有单位、部门适当扩充岗位兼顾完成的子系统作用所对应的工作。

（4）分析计算必须由独立投资设立的机构完成的子系统作用所对应的总工作量。

（5）根据各个子系统的目标功能作用所对应的工作量大小，分析论证单位、部门设置方案。

（6）根据各个部门所承担的工作量的大小，确定所设置的单位、部门和岗位。

（7）对应于子系统的作用，确定各个岗位的工作标准。

（8）确定所设置机构与关联部门的工作衔接程序要求。

（9）根据该机构所承担的相应子系统的作用及关联部门的要求，确定每个部门的工作标准。

5. 组织机构设置决策制定的时机选择

（1）分设机构决策的制定，必须在企业规模扩张之前一个月完成。

（2）独立投资项目机构设立决策的制定，必须在投资项目启动前一周完成。

（3）当企业组织机构臃肿、人浮于事、企业组织运行效率明显低于同行水平时，需要启动企业组织架构的总体设计构建决策制定过程。

（4）组织机构内部其他小范围调整决策的制定，可根据需要决定。

分设机构的决策和独立投资项目机构设立决策的讨论沟通，主要是人力资源部相关主管人员、关联部门负责人，以及新设部门的直接上司、间接上司。他们相互之间需要进行讨论沟通，以便在组织机构调整和新单位、部门成立之前，在工作标准、衔接方式等方面达成共识，以避免新设机构岗位人员到位后因为人际关系的原因造成协调困难。

对于企业组织架构的总体设计构建决策的讨论沟通，全体管理人员都有必要参与。因为它涉及每个人的责任和利益，并且也得由他们一同努力付诸实施。

第三篇

决策制定管理规范化实施方法

保证决策质量的关键是决策制定方法的科学选性，因此强化对应于特定决策问题确定分析方法，就成了决策制定管理规范化的核心内容。本篇不仅分析介绍了决策制定管理的思想方法、目标决策与措施决策的相对性原理、决策选择的自由度原理，而且在分析波特价值链分析模型局限的基础上，重点分析介绍企业经营决策分析方法——价值关联关系分析模型。同时，本篇还分析介绍了波特行业市场结构分析模型，并分析介绍了行业选择、产品选择、市场推进、内部挖潜和人事管理等企业组织运行中的几类重大决策的制定方法。

第一章

决策制定管理的思想方法

在决策制定管理规范化实施方法中，最关键的不是具体决策制定的方法，而是决策制定管理的思想方法，即在面对决策问题时，用何种思想方法进行思考分析。这就是要解决决策制定的方法论问题。决策制定管理的思想方法明确了，具体决策的制定方法也就有了分析判断的依据。针对现实的企业决策制定过程中存在的问题，决策制定管理必须确定以下七个方面的思想方法。

一、民主决策远不等于科学决策

民主决策可以提升决策质量，因为它可以在一定程度上弥补决策者的信息不足，纠正他的价值偏见。但它本身并不是一种科学决策，如果没有引入科学的决策方法，多一个决策参与人，也只是多了一个拍脑袋的人罢了。

工人参与管理，实行民主决策，在社会民主人士的倡导和推动下，在世界众多的国家都得到了普及和发展。甚至有人把它视为战后德国经济发展成功的一个重要原因。

这种分析有它合理的一面，因为在企业决策中，实行民主决策可以带来两大效果，即有两个方面的作用。一是让下属员工参与决策，可最大限度地调动员工的积极性，提升他们的主动性和创造性，从而使决策的实施得到有力的支持和保障。如果员工参与了决策，他们不仅会认同这一决策，而且会把这一决策当做他们自己的选择。当遇到困难时，他们就会想尽办法去克服，用最大的努力来保证决策的实施和贯彻。二是民主决策让更多的人参与到决策过程中来，可有效地避免企业领导人个人知识的局限和价值观念的偏见，进而提升决策的质量，减少决策的失误。“三个臭皮匠，顶个诸葛亮”就是从这个意义上讲的。

正是民主决策的这两大作用，使在企业内部推行民主决策得到了越来越广泛的重视。

所谓科学决策，是在准确把握决策所寻求的目标与措施选择的内在必然联系的基础上，对实现目标的措施、办法的一种优化选择。尽管民主决策可以为决策带来更多有用的信息，使企业领导人不了解的信息、不具备的知识可以从下属员工那里得到补充；但是，这种决策方法并不能保证企业决策最大限度地实现企业的发展目标。

原因很简单，企业作为一种特殊的社会经济组织，具有明确的投资主体。投资人对企业的投资有明确的目标，这就是实现投资的最大增值，获得尽可能高的投资回报。尽管员工与企业的存在和发展存在一定的依存关系，但员工的利益与企业赚钱这一目标或多或少存在一些矛盾。所以，员工参与到企业决策中来，不可能保证企业决策制定的最优化。在企业利益与员工个人利益发生矛盾时，员工参与企业决策，让个人利益服从于企业利益，员工很难作这种选择。这不是员工觉悟不高的问题，而是人的行为从根本上说只会服务于自己的目的和目标，不会无条件地服务于他人的目的和目标这一人性所决定的。

不过，在股份合作制企业中，员工两重身份合一，既是企业劳动者，又是企业所有者，则有可能放弃个人小利，服从企业大利。这是两重利益迫使他们参与决策时要充分考虑两个利益总和的最大化所致。

民主决策可能是社会政治决策的最好方式，但企业决策与社会政治决策不一样。社会政治决策涉及这个社会之中每个成员的利益。这个社会中的所有成员都有权利表达自己的意志。社会是由每一个成员共同构成的，每一个成员都是这个社会的一个独立分子，他们都有权利在社会事务中参与自己的意见，使自己的意志和利益得到体现。通过民主决策的办法，让每个人都尽可能表达和实现自己的意志，才能充分保障社会的稳定。当一部分人的意志与另一部分人的意志发生矛盾时，按一种少数服从多数的原则决策，才能协调社会的矛盾。社会政治决策的主体，在权利和义务上是对等的，社会的存在需要每个成员履行相应的义务，这种义务又是以他享有相应的权利为条件的。这二者的一致性，决定了社会政治决策的最好方式只能是民主决策。

但企业如果不是股份合作制性质的，员工不能作为一个决策主体，参与企业的决策过程，就不可能在责任和权利上实现平衡。

决策是有风险的，必须有人为这种风险承担责任。能为企业的决策风险承担责任的，最终是投资人，要由他的投资来为决策的成败负责。尽管员工也会意识到，企业发展可能会给他们带来更多的机会和利益，从而使二者的利益实现一定的统一：但这种统一是不稳定的，就像他们的老板知道劳动力市场上还有很多人在寻找工作一样，他们也知道世界上企业众多，一家企业关门破产，地球照样转，他们可以再选择另外一家企业就业。员工与企业没有形成唇齿相依、生死与共的关系，他们只会更多地考虑自己从企业所能获得的利益，企业利益只能放在次一级的地位考虑。

民主决策不能保证企业经营管理决策科学性的另一个原因，是企业的决策不是一种个人意志的简单表达，而是一种在明确目标的前提下，怎样在满足约束条件的基础上实现最优选择。这种最优不是一个观念上的偏好问题，而是体现在企业所实现的利润、销售收入、市场占有份额的增长上。只有收集完整的信息，并运用科学的方法制定决策，才能达到目标。

如果没有科学的决策分析方法，众多人的参与决策，也只不过是由一人的拍脑袋决策变成多人的拍脑袋决策。高质量的决策不可能靠拍脑袋获得，无论是一个人拍，还是众多人拍。

二、目标决策与措施决策的相对性原理

企业决策林林总总，变化万千，但因为它们都是服务于同一个企业发展目标的，所以无论哪个方面、哪个时间段、哪个层次上的决策，都是企业整体决策内容中的一个组成部分。正是由于它们服务于这同一个企业发展目标，从而使多种多样、变化万千的企业决策自然而然地构成了一个不可分割的完整体系。

企业所有决策，都可以归结为确立企业发展目标、选择达到目标的措施这两个方面的内容。这两个方面又可视为两种不同的决策。前者是确立

企业做什么、做到什么程度的目标；后者是选择做的方法，是怎么做的措施的选择。二者又是紧密联系、不可分分割的：目标决策依赖于措施决策，没有措施支持的目标决策，只是空想，不是决策；而没有目标决策统领，措施决策就成了没有方向指标约束的疯人游戏。并且二者还会相互转化。也就是以说，所有决策都是目标决策，同时所有决策又都是措施决策，这就是目标决策与措施决策的相对性原理。也正是这一原理，把企业决策融为一个不可分割的有机体。

从时间长短的层次分析，受统一的企业发展目标限制，低一个层次的目标计划，相对于高一个层次的目标计划，就是措施办法。反之则相反。相对于长时间段的决策，短时间段决策是措施决策，长时间段决策是目标决策。但相对于更短时间段的决策，原来的短时间段决策转化成了目标决策，更短时间段上的决策是更具体的措施决策。

从综合性程度分析，在一个统一的企业发展目标框架中，综合性决策是目标决策，具体化决策是措施决策。二者的关系也仍是相对的。一般综合性决策如果是服务于一个更大的综合性决策，它则变成了措施决策；但相对于服务于它的更小的综合性决策，它又成了目标决策。即使在一般措施计划层次上分析，也不例外。措施计划与保证它达成的具体措施目标计划之间，也是一种相对的目标决策与措施决策的关系。下一层次的目标计划相对于上一层次的目标计划是措施，但它相对于再下一层次的目标计划，又成了目标。

目标决策在时间上有其优先性。只有先确立了目标，然后才能选择达到目标的措施办法。措施决策是严格地建立在现实基础上的，但它又是被目标决策所统领的。也就是说，高一个层次的目标计划相对于低一个层次的目标计划，具有统领作用，低一个层次的目标计划只能服务于高一个层次的目标计划。如果没有目标决策的统领，措施决策也就失去了方向，也就不可能有措施决策。这种统领作用就是目标决策的优先性的体现。措施是相对于目标而言的，措施是目标与现实之间的中介，它既不能脱离现实基础，也不能没有目标统领。

但目标决策的优先性不能取代措施决策的优越性。这就是措施决策的优越性。

这二者是一种不可逾越的关系，超越目标的措施决策是不可想象的，而目标决策超越措施决策的优越性，又是完全没有意义的，相对于企业发展甚至是有害的。因为目标遥不可及，则会让员工产生挫折感和颓废情绪，挫伤员工的工作热情、积极性和能动性。

有一个有相当知名度的家电企业，1997 年，它确立了用 3 年的时间赶上海尔 1997 年销售收入水平的目标，即在 2000 年时实现销售收入 108 亿元。海尔 1997 年的销售收入为 108 亿元。这个企业当年的销售收入是 14 亿元，而海尔在 1994 年的销售收入与它这年的销售收入不相上下。因而它认定海尔能够通过 3 年努力实现 108 亿元的销售收入，它也能。但它忽视了一个最重要的因素，这就是它在 1997 年的发展基础，或者说发展的资源状况与海尔 3 年前存在着巨大差距。海尔在 3 年前已经形成了自己独具特色的管理资源——OEC 管理模式和海尔文化，以及它的市场开拓能力和产品创新能力。这些东西已形成海尔当时具有巨大潜力的核心竞争力，而这个企业却不具备这种核心竞争力。也就是说，它赖以进行目标决策的基础——措施决策无法对应。因为措施决策要严格地受制于已有的发展现状，能超越和突破的余地非常小。结果到 2000 年底，这个企业仅仅增长了 2 亿元的销售收入，达到 16 亿元，距 108 亿元的目标还非常遥远。

三、企业规模不同，决策内容完整性的要求也不同

前面我们已经对企业要作的决策的内容做了全面的分析，但这里所涉及的内容，并不是所有上规模的企业都必须如此。一个摆地摊的、一个夫妻店，让其为八年、十年后的企业发展目标做出规划，显然是不现实的，也是毫无意义的。但其可以有一定的想法，否则永远只能是地摊和夫妻店。并且企业只有当它的规模达到一定程度之后，进行系统的长、中、短时间段上协调的决策才有意义。尤其是当这种企业规模越大时，这种作用才越大。企业规模相对比较小的时候，所沉淀的资源有限，所涉及的市场范围小，所以追随现实市场变化进行生产经营取得成功的可能性也大。当企业规模增大时，调头就难了。沉淀的资源越多，涉及的市场范围越广，要从这个市场转向另一个市场所要付出的代价也就越大。

但这并不是说小型企业不需要做长远打算、做长时间段决策，而是说，规模相对较小的企业，在对较长时间的发展问题制定决策时，所决策

的内容不可能像大企业那样具体、全面，更多的是明确一个基本的发展思路，并对这条思路进行选择后守住不放。也就是说，即使是小型企业，如果纯粹不做长时间的决策，不为较远的未来作出安排，就不可能实现其稳定持续发展，只不过它的这种决策可以粗放一些。

红星集团的老板车建新，之所以获得了很大的成功，十多年的时间，由一个木工学徒发展成为销售收入近百亿的家具生产经营企业，不在于他的智商有多高，而在于他明白，一个有所作为的人，不仅要为现在考虑，而且要为将来动脑筋。理想太远大，会因为太缥缈而变得没有约束力，但没有理想是绝对不行的。他刚当木工学徒时，就开始筹划三年后当师傅的事情。他的事业成功，直接是源自于他能在脑海中自主地对未来进行滚动式设计和规划。

所以，不论企业规模大小，都不能忽视企业长时间段发展的问题。因为，要能更广泛地抓住机遇，就必须把企业发展问题放在更广阔、更长远的时间段上思考，并做出决策。对于决策的内容，相对于成规模的大企业，则要宽泛一些，详细一些；相对于小企业，可简单一些。但无论怎么简单，也不能把必须面临的问题忽略掉；无论怎么详细，也不能把无法预先思考的问题包容进来。一个企业无论怎么小，也不能不对它三年后的发展目标进行设计和决策。一个企业无论规模多么大，也不可能把五年后的销售网点布局的具体营业场所、门面装饰和柜台摆设等都事先规划出来。

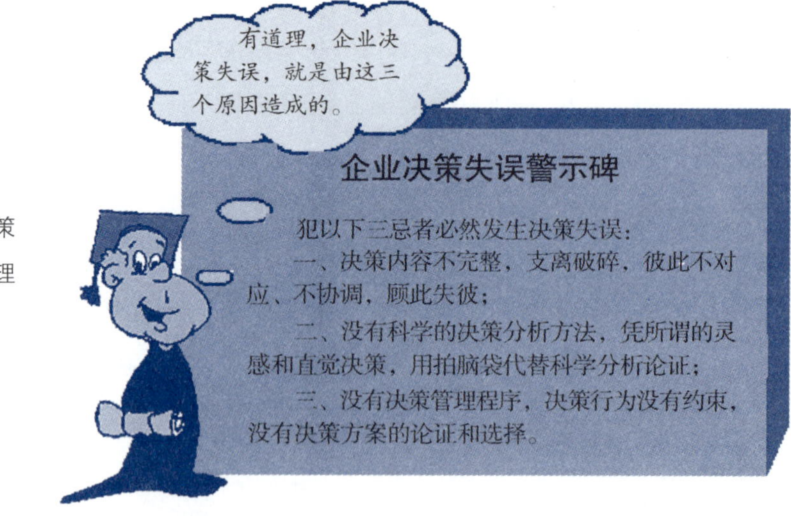

图3-1 决策失误的管理原因

决策问题本来都是为未来的行为进行选择，这个未来的时间段越长，我们所能运用的决策信息就越少，所以就要线条粗一些。反之则相反。较大规模的企业，所涉及的资源多，市场影响大，也有可能对相对较远的未来的这种影响作出判断。规模较小的企业涉及的资源少，市场影响小，相对较长时间段上的影响就难以预测。造成决策内容差别的规模限制直接与这个问题相关。

四、决策制定的目标必须锁定核心竞争力建设

核心竞争力建设，是企业发展的前提，也是企业存在的前提。它为企业提供的是在激烈的市场竞争中维持自己的存在和实现发展的依据。企业的所有决策都应该围绕企业核心竞争力的建设进行。从这个意义上讲，企业核心竞争力建设也就构成了企业经营管理决策的核心，从短时间决策来看是如此，从长时间决策来看也是如此。

企业要发展，并且要持续稳定地发展，靠什么?

就靠企业在市场竞争中所特有的核心竞争力。

企业规模无论大小，都必须有自己特有的核心竞争力。企业规模大，市场范围大，就必须在较大市场范围内构建自己特有的核心竞争力。企业规模小，市场范围相对也小，但在这个较小的市场范围内，也必须构建自己特有的核心竞争力。如果因为企业规模小，就忽视核心竞争力的思考和建设，企业就会经常处于一种危机经营之中，随时随地都可能被竞争对手从这个市场中驱逐出局。

企业的核心竞争力是什么?

它也就是企业相比竞争对手所独有的，发掘客户需求、满足客户需求的独特的方式和能力。它包括两个方面的含义：发掘客户价值的能力和满足客户价值的能力。第一种能力是指能够在不断发展的社会之中，准确地把握客户需求的变化，发掘客户价值。客户价值，不仅包括以舒适、安全、方便、便宜和耐用等为主要内容的经济福利，还包括客户偏好的满足，使之获得快乐、个性和自豪。满足客户价值的能力是指直接为客户提供舒适、安全、方便、便宜、耐用、快乐、个性和自豪的满足的能力。

在这两种能力中，单有前一种能力是不够的，你没有满足客户需求、

增添客户价值的能力，你就无法与客户进行交换，也就无法实现企业本身的价值增值，所以，后一种能力对企业来说更加重要。并不是说第一种能力不重要。第一种能力是对市场机遇的一种识别，后一种能力是对这种市场机遇的运用。没有市场机遇的识别，也就不可能有市场机遇的运用。但在此所说的市场机遇识别能力和客户需求满足能力并不是销售能力和生产能力。没有生产能力同样可以有满足客户需求的能力，就像耐克公司、戴尔公司一样，自己没有大规模的工厂，但仍可以为广泛的客户提供需求满足。

企业的所有战略措施都可以归结为这种核心竞争力的建设，也就是发掘客户价值的能力和满足客户价值的能力的建设。企业决策如果背离了核心竞争力建设这一目标，企业的决策无疑是缘木求鱼的愚蠢决策。

因此，企业决策无论其内容多么复杂，时间跨度多么长远，也都必须紧紧盯住企业核心竞争力建设这一核心。

五、决策选择的自由度原理

相信天命的人，认为上帝为他作好了安排，他不需要自己为长远的未来制定决策，确立发展目标、选择实施措施。企业老板绝不能做命运的奴隶，在大堂供奉财神、菩萨，作为一种心理安慰，不是坏事，但相信财神、菩萨会带来财运，则是不可取的。只有做自己命运的设计者，才能创业，也才能守住业。无论是个人还是企业，为未来制定决策的时间段延伸得越长，就越有选择的余地。越有选择的余地，就越能主宰自己的命运，企业就越能实现持续快速发展。

决策选择的自由度原理可概括为：企业决策选择的自由度，来自于这种决策在时间段上所延伸的长度。

决策就是一种选择，并且是对自己可控行为的选择。决策的前提是这种行为的可控性。不可控的行为，是自己只能被动接受的行为，不能选择，也不能决策。

在现实之中，任何决策，都要受到它所面临现实的约束。决策与决策所达到目标的时间距离越短，决策所选择的自由度就越小；决策所要达到的目标与决策相距的时间越长，决策所选择的自由度就越大。越是对迫近现实的未来制定决策，就越是没有自由。因为决策所要达到的目标与决策相距的时间越短，面对的现实的约束就越大。很多约束条件已经变成了不可改变的事实，决策就只能在这种事实的基础上进行选择。如果相距的时间段比较长，决策人就有机会和可能改变现存的事实，以满足其决策选择的条件要求。这就是决策选择的自由度原理。

比如，一个生产家电的企业，在对当年的目标和措施制定决策时，就难以突破现有的家电品种、生产规模、生产技术和产品技术的限制来考虑问题。如果要为五年或十年以后的目标和战略制定决策，它的选择余地就非常广阔了。它可以根据自己的价值判断来选择，使甚至是需要长时间的发展和积累才能进入的行业（包括汽车生产）也成为可能。较长的时间为它留下了较大的决策自由度，它可以有充分的时间为它想发展的产品在资金上、技术上、人才上、市场开拓上作准备。现实的状况是，除了资金实力的约束之外，其他的限制都是微不足道的。

决策选择的自由度原理为企业决策提出了一个约束，企业要想抓住广泛的发展机遇，就必须进行长时间的决策选择，制定长远的发展战略规划和目标。

在企业的经营管理中，绝大部分企业都不重视对企业较长时间段的未来——十年、五年甚至三年以后的发展进行思考和决策，过分强调适应市场的变化，随行就市，什么赚钱就做什么。在这种情况下，他们除了有幸碰上一个好机会实现自身的大发展外，很难实现自身的大发展。因为很多机会来临时，他们都没有为这种机会做好准备，只能白白错过这种机会。而机会永远只会光顾那些为这种机会做好准备的人。你对未来较长时间段的企业发展没有思考和决策，你就不可能为企业的未来发展机会做好准备，就永远只能跟在市场机遇发展的后面跑，看到别人做什么赚了钱就跟着干。但问题是，当你发现别人在赚钱的时候，这个行业的市场竞争早已白热化。有好多与你一样的人，都看见别人在赚钱，也都会挤向这个行业。当你进入之后，却已发现这个行业的赚钱余地已经很小。而任何一个行业的进入和退出都是有成本的，也正是这种成本使那些实力不是充分强大的企业，在跟风经营中陷入困境。

这种不作长时间决策的企业，仅仅选择跟风经营，一般很难形成自己的核心竞争力。这种企业永远长不大，有的甚至越长越小，最后被淘汰出局。这不是危言耸听，而是现实。

长江音响，在20世纪90年代中叶以前，它所生产的音响制品，名噪一时，出了不少风头，也为它赚了不少钱，曾经使它在没有一分负债的情况下，还保有8000万元的银行存款。但在这个企业中，没有人为企业的长远发展进行思考和决策，都只是沉浸在已取得的成功之中。当有声、有像的新产品——VCD进入市场时，它仍然举棋不定，当这种有声、有像的新产品已经大幅度吞噬只有声音的音响产品市场时，它才回过神来准备发展这个新产品。但这时已经为时过晚，一方面有声、有像的新产品——VCD的竞争已经趋于白热化；二是靠单有声音的音响制品所积累的资金，已随着这种产品市场的被吞噬，也逐渐销蚀殆尽，不再有资金实力与在VCD市场已有所作为的厂商进行竞争，以致最终进入VCD市场后没有几个回合，就败下阵来，并破产倒闭。

这个被称做“抱着金山沉没”的典型例子，完全是上帝为不进行长时间段规划、不进行长时间段决策的企业必然失败的规律所安排的一个注解。

完整的企业目标体系，必须包括企业各个时间段上在各个方面的决策，正是这些决策的内容作为一个整体构成了企业的目标体系。在现实中，忽视长时间段的目标措施安排，认为没有必要制定企业中长期发展规划的人很多，他们的“理由”一般有四个。

（1）各决策在时间协调上很困难。决策，就是为未来的行为进行选择，已经变成现实的东西是无法再选择的。决策本身会形成一定的决策沉淀成本，因而使前一决策对后一决策构成约束，使后面的决策只能在前面所作决策的基础上进行。因而使企业决策顾长难顾短，顾短又难顾长。

（2）未来总是相对太遥远，存在有太多的不确定性，作与不作这种决策没有多大的区别。

（3）有些人作未来长时间段的决策与作短时间段决策一样，过于局限于现有的约束条件。而不知道只要有充分的时间，可以通过努力，创造条件，改变现实。其结果是，作长时间段决策也没有充分利用这种决策的自由度，更多地寻求机会、抓住机会。

（4）因为决策信息不充分，从心理上难以引起充分的重视。即使有对未来较长时间段的决策，也是一种很勉强的、敷衍的决策。

这些理由归纳到一点上，就是决策上的时间段矛盾。但这远不是理由。这一矛盾运用目标决策滚动制定法，很容易解决。

六、两类决策与两类决策方法

企业决策制定的内容和性质不一样，所能运用的决策方法也不能相同。翻地要用犁，收麦却要用镰刀。而决策要运用一定的方法，就像犁地和收麦要有效率就必须分别借助犁和镰刀一样，不同的决策必须选用不同的决策分析方法。

企业的决策，从决策的方式方法分析，可分为性质完全不同的两类决策。

（1）程序化决策。这种决策是可以根据既定的信息建立数学模型，把决策目标和约束条件统一起来、进行优化的一种决策。比如工厂选址、采购运输等决策。这种决策是可以运用运筹学技术来完成的。在这种程序化决策中，决策所需要的信息都可以通过计量和统计调查得到，它的约束条件也是明确而具体的，并且都能够量化。对于这种决策，运用计算机信息技术可以取得非常好的效果。通过建立数学模型，让计算机代为运算，并找出最优的方案，都是在价值观念之外做出的，至少价值观念对这种决策的约束作用不是主导因素。

（2）非程序化决策。这种决策所赖以进行的信息不完全，变量与变量之间的关系模糊、不确定。约束条件是由各种各样的社会发展变量，如社会需求、消费偏好、个人收入、消费习惯等之间的关系构成的。社会发展变量的不确定性制约着约束条件的稳定性。加之这种决策的贯彻实施还会引起决策所影响对象的有意识反应，比如竞争对手采取与之相对应的措施。这就导致决策与决策实施结果之间关系的进一步复杂化。这种决策，是无法通过建立数学模型来为决策人制定决策提供优化方案的。在这种决策中，变量更多的是人的意志因素。而人又是一种奇怪的存在物，他们的意志和欲望多种多样，并且对它们的评价又不同，所以，这种决策就不是一种可以在数理基础上完成的逻辑选择。

对于两类决策，在制定决策过程中，只能选用两种不同的思路和方法。

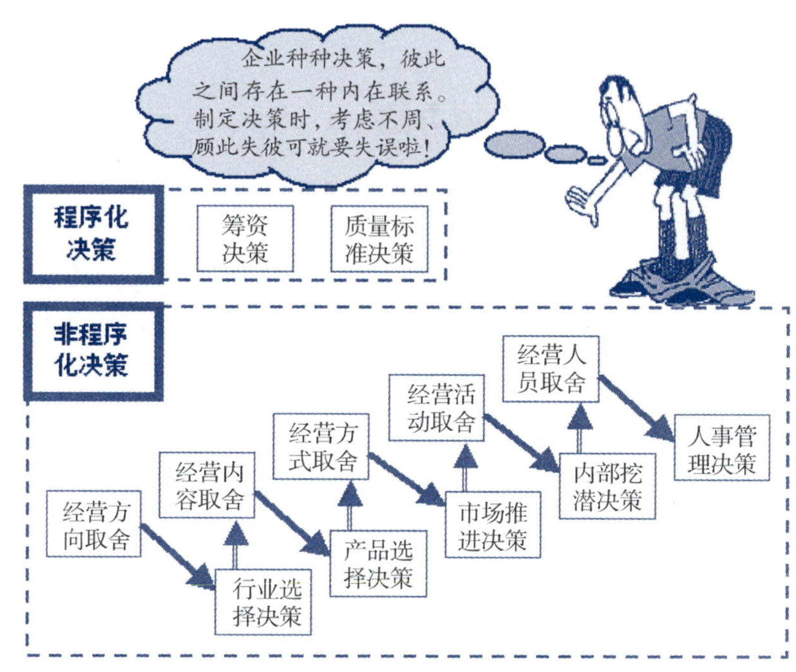

图3－2　企业七种决策的内在逻辑关系

对于第一种决策，主要是运用人工智能，在精确计算的基础上，求取极限值并进行优化。这可以在严格变量关系分析的基础上，借助计算机技术来完成。

对于第二种决策，企业领导人则必须在明确价值观念的情况下，建立一个决策因素关联分析框架，并按照既定的框架来制定决策。也就是说，把我们赖以形成决策的价值观念具体化为一个分析框架，然后把我们所要进行分析的各种变量纳入这个框架之中来进行关联比较，最后作出选择。

这两种不同的决策，诺贝尔经济学奖得主西蒙教授进行过专门分析。但在现实的企业决策中，人们往往并不对这两类决策加以区分。有的把非程序化决策当做程序化决策来制定，强调所有决策都要通过数理逻辑运算来进行优化选择，结果所谓的优化只不过是一种虚假的形式，从而导致决策的低质量。有的则不管是程序化决策，还是非程序化决策，统统用简单的信念代替科学的分析论证，结果更使决策质量下降（图3－3）。

在这里必须明确一点，不能运用计算机技术进行优化计算的决策，远不等于靠拍脑袋获得灵感和直觉来决策，而是要通过建立决策关联分析框架，借助关联分析方法来决策。可以说，科学的决策分析方法是保证决策质量的关键。

图3－3 程序化决策与非程序化决策

七、计算机没有价值观念，不能代人决策

在企业经营管理决策上，不能迷信计算机，计算机能为你做的工作很有限。它只有逻辑，没有思想，只会处理信息，不会运用信息。

计算机技术无论在企业的管理中被运用到什么程度，它都不可能代替人作决策。它仅仅是一个工具，可以为你收集信息作决策带来方便，但它本身不会代替你作决策，至少当代的计算机及其管理软件还做不到这一点。美国安达信会计师事务所办公自动化程度、管理技术现代化、信息化程度都达到了很高的水平，但它在为安然公司提供服务的过程中，却置法律法规于不顾，不仅帮安然公司做假账，甚至替安然公司销毁司法证据。这导致它后来不得不为这个错误决策而付出企业死亡的代价。计算机没有让安达信做假账，是人选择了做假账。安然公司、环球电信、施乐公司等并不是计算机信息技术运用水平不高，而是有人作了做假账的决策。

计算机技术可以帮助企业准确地收集信息、储存信息、处理信息，甚至为企业直接提供决策所需的备选方案，但最终决策还得由企业领导人作出。计算机是一种纯粹的逻辑思维机器，它没有价值观念，而在很多情况下决策是要受价值观念约束的。价值观念是直接构成决策的一个约束条件，并且是难以突破的约束条件。没有价值观念，或者价值观念错误，都不可能保证决策的正确性。现代企业的信息管理技术发展的速度很快，从简单的物料管理计划（MRP），发展到制造资源计划（MRP Ⅱ），现在又发展到企业资源计划（ERP），并且有很多企业都在运用这些技术。这种技术只能为企业领导人提供决策信息和备选方案，而不可能纠正企业领导人的价值观念上的错误。

价值观念所起的作用，并不比知识、信息所起的作用小。企业是一种社会存在物，是社会的构成细胞，它永远也不能超越社会对它的约束而存在。一个好的信念——价值观念，可以保证企业成功一半。没有好的信念的企业，死神可能随时随地来光顾它看似气派堂皇实则不堪一击的大厦。

只要系统读过《松下经营成功之道》一书的人，都很容易得出一个结论，松下幸之助和他的松下公司之所以能够取得辉煌的业绩，并不在于松下幸之助本人的知识如何渊博，或者借助人工智能为他的企业经营管理决策提供了什么有效的帮助，而是他运用一些很简单的理念来指导决策，并自始至终坚持贯彻。

松下幸之助自创办企业开始，头脑中就有一个简单的理念——必须充分尊重人。他在 1918 年 23 岁的时候，就明确了这一理念，强调要让新进入企业的员工直接参与企业的经营实务。

松下幸之助写道："当时各公司都把原料配方视为最高机密，可是我认为应该公开。所以甚至对我们公司的新进工人，也都明白地教给他们。有些同行对于我这种做法暗中捏一把汗。但我对他们说：'有什么好担心的呢？只要事先说明哪些是属于该保密的范围，他们反而不会如你们所想象的那样轻易背叛或泄密。'"① 并且他还一再强调"凡身为上司者必须有一颗体恤的心"。

对客户，松下幸之助也是如此。在社会物资相对匮乏、产品严重供不应求的稀缺经济年代，他就提出客户至上的观念，并要求员工谦虚地对待客户，强调要对客户发自内心地说"谢谢惠顾"。这使得松下公司的成功得以长久持续。

总之，计算机是没有价值观念的，绝不可用它代替人作决策。

---

① 见《松下经营成功之道》一书第一卷第 3 页。

第二章

企业目标体系决策制定方法

企业决策就是确立目标，选择措施。目标和措施二者作为一个整体也就构成了企业的目标体系。从这个意义上讲，企业决策，就是确立和不断更新、发展企业的目标体系。倒过来说，企业的目标体系就是企业不同层次、不同时间段、不同方面的决策的集合。企业目标体系可以从多个方面进行分析，而从不同的方面进行分析，也就是从不同方面对企业目标体系的进行界定。

一、企业目标体系的时间段分析

企业目标体系，从涉及的时间长短分析，它可分为七类：

（1）企业经营宗旨和经营方针。这是对企业最根本、最长久目标的一种决策。它是对企业“向何处发展”“如何发展”“为什么发展”所做的界定，是企业存在和发展的依据。没有这一决策，企业的发展就必然会摇摆和波动。

（2）战略目标。所谓战略目标，也就是对企业经营宗旨和经营方针指导下的阶段性发展目标的决策。在这个阶段性发展目标中，有具体的财务目标和市场目标，它是对企业经营宗旨和经营方针的一种具体化。相对于前者，它又是措施。

（3）战略措施。这是对实现企业阶段性发展目标，在资金上、人才上、技术上、市场上采取一些什么措施、办法的决策。其目的是保证战略目标的实现，它是对战略目标的展开。

（4）年度目标计划。这是对企业阶段性目标按年度时间段展开的一种措施计划决策。年度目标计划既包括年度财务目标计划——经营收入、利润额，又包括保证企业阶段性目标实现的资金发展措施计划、人才发展措施计划、技术发展措施计划和市场发展措施计划。

（5）季度目标计划。这是对年度目标计划按季度时间段展开的一种目标计划决策。它的每一项内容都与年度目标对应。但并不是所有的企业都有这一种目标计划的决策，有的企业是直接从年度目标计划决策进入月度目标计划决策。

（6）月度目标计划。它既可以是对季度目标计划的展开决策，也可以是对年度目标计划的展开决策。它所设立的指标体系相对于年度和季度目标计划而言，要求更为详细、更为具体。

（7）周、日目标计划。它是对月度目标计划的展开决策，是对落实到每个周或者工作日必须完成的具体工作目标的决策。在指标设置上，它与月度目标计划直接对应。

目标计划越是进入较短的时间段，就越是强调其具体措施、办法，越是要明确通过什么样的办法为高一个层次目标的实现做什么贡献（图3－4）。

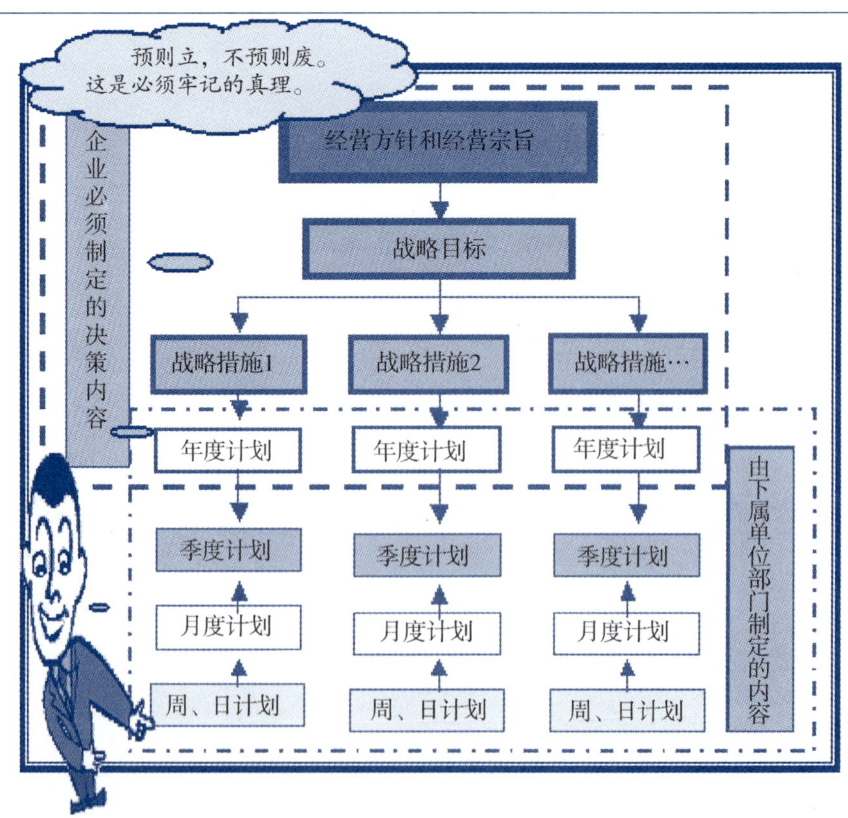

图3－4　预则立，全面地预才能保立

二、企业目标体系的内部组织层次分析

企业目标体系，从企业的内部组织层次分析，它可分为五类：

（1）企业集团发展目标。它是对整个企业向什么方向发展、如何发展进行的宏观决策。它既要界定企业的财务发展目标，也要界定企业为实现这些目标所要采取的战略措施。

（2）企业事业部发展目标。它是根据企业集团发展目标要求，对事业部所经营的产品要达到的财务目标、市场目标及为实现这两类目标而采取的措施计划的决策。

（3）公司发展目标。它是对具体承担某类产品或某个产品生产经营的单位的发展目标的决策。即按照事业部发展的目标要求，在本公司所生产经营的产品上达成一定的财务目标、市场目标和具体管理目标的决策。一般情况下，在这种企业集团中，公司没有投资决策的权力，也不涉及投资问题，仅仅是根据企业集团投到本公司的资产进行定向的努力，以保证企业集团整体目标的实现。

（4）作业单位的工作目标。它是公司下属的工厂和销售服务单位为保证公司发展目标的实现，要具体完成的生产、销售目标、现场管理目标和质量管理目标的决策。在这里，它们所能做的就是运用公司交付支配的资源，根据公司发展目标，提供高质量、足数量的产品和服务。

（5）现场操作工人的工作目标。它是作业单位工作目标的具体化。即对作业单位要完成的既定工作目标落实到具体的岗位角色所作的决策，其内容包括每条生产线、每台设备、每个工作岗位每月、每周、每天要完成的生产数量和质量限定。

三、企业目标决策的范围分析

在企业目标体系中，从所涉及的范围分析，目标决策可分为六类。

1. 发展规模目标

发展规模目标的内容包括以下八个方面：

（1）经营收入规模，即企业总销售收入可达到多少。

（2）固定资产规模，即固定资产存量达到多大规模。

（3）流动资产规模，即企业经营的流动资产达到多少。

（4）自有资产规模，即企业资产减去负债，也就是归企业所有的净资产达到多少。

（5）企业赢利规模，即企业的赢利能力能够达到多大。

（6）多元化规模，即企业所进入的行业种类，以及所进入的行业、种类在该行业、种类的位次。

（7）市场空间规模，即企业的产品所进入的市场范围有多大，包括有多少个省市、多少个国家等。

（8）人员规模，即员工总数达到多少，各类、各级员工各有多少。

在这八项内容中，它们都从不同的方面体现了企业在规模上所能达到的水平，每个规模指标都是从特定的方面对企业发展状况的说明。经营收入规模是对企业的综合经营能力的说明，固定资产规模则可说明企业在经营上的实力，流动资产规模说明企业经营承担风险能力的大小，自有资产规模则可说明企业所拥有的筹资能力的大小，多元化规模说明企业经营集中分散程度，市场空间规模则是说明企业市场开拓挖掘的广度与深度，人员规模则是说明企业人力资源所处的相对状况。

2. 行业发展目标

这是对企业所进入的各个行业、分行业制定的发展目标。内容包括所进入行业的年度增长率、经营收入额、产品线深度、产品线宽度、产品专利自有个数、生产工艺专利自有个数、利税总额、投资回报率，以及实现目标的市场推进措施、资产战略措施、人才战略措施、责任单位等。

3. 产品市场发展目标

它是对企业产品所进入的市场区域在年度增长率、销售收入规模、市场占有率、销售利润率，以及其达成的市场推进措施、资金战略措施、人才战略措施和责任单位等方面所确立的目标。目的是界定企业产品在特定市场上的发展计划及其从这个市场所能实现的企业价值。

4. 资金战略目标

它是企业对于自身的各类资产，包括总资产、固定资产、流动资产和货币资金等四类资产的年度增长率、股份资金所占比例、利润反耕所占比例、五年以上长期负债所占比例、短期负债所占比例、债券股权转换改造所占比例、银行贷款所占比例、供货商信贷所占比例、销售商信贷所占比例等方面的目标计划决策。这些指标共同反映企业的资金结构状况、资金筹集和投向决策。

5. 人才战略目标

它是对企业的各类人才，包括高、中、低各层管理人才、技术人才、市场人才和熟练工人的需求、供给以及补充培养的目标和措施的决策。

6. 创新战略目标

它是企业在产品创新、工艺创新、市场创新和管理创新等四个方面进行创新的方式，包括自主创新、引进创新，以及内容、措施和责任单位所作的决策。这一目标的确定，尤其强调要对创新的方向作出决策。

完整的企业经营管理决策内容，必须包括所有这些目标的确立、更新和发展。这些目标作为一个整体，构成一个完整的目标体系。企业的决策要保证不失误，就必须在这个完整的体系之内进行，每一个单项决策，都必须紧紧结合其他内容的决策进行，不能孤军深入，也不能落后成为“瓶颈”。

三、目标决策滚动制定法

在企业的目标体系中，从日、周到一年、三年、五年、十年，只要把这不同时间段的决策综合到一起，在作长时间段决策时充分考虑其得以实施的中、短时间段上的决策，在作短时间段的决策时，又充分考虑其短时间段决策所服务的已有中、长时间段决策的合理性。并根据现实发展的变化，同步对中、长时间段决策进行调整。这就是目标决策滚动制定法。由它可有效地整合多个时间段上的决策，并且避免因长时间段上决策信息的不足造成的决策不当和失误，消除目标刚性带来的反作用。

比如，滚动式地进行目标计划决策，在完成了长、中、短时间段相结合的完整目标体系决策之后，滚动地进行长、中、短三种时间段上的目标计划决策：到了月末，不仅为下日、下周制订目标计划，而且为下月制订目标计划；到了季末，不仅为下月制订目标计划，而且为下个季度制订目标计划；到了年末，不仅为下年制订目标计划，而且为下三年、下五年制订目标计划……这就实现了月度、季度、年度、三年等多种时间段的目标决策的统一和协调，也就把所有决策活动衔接融为一体了（图3－5）。

图3－5 不同时间段目标决策的滚动制定法

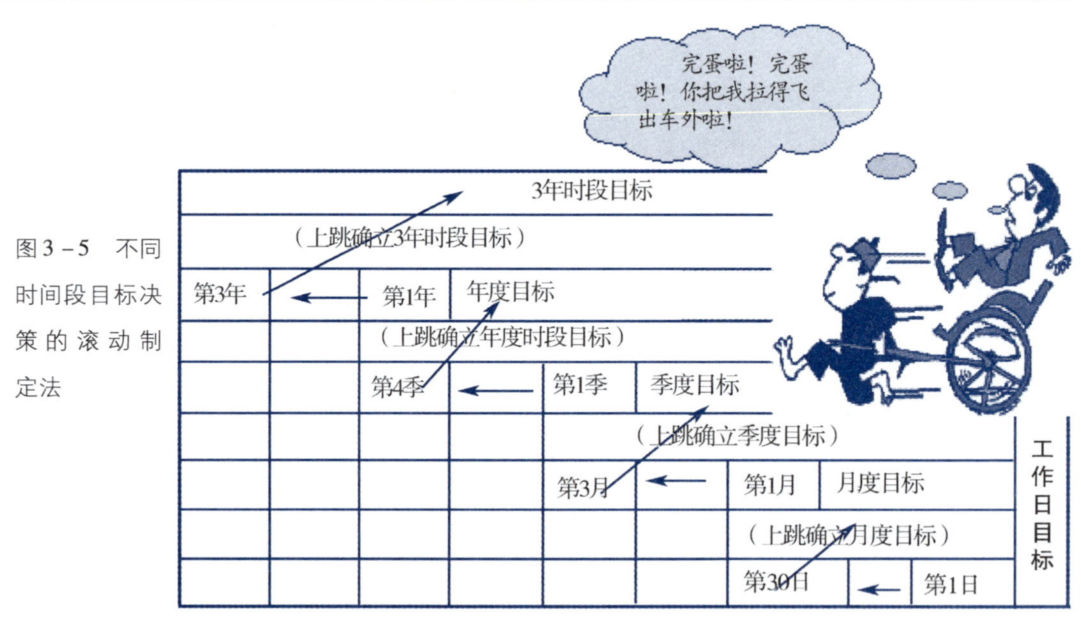

要通过长、中、短时间段组合的方式来实现其决策的协调，就是要保证远大目标与可操作性措施结合起来，使长远决策不空洞，短时间段决策不短视。

作任何决策，因为都是针对未来的行动，所以都包含有对未来进行的预测和假设。这种预测和假设可能与未来发展的现实相吻合，但也可能因为信息收集不全面，使这种预测与未来发展的现实相背离。在作短时间段决策时，重新审视和分析中、长时间段决策赖以存在的预测和假设，并不断修正这种预测和假设，进而对早已作出的中、长时间段决策重新作出分析，并在这个基础上同步作出长、中时间段的决策和再决策。

在现实中，很多企业制订了企业发展的中、长期战略规划，但长时间段决策相对短时间段决策缺乏约束力，短时间段决策背离长时间段决策的事经常发生，长时间段决策有与无一个样。企业制定了长时间段决策后又放弃，其原因有二：一是在现实中，短时间段决策更局限于现实，决策人被现实的利益所左右，为现实的小利而放弃或者忽略企业长时间段决策所确定的发展方向。二是长时间段决策所赖以存在的预测和假设与现实发生背离后，不能正确认识对等，往往不自觉地夸大这种背离的影响，从而放弃了长时间段决策所确定的方向。

四、不同时间段上的决策实现协调的关键对策

不同时间段上决策的协调为什么会出现问题呢?

因为没有人分别对不同时间段上的决策进行思考，并对不同时间段上的决策承担责任，决策的时间段越长，所包含的不确定因素越多，决策的困难越大，决策的风险也越大，就越是没有人愿意对它负责。解决这一问题的办法，是在对不同层次管理人员的职责进行界定时，明确界定他们对不同时间段上的决策所应承担的责任，实行分工负责，迫使他们对自己所承担时间段上的决策问题进行思考。

所以，要保证不同时间段上的决策协调，确定不同时间段上的决策责任人是一个关键。

就一般情况而言，对当天的事制定决策的责任，应该由基层的普通员工来承担；班组长要对明天的事制定决策并承担责任；车间主任等基层主管要对下周、下月的事制定决策并承担责任；厂长要对下月、下个季度的事制定决策并承担责任；公司经理得为下个季度、下个年度的事制定决策并承担责任；事业部部长则要对下个年度、下三个年度的事制定决策并承担责任；集团总裁、总经理则要考虑下五个年度的发展问题，并对其决策承担责任；集团董事长还要考虑十年以后的事，并对长时间段决策承担责任。

在现实中，高层管理人员所负责的决策总是向短时间段方向滑动，挤占下属决策的空间。没有人为可能发生的事相对较早地作出安排，每每出现问题之后，上至集团董事长，下至基层主管，都被限制在这种现实问题的解决决策上。在这种企业，董事长和总经理都成了救火队队长。企业运

行效益低下，下属员工处于高度被动状态，无法发挥自己的主观能动性和创造性，工作高度压抑，经常处于受挫状态，体会不到自我价值和成就。

这里并不是说企业高层主管不能过问近期的决策问题，而是说，要把工作的重点放在企业未来的发展问题的决策上，至少要把自己的主要精力放在企业未来发展问题的决策上。也不是说企业基层员工不能参与企业相对较长时间段的决策问题的讨论和选择，而是说不能由他们对这种决策承担责任。

决策问题也需要层层分工负责，但有必要广泛参与。下属对较短时间段上的事进行决策，可以邀请主要承担相对较长时间段决策责任的上司参与进来，以保证其短时间段上的决策能充分服务于长时间段决策的实现。上司对较长时间段上的事进行决策时，也可以邀请主要承担较短时间段决策责任的下属参与进来，以保证其长时间段上的决策具有充分的措施保障和可行性。并且这可以作为一条强行实施的制度要求，以提升不同层次上的决策质量，减少决策失误。

在现实中存在着一个误区：一谈到工人参与管理，进行民主决策，就把大事、小事，长时间段、短时间段的事不作区别，都交由员工民主决策。其结果是，没有具体的人对决策承担责任，后果是普遍地不负责任，导致决策质量下降，决策失误增多。决策讨论如果成为一种空谈会，任何形式的参与都不会有意义。如果将民主决策当做企业领导人逃避责任的一种方式，则更危险。众多国有企业，栽就栽在这里。众人民主决策，而众人不是人格化的主体，也就没有人对决策结果负责。一些国有企业的主要领导人，怕承担责任，大事小事都通过民主决策。出现决策失误，企业主要领导人可冠冕堂皇地把责任推卸掉，因为那是大家的共同决策。而决策本身要保证其不失误，最重要的途径就是收集决策信息，运用科学的决策分析方法，无论多少人进入决策过程，在这两点上没有补益，也就不可能提升决策的质量，减少失误。

三九集团创造出它的辉煌，靠的是“三九机制”。“三九机制”是什么？其核心可归结为一点：一个单位、一个部门，由一个人对这个单位、部门的决策负责。不设副职，出现问题，这个负责人就无法逃脱其责任，因此使之不得不慎重决策、积极决策。

五、企业目标决策体系内容分析列表

企业经营管理决策的内容体系可以概括为以下 13 个表，如表 3 – 1 ~ 表 3 – 13 所示。

表 3 – 1　企业 9 年长期发展目标内容分析表

目标 内容	上年 总量	9 年目 标值	年增平 均长率	市场战 略措施	资金战 略措施	人才战 略措施
经营收入规模（亿元）						
固定资产规模（亿元）						
流动资产规模（亿元）						
自有资产规模（亿元）						
多元化规模（行业种类）						
市场空间规模 （产品进入省、市个数）						
人员规模（人）						

表 3 – 2　企业 3 年发展规模目标内容分析表

目标 内容	上年 总量	9 年目 标值	年增平 均长率	市场战 略措施	资金战 略措施	人才战 略措施
固定资产规模（亿元）						
流动资产规模（亿元）						
自有资产规模（亿元）						
多元化规模（行业种类）						
市场空间规模 （产品进入省市个数）						
人员规模（人）						

表 3－3　企业 3 年行业发展目标内容分析表

所进入行业的名称								
时间	上年	3 年后	上年	3 年后	上年	3 年后	上年	3 年后
年平均增长率								
经营收入								
产品线深度								
产品线宽度								
产品专利自有个数								
生产工艺专利自有个数								
利税总额								
投资回报率								
市场推进措施								
资金战略措施								
人才战略措施								
责任单位								

表 3－4　企业 3 年 × 产品市场发展目标内容分析表

所进入市场区域名称	时间	年增长额	销售收入	市场占有率	销售利润	销售利润率	市场推进	资金战略措施	人才战略措施	责任单位
	当年									
	3 年后									
	当年									
	3 年后									
	当年									
	3 年后									
	当年									
	3 年后									
	当年									
	3 年后									
	当年									
	3 年后									
	当年									
	3 年后									
	当年									
	3 年后									

表 3-5 企业 3 年资金战略目标内容分析表

资金分类名称	时间	年平均增长率	股份资金所占比例	利润反耕所占比例	5 年长期负债比例	短期负债所占比例	债券改造所占比例	银行贷款所占比例	供货商信贷所占比例	销售商信贷所占比例
总资产	当年									
	3 年后									
固定资产	当年									
	3 年后									
流动资产	当年									
	3 年后									
货币资金	当年									
	3 年后									

表 3-6 企业 3 年人才战略目标内容分析表

人才分类名称	层次	上年	3 年后	年平均增长率	减员		补充				
					离退	辞职	在职培训	脱产培训	出国培训	外部招聘	其他
管理人才	高级										
	中级										
	普通										
技术人才	高级										
	中级										
	普通										
市场人才	高级										
	中级										
	普通										
熟练工人											

表 3-7 企业 3 年创新战略目标内容分析表

创新分类名称	创新方式	3 年总数	内容	方向性措施	责任岗位
产品创新	自主创新				
	引进创新				

续表

创新分类名称	创新方式	3年总数	内容	方向性措施	责任岗位
工艺创新	自主创新				
	引进创新				
市场创新	自主创新				
	引进创新				
管理创新	自主创新				
	引进创新				

表3－8　企业年度发展规模目标内容分析表

目标内容	上年总量	本年目标	年平均增长率	市场推进	资金战略	人才战略
经营收入规模（亿元）						
固定资产规模（亿元）						
流动资产规模（亿元）						
自有资产规模（亿元）						
多元化规模（行业个数）						
市场空间规模（省市个数）						
人员规模（人数）						

表3－9　企业年度行业发展目标内容分析表

时间	上年	当年	上年	当年	上年	当年	上年	当年
年平均增长率								
经营收入								
产品线深度								
产品线宽度								
产品专利自有个数								

续表

时间	上年	当年	上年	当年	上年	当年	上年	当年
生产工艺专利自有个数								
净利润								
投资回报率								
市场推进措施								
资金战略措施								
人才战略措施								
责任单位								

表 3－10　企业年度×产品市场发展目标内容分析表

进入市场区域名称	时间	年增长额	销售收入	市场占有率	销售利润	销售利润率	市场推进	资金战略措施	人才战略措施	责任单位
	上年									
	当年									
	上年									
	当年									
	上年									
	当年									
	上年									
	当年									
	上年									
	当年									
	上年									
	当年									
	上年									
	当年									
	上年									
	当年									

表3－11 企业年度资金目标计划内容分析表

资金分类 名称 / 目标计划	总资产		固定资产		流动资产		货币资金	
	上年	当年	上年	当年	上年	当年	上年	当年
年平均增长率								
股份资金所占比例								
利润反耕所占比例								
5年长期负债比例								
短期负债所占比例								
债券改造所占比例								
银行贷款所占比例								
供货商信贷所占比例								
销售商信贷所占比例								

表3－12 企业年度人才战略目标内容分析表

人才分类名称	层次	上年	3年后	年增长率	减员		补充				
					离退	辞职	在职培训	脱产培训	出国培训	外部招聘	其他
管理人才	高级										
	中级										
	普通										
技术人才	高级										
	中级										
	普通										
市场人才	高级										
	中级										
	普通										
熟练工人											

表3－13 企业年度创新战略目标内容分析表

创新分类名称	创新方式	3年总数	内容	方向性措施	责任岗位
产品创新	自主创新				
	引进创新				
工艺创新	自主创新				
	引进创新				
市场创新	自主创新				
	引进创新				
管理创新	自主创新				
	引进创新				

第三章

企业经营决策分析方法：价值关联关系分析模型

要保证企业决策不失误或少失误，仅有完整的决策内容体系是不够的。尽管这样可在一定程度上提升决策的质量，减少决策失误，但远不能使企业决策制定的失误趋于零。

“登高而招，臂非加长也，而见者远。顺风而呼，声非加疾也，而闻者彰。”要取得一个好的办事效果，找到一个好的方法，借助一个有效的工具，是非常重要的。

所以，最大限度地提升决策质量、减少决策失误的关键点，是能够借助一个科学有效的决策分析方法。即让企业领导人有一个登高的台丘、传声的顺风。

那么，企业决策制定的科学分析方法是什么呢？

或许是市场经济让人变得太浮躁的原因，系统地探索企业决策制定的系统分析方法的人不多。哈佛大学商学院教授迈克尔·波特最先对这种分析方法进行了探索，他发明的价值链分析模型，是出自于大学管理学教授和企业管理咨询专家之口的一种企业决策系统分析方法。

不过，它的现实可操作性却不理想，还存在一些局限性，笔者在它的基础上发展出来的价值关联关系分析模型，可以说是一个更切合实际需要、更具可操作性的企业决策分析工具。

一、波特价值链分析模型的七个局限

现实中很多企业在进行业务流程分析和再造时，都用到了哈佛大学商学院教授迈克尔·波特的价值链分析模型。价值链分析模型是迈克尔·波特教授发明的，并且是《竞争战略》和《竞争优势》两书的基本分析工具。迈克尔·波特在这两本书中运用价值链分析模型，就是要解决企业经营管理决策方面的问题。波特的价值链分析模型是一个创举，借助它企业的经营管理决策人可以理清思路，提升决策质量。但是，它却存在着如下七个局限：

（1）名为“价值链”，但其链条不完整。它所列的基本价值活动与辅助价值活动及其内部关系没有明确的“链”的关系。

（2）它把价值活动分为基本活动和辅助活动，这往往让人产生误解，似乎基本活动才创造价值，辅助活动不创造价值。

（3）它在价值活动的划分上存在一些混乱，比如技术开发是能够给客户带来价值的活动，甚至其活动价值比基本活动更有意义，但却被划归为辅助活动。

（4）成本控制和质量控制等活动，在它的价值链分析模型中都被列在企业基础设施之中，没有充分体现其为客户带来的价值和意义。

（5）采购活动是直接为客户带来价值的价值活动，却只是在辅助活动中来分析它。

（6）它的活动分类本身在逻辑上也存在重叠交叉问题。按照它对企业基础设施的定义，企业基础设施主要是企业管理问题，但它却又单独把人力资源管理列出来与企业基础设施并列，让人无法把握它们之间的关系。

（7）尽管价值链分析模型对基本活动和辅助活动又作了分类：一为直接活动，即直接为客户创造价值的活动；二为间接活动，即保证直接活动连续进行的活动；三为质量保证，即确保其他活动质量的各种活动。这种划分已脱离了与客户价值的关系。前面两种活动是根据与客户价值的关系界定的，质量保证作为单列的一种活动与前面两种活动存在交叉重叠关系。

正是因为这些局限，使得迈克尔·波特很有创意的思想方法只能更多地保存在大学教授和咨询专家的脑子里。

二、价值关联关系分析模型的四个构成部分及其相互关系

笔者通过实践，对波特的价值链分析模型进行了一些改造，为了与他的价值链分析模型区别，特意把改造过的分析模型命名为价值关联关系分析模型。价值关联关系分析模型强调把企业价值与客户价值进行区分，这就使价值关联关系分析模型很自然地划分为四大部分：企业价值、客户价值、直接价值活动、间接价值活动。

（1）在价值关联关系分析模型中，四个部分构成一个完整的价值关联链接环路。

企业价值是整个价值关联链接环路的第一原因，是这个链接环路的起点。企业为了获得企业价值，通过间接价值活动推动直接价值活动，创造客户价值，并通过交换最终实现企业价值的增值。

（2）客户价值和企业价值是通过等价交换来链接的。

这也就是说，企业在为客户提供价值满足之后，让客户支付等价物，并认同提供价值满足的企业，从而使企业价值得以实现。

企业的四个价值与客户的八个价值之间的关系不是整体对整体的关系，客户所获得的价值内容不同，对企业不同内容的价值所产生的作用也不同。

企业为客户提供价值满足，首先是通过企业的直接价值活动来实现的。在这里，企业的直接价值活动一方面对客户的价值进行认知；另一方面又在认知的基础上，通过企业自身的经营活动，直接为客户创造价值、提供价值满足。客户价值的实现，直接依赖于企业直接价值活动，企业的直接价值活动从不同的方面为客户不同内容的价值提供满足。

（3）间接价值活动与直接价值活动的关系，是一种媒介与被媒介的关系。

间接价值活动并不直接为客户提供价值满足，而是通过直接价值活动间接地为客户提供满足。比如企业间接价值活动中的基础管理，本身的目标指向就是企业价值，但要获得企业价值又必须通过满足客户价值来实现。在这里，直接价值活动就对间接价值活动起了一个媒介作用，或者说，间接价值活动通过直接价值活动最终实现了价值。

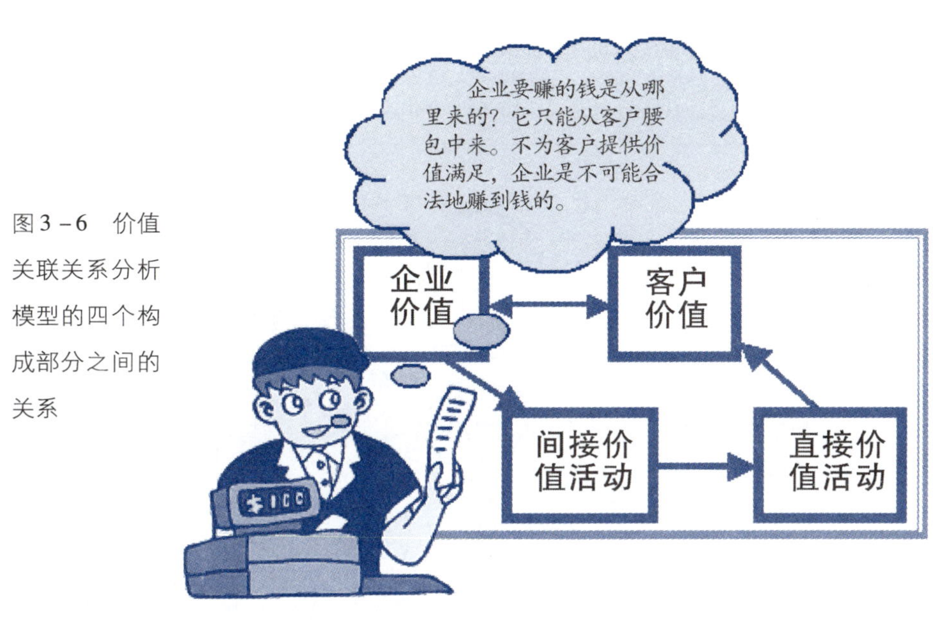

图3－6 价值关联关系分析模型的四个构成部分之间的关系

三、七类直接价值活动

直接价值活动，是企业能够直接让客户感觉到其多种价值中的某一价值或某些价值得到满足的活动。直接价值活动包括七个方面：市场营销、技术开发、材料采购、生产加工、销售服务、质量控制、成本控制（图3－7）。

1. 市场营销

市场营销是通过与客户的直接或间接的接触，发掘、发现客户价值的一种活动。它的前提是认同客户欲望和利益满足的合理性，从而使客户受到理解和尊重，使客户直接从这种理解和尊重中获得心理上的满足。有客户用海尔洗衣机洗土豆、地瓜而导致产品损坏。海尔人不是指责这些客户违反了产品使用的操作规程，造成产品的受损，而是由此发现了洗衣机客户的新价值——专用于洗衣服的洗衣机可用来减少洗土豆、洗地瓜的繁重劳动。海尔人认定这种需求的合理性，并为这种需求提供满足，因而创造了新的商机。营销不是销售，不是简单地把已有的产品卖给客户，而是发掘、发现藏在客户心中潜在的欲望和需求，并直接把这种欲望和需求变成对现实产品的购买欲望，同时通过创新经营，直接为这种欲望提供满足。市场营销活动之所以是直接价值活动，是因为它能使客户得到理解和尊重，使客户的潜在价值得到认知、认同。

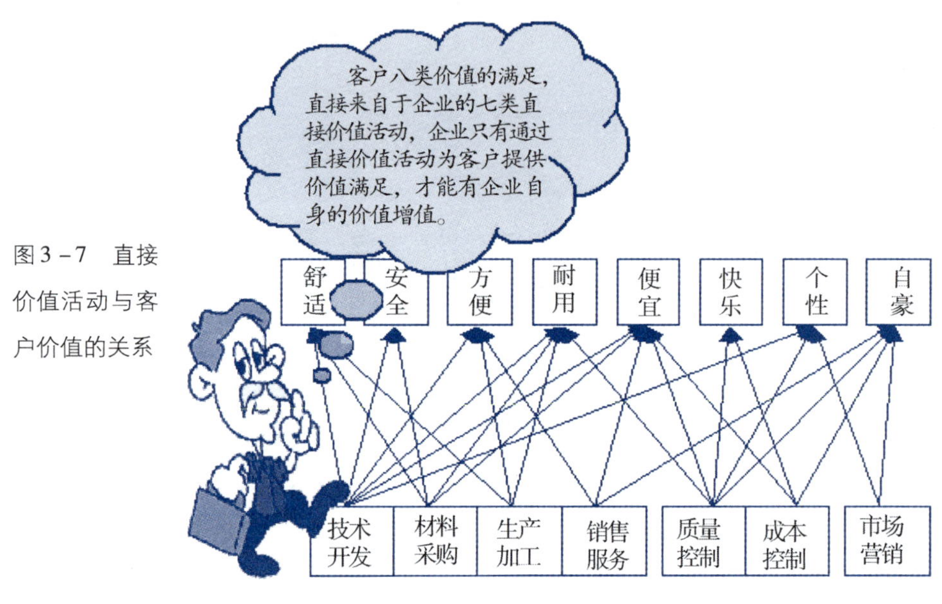

图3－7 直接价值活动与客户价值的关系

2. 技术开发

企业的技术开发实际上是做两个方面的工作：一是产品创新，即研究开发出能够提供更多效用的产品，直接为客户价值的实现提供技术上的支持，创造客户潜在价值实现的可能性；二是工艺创新，即研究开发出新的工艺方法，使特定产品所运用的原材料降低稀缺程度，或者改进生产程序和方法，提高生产的效率，降低产品生产费用，为客户带来便宜价值的满足。技术开发工作无论是在产品创新上，还是在工艺创新上的所有成就，都会直接为客户带来更多的价值。

3. 材料采购

材料采购是企业为客户价值提供满足的一个重要环节。一方面，这个活动使产品所用原材料在成本上实现一定的降低，这本身就可以为客户带来便宜价值。另一方面，材料采购活动能否保证产品加工的原材料的质量，这直接关系到产品的效用本身。也就是说，能否让客户所购买的既定产品带来多方面的满足、长时间的满足是与所用材料直接相关。在波特的价值链分析模型中，他把技术开发和材料采购两类价值活动都划在辅助活动中，明显降低了这两类活动的意义。并且他的这一划分使营销与生产的关系也脱节了。实际上，在波特的理论思路中，他是在销售的意义上来定义市场营销的，认定市场营销仅仅是连接企业产品与客户的一个桥梁，而不是连接企业与客户的桥梁。

4. 生产加工

生产加工是通过企业所组织的生产加工活动，对采购来的原材料，运用一定的技术和设备进行处理，改变其物质形态，以为客户的特定价值满足提供对应的产品效用。这一活动是直接为客户价值带来满足的一个环节，但在这里，我们既不能夸大这个环节的作用，也不能忽视它的重要性。客户所需要的产品效用大都是在这个环节上完成的。如果这一环节的工作做得不实，所提供的产品效用不全，也就是提供不合格产品，也就无法为客户价值提供满足。

5. 销售服务

销售服务是连接企业生产和客户价值之间的一个环节，其作用有如下三个。

一是传播产品信息，让客户了解、认知这特定产品与客户价值实现的关系。这通常是由形形色色的广告来实现的。这种广告的作用就是传播产品信息。

二是提供购买和使用方便。一方面让客户买得方便，包括通过送货、柜台展示、包装，让客户能方便容易地得到产品；另一方面直接提供产品使用指导，以使客户能科学有效地使用产品，并从产品的使用中获得自身的价值满足。

三是提供产品的维护、维修服务，以使客户产品用得方便、安全、放心，消除使用维修上的后顾之忧。销售服务给客户带来的价值与生产加工同等重要。如果没有这个环节，企业生产加工出来的产品，就不可能直接变成客户价值满足的现实。从某种意义上看，这个环节甚至比生产加工环节更重要。它是直接与客户进行正面接触，客户价值的实现是直接与这个过程联系在一起的（图 3－8）。正是这一原因，现实中众多的成功企业没有工厂、车间，但却可以实现快速稳定发展。没有工厂、车间，可以通过委托加工、贴牌生产的方式来实现。但没有销售服务，工厂、车间就只能为仓库进行生产，这就无法为客户带来价值满足。波特的价值链分析模型中的外部后勤，实际上就是销售服务活动中的一个组成部分。把它单列出来，是让人们充分重视其价值，但却让人忽视了这种活动与销售本身之间的联系。他所单列的内部后勤实际上是生产加工环节的一个构成部分，是直接为生产加工提供服务的。这种单列分析与外部后勤单列分析的局限完全相同。

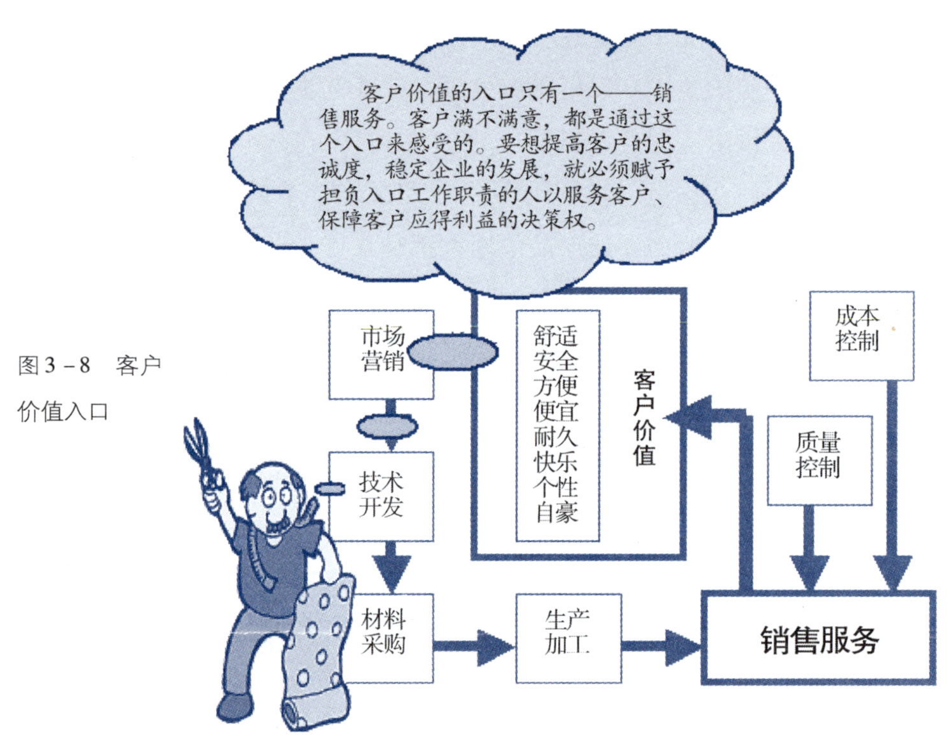

图 3－8 客户价值入口

6. 质量控制

质量控制是与前述所有价值活动融为一体的一种价值活动，但它本身却又具有相对的独立性。要保证直接价值活动中每一项活动都按照严格的流程和工艺操作，并时时想到客户的价值所在，这才能真正满足客户的价值。并且它所运用的技术方法也是相对独立的。比如，6σ 标准就是通过统计分析技术来实现产品和工作质量控制的。这种统计分析技术，与产品的生产加工并不存在直接的联系，但是这一活动对客户的价值满足却很重要。没有这一活动，也就不可能保证产品生产加工等活动能为客户带来充分的价值满足。ISO 9000 质量认证体系之所以发展很快，普及率很高，就是因为这一活动本身具有相对的独立性。

7. 成本控制

成本控制与质量控制是相对应的一种价值活动。质量控制是为了保障产品和服务的效用不打折扣，从而能为客户直接带来耐用价值。成本控制则是让客户能用既定的等价物获取更多的价值满足，直接为客户带来便宜价值，因为它会减少无价值的投入，降低客户的购买代价。成本控制本身强调的，就是在整个企业经营活动中最大限度地减少浪费，这也就是沃尔玛所倡导的为客户节约每一分钱活动的意义。在波特的价值链分析模型中，没有专门单列成本控制和质量控制这两项价值活动，而是在企业的基础设施中涉及这一活动的，并且把这些活动当成了一种只具有辅助意义的价值活动。这实际上大大降低了这两个活动的意义，这会使企业经营管理人员只有在迫不得已的情况下才会重视这两种活动。

上述七类直接价值活动作为一个整体，直接服务于客户价值的满足和实现。在这七类活动中，从市场营销、技术开发、材料采购、生产加工、销售服务到客户价值的满足，是由上到下构成的一个链接，是上一个活动为下一个活动提供基础和条件，后一个活动逐次把这些活动所创造的价值传递给客户，并使客户最终获得价值满足。

质量控制和成本控制两类价值活动与前面的活动链接是一种并列关系，但又通过这个链接，最终为客户提供价值满足。质量控制是对企业为客户提供价值满足的经营活动进行全过程控制。它贯穿于企业经营活动的每一个细节中，使企业经营活动的每一个细节都提供高质量的产品和服务，使最终传递给客户的产品和服务都是完美无缺的。

成本控制，也是对企业为客户提供价值满足的经营活动进行全过程的控制。它也贯穿于企业经营活动的每一个细节，它是要让企业经营活动的每一个细节都精打细算，节约每一分钱，使最终传递给客户的产品和服务不仅物美，而且价廉。

四、间接价值活动的两个方面

间接价值活动是企业不得不完成的活动，这种活动虽然不能直接给客户带来价值满足，但它却是企业直接价值活动得以有效进行的前提条件。之所以称之为间接价值活动，是因为这种活动只能通过直接价值活动的改善和提高，来增加客户的价值满足。但它不是辅助性价值活动，它在企业整个价值关联环节中的作用和意义并不低于直接价值活动，甚至这种价值活动所能给客户带来的价值满足会更大、更明显。间接价值活动主要包括两大类：基础管理和人力资源开发。

1. 基础管理的五个内容

这里的基础管理与波特的价值链分析模型中的企业基础设施不同，它强调的是企业针对人的行为进行的管理诱导。它贯穿于企业价值关联环节的每一个环节，在每一个环节上都可以发挥作用。因为，企业的经营活动为客户提供价值满足，并不是由机器自动完成的，而是由融入这个企业的员工，为了自身的利益满足努力工作来实现的。通常，人们讲“客户就是上帝”这句话实际上是不完整的，员工如果不能把客户当做自己的上帝，客户的价值就无法实现。有人朝拜上帝，上帝才在人们心中更有地位，否则上帝在人们心中的地位就会发生变化。

如何才能让企业的每个员工都把客户当做自己的上帝呢?

这只有通过有效的基础管理活动，调动员工的积极性，发挥员工的创造性才能做到。这也就是基础管理所要达到的目的。这种基础管理虽然并没有直接为客户带来价值满足，但却可以通过改变员工的态度和行为来影响客户价值的满足程度。

基础管理包含的内容概括起来主要有五个方面。

(1) 沟通授权。

沟通是联系员工利益和企业利益的桥梁。只有员工充分了解企业的发展目标和措施，以及自己为实现企业发展目标所要做的工作内容和标准，员工才可能积极努力并创造性地做好工作（图3－9)。企业的目标就是通过为客户提供价值满足来实现企业的价值。这样，也就只有当员工充分明确客户的价值所在，以及自己工作与客户价值的关系时，员工的工作才可能为客户和企业增添价值。但仅此还远远不够，只有当员工明了他为客户和企业增添价值后个人的利益和欲望能够得到什么样的满足，并且让他感觉到他所作出的努力与他所得到的满足大体相当时，他才会积极努力并创造性地工作，现实地为客户和企业增添价值。

图3－9 下属员工的责任心和积极性就是这么调动起来的

沟通除了明确这些关系之外，还需要由它来完成上司对员工工作进程的及时把握、下属对上司主管为自己所制定的目标要求调整的及时把握，并在情感上实现融合，使员工能快乐地工作。

授权则是在让员工承担职责的同时，授予其能履行职责、保证职责完整落实的权利。这也就是授予员工做事的权利。要员工做多大的事，承担多大的责任，就要授予与之对应的权利，使之能够做好这件事，承担起这个职责。

沟通是前提，只有在沟通顺畅，双方都明确了对方的目标要求的情况下，才能根据所要做的工作本身的要求，恰到好处地授予权力。下属充分明确自己所应承担的责任和所享有的权利，才能做好工作。不满足这一前提的授权，是一种盲目的授权。盲目的授权不仅不会带来应该有的效益，甚至还会造成企业组织运行的混乱。也就是说，通过沟通让双方明确权责关系，并按照责任的大小授予权利。只有这样的授权，才能提升企业的运行效率。

沟通和授权是提高企业运行效率的重要活动，所以它是构成间接价值活动的一个重要方面。

（2）跟踪考核。

一项工作，一个职责，交由特定的人去承担，能否保证他真正把这项工作做好，完整地履行这项职责，仅仅明确权力和责任的往往是不够的。因为人是有惰性的，只有当外在压力和内在激励充分大时，这种惰性才会被抑制，所以，跟踪考核是保证下属员工做好工作的一种过程性控制。跟踪是随时随地地把握员工工作的进程和过程本身，考核是把下属员工所做工作的结果与对他工作的目标要求进行对比，看看是否达到了要求。

跟踪考核是知人、识人的一个基础，而知人、识人又是用人的基础。知人、识人不仅是对上司主管的要求，也是下属员工对自身的要求。知人、识人就意味着其价值得到正确评价和认同。任何一个人都希望自身价值能够得到正确的评价和认同，因而使这一活动本身就有调动下属员工积极性的作用。同时，又只有通过这一活动，才能直接把员工的努力稳稳地导向为客户价值作贡献的方向上来。

（3）奖惩激励。

奖惩激励，是指在下属员工承担完成一定的工作和职责之后，在客观、公正评价的基础上，对他的工作业绩和履行职责的好坏所给予的反馈。这种反馈一方面是从正面给予报酬，即对他所做的贡献在经济福利上或自我价值满足上给以回报；另一方面，从反面对他所承担工作的情况，即未能按既定要求履行职责所存在的差距，追究其责任，让他在经济福利和自我价值满足上蒙受一定的损失。在这里，这种奖惩的实施是以履职人的行为为依据的。这种奖惩也包含有实施奖惩人的偏好，鼓励什么、禁止什么，都会以这种反馈形式表现出来。这就促使下属员工调整其行为，使之按照企业的发展目标——客户所能获得价值满足的方向去努力。

（4）优化投入。

优化投入是使企业的不同时期、不同项目的投入相互配合、协调，以使投入给客户带来的价值总量最大化，这是一个方面。另外一个方面，它强调对每次投入进行单项计算时，也要尽可能实现价值最大化。这里的优化是从价值量本身的大小来界定的。这里所讲的价值既是客户价值，又是企业价值。只有投入实现了优化，才能保障客户价值和企业价值。

（5）协调关系。

这里所讲的协调关系包括三个方面的内容：

①企业内部不同单位、不同部门以及不同岗位角色，在为客户创造价值的过程中，要实现行为、活动的彼此协调和配合，以服务于客户价值满足这一目的。

②企业内部不同业务流程彼此之间相互配合、协调，以使企业系统中的各个子系统的作用都指向客户价值的满足和企业价值的增值。

③企业和客户之间的价值也需要协调。企业价值的实现依存于客户价值的实现，但二者并不是同一关系。企业通过为客户带来价值满足后，使客户对他获得的满足所愿意支付的等价物大于企业为提供这种满足所投入的成本。在这种情况下，企业的价值才能够得到提升，企业也才能够实现发展。这里要注意的是，如果企业利用客户对其所实现的价值满足的高评价赚取暴利，客户就会有受欺骗的感觉，这又会导致这些客户的回头率降低，进而降低企业发展的稳定性并降低企业价值。

2. 人力资源开发的三条途径

为客户提供价值满足，需要不同专业、不同类型的人才提供不同层次、不同技能的服务。这不同专业、不同类型的人才，就是企业实现其价值的人力资源。开发获得这种资源的途径有三个：

（1）人才选聘。即通过面向社会、面向市场招聘，选用企业为客户提供价值满足必须的各级、各类人才。

（2）培训开发。即对企业为客户提供价值所需要的专门人才，通过企业内部组织培训或外派学习，使所需专门人才在企业内部已有员工中产生和发展。

（3）潜能发掘。即通过一定的方式，使员工有机会根据自己的偏好和志向，选择自己的工作，或者提供其实践的机会，使员工发现自己的潜力。这样，即可把员工的潜力逐渐转化为现实的能力为企业所用。

3. 间接价值活动和直接价值活动之间的关系

间接价值活动不仅在直接价值活动这个链接的起点上发挥作用，而且在链接的每个环节及其每个环节的细节上都发挥作用，它会让直接价值活动进行得更有效率和效益，但它不能直接为客户带来满足。正是从这个意义上讲，直接价值活动构成间接价值活动的媒介。

间接价值活动中的基础管理与人力资源开发这两项活动本身又构成一

个链接。基础管理构成人力资源开发的上一个链接环节。也就是说，基础管理也会直接作用于人力资源开发活动，人力资源开发活动又构成了基础管理的媒介环节。但基础管理又同时作用于直接价值活动的七个环节上的所有活动。间接价值活动和直接价值活动的关系如图 3－10 所示。

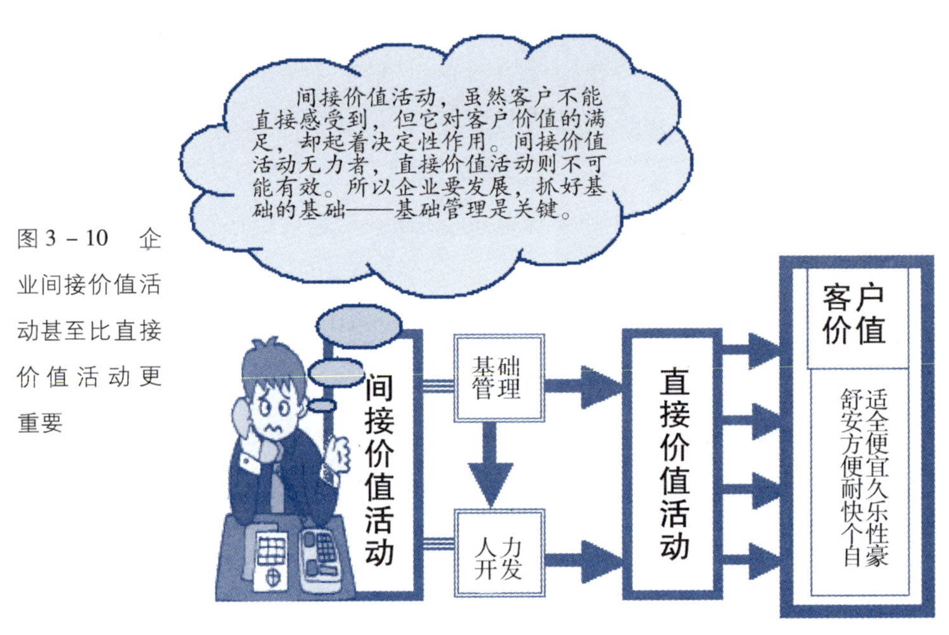

图 3－10　企业间接价值活动甚至比直接价值活动更重要

五、运用价值关联关系分析模型制定决策的三个要求

价值关联关系分析模型（图 3－11）可以为企业经营管理决策提供有用的帮助，但其运用必须满足以下三个条件。

（1）价值关联关系分析模型是建立在系统思考基础上的，它是企业经营管理决策的系统分析模型，它强调要把企业的大小决策都纳入这个系统进行分析，并在这种系统分析的基础上制定决策。所以，它要求企业决策人不仅要对自身企业有全面的了解，而且要学习掌握企业价值关联系统知识。

（2）价值关联关系分析模型要求企业决策人在思想观念上实现转变，即企业经营的核心要服务于客户，为客户创造价值，为客户提供满足。这在很多企业要付诸实践却有很大的困难。现实中仍有不少企业的经营思路是只要能骗一把，就绝不会放过这种能赚钱的机会。

（3）价值关联关系分析模型对每个价值活动环节的具体内容都要求根据自己企业的实际进行分析，没有固定的模式可以套用。

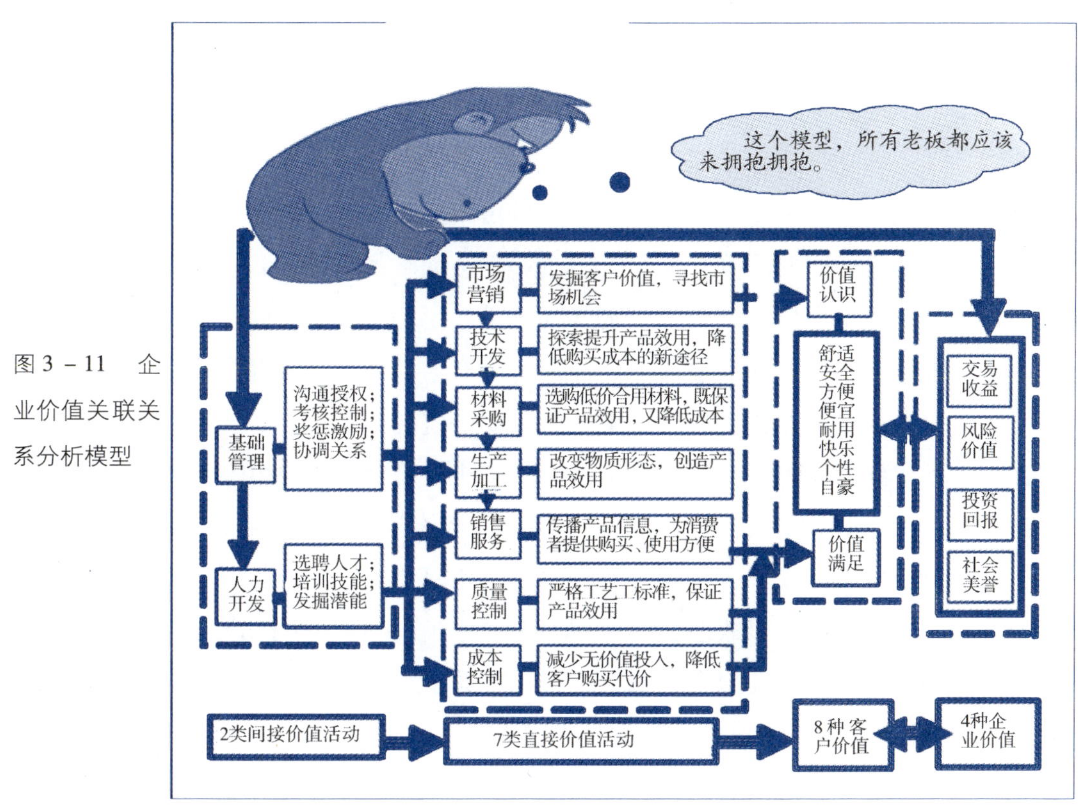

图 3－11 企业价值关联关系分析模型

六、五种竞争作用力

在企业转产重新构建价值链的决策上，波特的行业市场结构分析模型是一个很有用的决策分析工具。

企业转产的目的，也就是为了寻求新的发展空间，而“决定企业赢利能力的根本因素是行业的吸引力”。[①] 任何行业，无论是国内的还是国际的，无论是生产有形产品的还是提供无形服务的，竞争都会体现在新的竞争对手入侵、替代品的威胁、客户的议价能力、供应商的议价能力、现存

① 迈克尔·波特．竞争优势，第1版．北京：华夏出版社，1997年，第3页．

竞争对手之间的竞争五种竞争作用力上。这五种竞争作用力直接制约着行业的赢利能力。企业所进入的行业好不好，也直接与这五种竞争作用力所形成的结构相关。

1. 新的竞争对手入侵

这就意味着又有新的企业挤进自己企业所在的行业，来抢夺既定市场，使企业所提供的产品或服务的客户有了新的选择。

为了保持自己原有的市场地位，必须付出更多的努力，使自己的产品或服务质量更高、价格更低。如果做不到这一点，并且自己的企业又没有被广泛认同的品牌，那么自己企业就会面临严重的危机。

质量和价格一般是新进对手挤占、分割市场必然会选择的手段和途径，并且这里的竞争还不是与末位的竞争。行业中有了新的竞争者，你的企业即使是龙头老大，也不免要蒙受一定的损失。

新的竞争者所挤占的市场，尽管主要是从行业中相对弱小的企业的市场份额中分割的，但往往行业龙头老大也会多少损失一点，至少使它感到竞争压力的提升，不得不更谨慎地对待每个客户。

有这样一个故事：两人结伴旅游，遇上了一只老虎，一个人拼命跑，另一个人说："跑有什么用！再快也跑不过老虎。"拼命跑的人回答说："跑不过老虎，但能跑过你。"

老虎只需要有一个人供它一餐，不会把几个人都逮住。而新的竞争对手的入侵，却会对行业内所有企业构成竞争威胁。

2. 替代品的威胁

替代品的出现也就是一个或一群新的竞争对手的出现。因为它同样是让已有客户有了新的选择，因此，替代品越是接近原产品的性能，其价格差越大，就越是会促使已有客户作出新的选择，降低原产品企业的已有市场份额。

3. 客户的砍价能力

这种能力一般来自于一种买方垄断。买方相对集中，会因为其购买量的关系，迫使整个行业的企业不得不把更多的利益让给客户。如果这种集中达到了极端状态，形成了寡头垄断，就不仅仅是议价能力的问题，而直接是拥有制定标准、制定价格的权力。比如国家为了保障棉花的质量，实行统购，棉农却不得不为此付出被压价、压级的损失。统购使棉农没有选择，棉花不能吃、不能用，出售又没有第二个收购商，就只能被动地接受统购商的统一定价和质量标准。

4. 供应商的议价能力

供应商的议价能力与客户的议价能力来自同样的原因——垄断。任何产品生产的供给都不可能完全自给，这就使得任何行业的企业都必须对其供应商存在一定的依存关系。所依存的供应商只要存在一定程度的垄断，就会加强它的议价能力。

同样，供应方垄断程度越高，其议价能力就越强，这个行业的企业就越是处于不利地位，就越是不得不转移更多的利益与供应商，从而降低整个行业的企业赢利能力，甚至使之处于经营无利状态。

5. 行业内竞争对手之间的竞争

这种竞争是按已有的实力来分割市场份额。但这种按实力划定的市场份额的平衡也很容易被打破，从而使这个行业内的任何企业都不敢忽视竞争对手任何细小的市场动作，稍有不慎，自己的市场份额就有可能被竞争对手挖走。

七、价值链接重构决策分析模型：行业市场结构分析模型

上述五种竞争作用力，综合起来就决定了这特定行业中的企业获利能力。这五种作用力的综合作用力也会随行业的不同而不同，随行业的发展而变化。

正是这种不同，使整个行业的赢利能力，不仅取决于产品的技术含量高低，更取决于这种结构本身。

所以，企业进行行业转换决策时，也就必须对其行业结构进行思考和选择。波特教授详细地分析了五个竞争作用力的影响因素（参见图 3－12）。

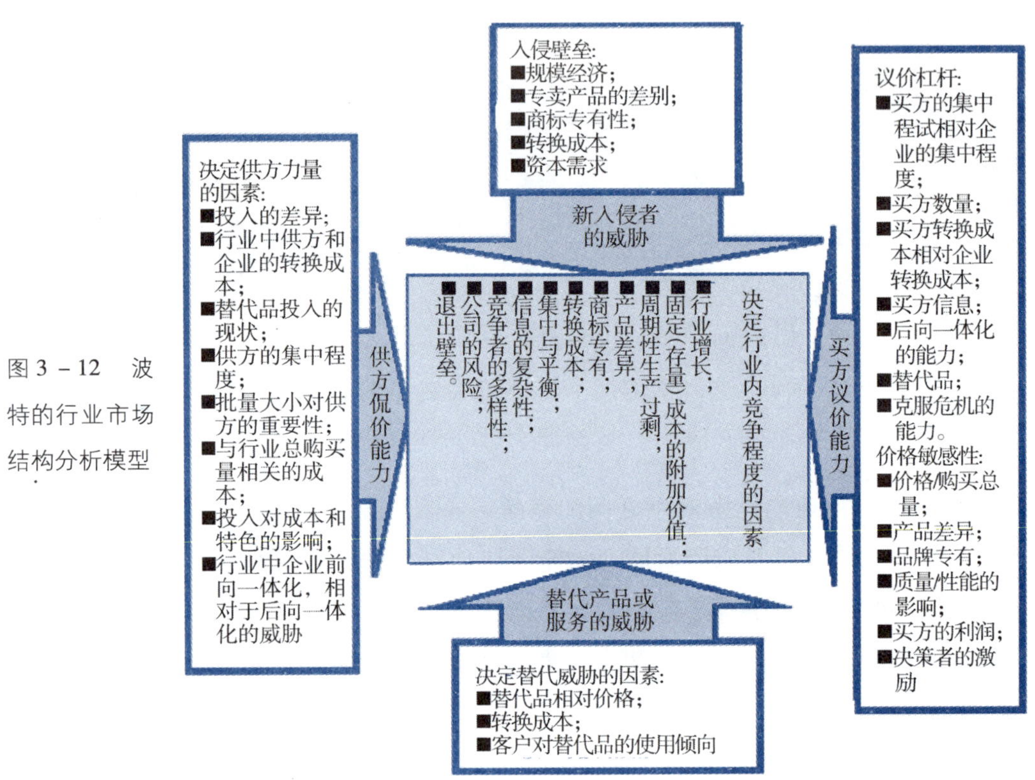

图 3－12 波特的行业市场结构分析模型

尽管行业结构是可以改变的，但在进入前不能过于依赖对行业结构的改变来选择自己的新价值链、新客户。不仅行业结构的改变需要强大的实力，而且它本身也是一把“双刃剑”，因为它能改善行业结构的赢利能力，同时也会轻易地破坏这种赢利能力。例如，消除入侵壁垒会加快新产品的设计，尽管新产品的推行者会暂时获取巨额的利润，但它可能会毁坏行业的长期赢利能力的基础。

一般情况下，企业在进行业战略决策时，往往总是忽视对行业结构可能会造成的长期影响，只看到一时的成功对自己竞争地位的暂时改善的一面，而不能预见竞争对手的反应可能会造成的不良后果。如果主要竞争对手都纷纷效仿，也就必然大幅度地削弱行业结构的赢利能力，使行业内的所有企业都深受其害。

不过，如果行业内的所有企业都奉行谦让无为的市场战略，也不一定能完全缓解行业内的竞争，因为这会诱使新的竞争对手进入，进而挑起竞争。所以，行业内竞争的激烈程度越高，就越有助于抑制新竞争对手的进入。

八、企业经营管理决策制定的程序方法

如果说完善决策内容体系是提升企业经营管理决策质量、减少决策失误的基础，那么选择运用科学的决策分析方法则是其关键，严格决策制定管理程序则是其保证。有完善的决策内容体系，但决策人制定决策时并不把所要制定的决策纳入这个完整的体系进行思考和分析；有科学的决策分析方法，但决策人制定决策时，习惯于拍脑袋决策。如果这样，决策失误就仍不可避免。

企业经营管理决策的一般管理程序要求，主要有以下六个方面：

（1）确定所作决策在企业整个决策内容体系中的位置，以避免顾此失彼造成的失误。

（2）选择确定决策分析方法，使决策建立在科学分析、优化论证的基础上。

（3）强调决策的每一个环节和步骤都要求在周密规划的基础上进行，以消除决策行为的随意性。

（4）详尽决策过程记录，以便事后能明确决策不同阶段、不同环节的责任人。

（5）细分决策过程，细分决策责任，以使参与决策的人能够以他在这个企业所实现的经济福利和权力、地位来承担责任。

（6）严格企业决策制定的管理，建立和完善决策制定管理制度规范。

1. 进行决策内容体系定位

很多决策人对他要制定的决策在整个企业决策内容体系——企业目标体系中居于什么位置，与其他企业决策是什么关系，并没有准确的了解。这是导致决策顾此失彼、相互不协调而失误的根本原因。因此首先必须让决策人明确其所要制定的决策在整个企业决策内容体系中的位置及其相互关系，以提升企业整体决策的质量。

这一步要求决策人对以下问题进行思考，并予以回答：

（1）所要制定的决策，从时间序列上分析，属于哪个时间段上的决策？

（2）所要制定的决策，属于七大决策之中的哪一类？

（3）所要制定的决策，要服务的高一层次的决策是什么？或者说它是哪个目标决策的措施决策？

（4）它的下一层次的决策大致有哪些？或者说它是哪些措施决策的目标决策？

（5）所要制定的决策，从组织内部关系分析，它属于哪个层次？

（6）所要制定的决策，对于企业的存在和发展来说，存在什么样的风险？

（7）决策常常可能会在何处失误？

（8）决策失误的后果是什么？

（9）我对这个决策的后果承担什么责任？

（10）我以什么来对这一决策的后果承担责任？

2. 确定决策分析方法

确定决策分析方法，是对所要制定的决策必须采用的分析方法进行选择。不同的决策可以运用的方法不同，究竟选择什么方法，会直接影响决策质量。决策分析方法不对，决策质量必然没有保障。抛硬币或凭直觉进行决策，也都是一定的决策分析方法，只不过它们与决策内容没有任何联系罢了。如何恰当地选择确定决策分析方法至关重要。

这一步要求决策人必须对以下问题进行思考：

（1）可供选择的决策制定分析方法有哪些？

（2）各种方法的操作难易程度如何？

（3）本人或本单位能熟练运用的方法有哪些？

（4）各种方法的运用成本如何？

（5）运用效果比较好的方法是什么？

（6）综合考虑选择何种方法最恰当？

3. 周密规划决策过程

周密规划决策过程，是要求对企业的不同决策作出详细的决策流程分析和决策程序说明，在对具体问题制定决策之前，对决策流程和程序作出详细的界定。当需要对具体问题制定决策时，严格按照事先确定的决策流程和程序来实施。这就可以有效地避免决策的随意性。

这一步要求必须对以下问题进行思考，并作出回答：

（1）决策的目标是什么？

（2）决策赖以制定的关键信息有哪些？

（3）由谁对决策的结果承担总的责任？

（4）由谁对决策的不同环节和步骤上的工作承担责任？

（5）决策的时限和地点有何特别要求？

（6）制定决策的每项工作的先后顺序应该如何安排？

（7）由谁对决策的贯彻实施承担责任？

（8）决策修正的条件和程序是什么？

回答了以上问题，也就把决策过程的规划制定出来了。有了周密规划的决策过程，从信息收集一直到决策的贯彻实施都明确了标准要求和责任人，这样谁都不敢再随心所欲、不负责任地参与决策活动了。

4. 细分决策过程和决策责任

细分决策过程和决策责任，也就是通过对决策过程本身进行细分，让决策过程的每一个环节、每一个步骤都有具体的责任人。并通过这种细分，使参与决策的人所拥有的决策责任承担能力与参与决策的责任相适应，以保证负责任地参与决策。把一个有重大影响的决策，按照制定程序的要求，分步骤确定责任人，特定的人只对特定步骤上的决策工作负责，这也就通过分散责任降低了对决策人的责任承担能力要求。

（1）决策过程细分。

决策过程细分是把一个连贯的决策过程细分为多个步骤、多个环节，使每个步骤和每个环节的工作相对独立地进行。这既可避免因工作遗漏而导致的决策失误，又可为明确界定责任人提供基础。这一步工作要求与决策过程规划结合起来，并且也只能在对决策过程进行科学规划的基础上进行。

决策过程可从以下七个方面进行细分：

①关系到企业存在和发展的外部环境变化信息的收集。

②对这种变化信息进行跟踪调研。

③确定是否对这种变化作出反应。

④收集可用做环境变化反应的措施办法。

⑤比较反应措施办法，并讨论拟订决策预选方案。

⑥对预选方案进行比较，选择最优方案。

⑦具体贯彻实施方案。

（2）决策责任细分。

它是针对决策过程的每一步和每一个环节的责任大小和承担方式所作的界定，其内容包括对以下五个问题的思考和解答：

①决策信息收集人的责任及承担责任的方式是什么？

②决策方案拟订人的责任及责任承担方式是什么？

③决策讨论参与人的责任及责任承担方式是什么？

④决策拍板人的责任及责任承担方式是什么？

⑤决策实施过程负责人的责任及责任承担方式是什么？

5. 详尽决策过程记录分析

详尽决策过程记录分析，就是在决策的实施过程中，严格按照决策过程规划的内容进行记录，如实地反映决策实施过程与决策过程规划之间的关系，以便于事后进行检查，并明确落实责任人。记录的内容要求与规划的内容相一致，如果决策实施过程在哪个环节、哪个步骤上没有按照决策规划过程进行，必须有具体明确的说明。

决策过程记录必须说明以下五个方面的问题：

①没有严格按决策过程规划实施的环节、步骤是什么？

②为什么没有严格按决策过程规划制定决策？

③是谁批准突破决策过程规划的？

④这样的可能后果是什么？

⑤应该由谁对这种后果承担责任？

6. 完善企业经营管理决策制定管理制度

决策制定管理规范化，是实现企业持续快速发展的一条重要途径。一个典型的例子是上海仪电控股（集团）公司。到1999年底，它已经是一个拥有七家全资子公司、四家控股的上市公司、十家合资公司、两家有限责任公司的大型企业集团。其决策制定管理规范化是其实现持续快速发展的重要因素。它所制定的管理系列制度中，除了财务预算管理制度和产权事务管理制度之外，都是关于企业经营管理决策方面的管理制度。

企业的决策制定管理规范一般包括两大类制度：一是决策程序管理制度，二是决策方案论证管理规范。下面简要介绍企业必须有的两类管理制度内容。

（1）十个必不可少的决策程序管理制度。

①股东会决策程序管理制度：其目的是保证股东的决策参与权力。其内容《公司法》中有明确规定。

②董事会决策程序管理制度：其目的是保证董事会的决策能按照科学的方法和合理的程序进行，避免企业领导人独断专行或拍脑袋决策。其内容包括对决策种类的分析和不同种类决策制定过程的分步骤标准和要求的界定。

③筹资决策程序管理制度：其目的是优化筹资渠道组合、节省筹资成本、规避负债风险。其内容包括对不同筹资渠道的可能性分析、不同筹资渠道的成本和风险分析，以及筹资决策制定过程的分步骤标准和要求的界定。

④投资决策程序管理制度：其目的是最大限度地降低投资决策的失误，提高投资收益，避免因为感情、情绪等因素而导致决策失误。其内容包括对投资的收益分析、风险分析、可行性分析和投资方案的优化选择，以及对决策实施的活动步骤和决策活动责任人等内容的界定。

⑤市场战略决策程序管理制度：其目的是保证企业经营战略的完整性和企业核心竞争力的建设，避免跟风随机决策和拍脑袋决策。其内容包括对市场战略的可行性分析、价值关联关系分析及决策制定过程的分步骤标准和要求的界定。

⑥人才战略决策程序管理制度：其目的是保证企业发展战略的贯彻实施，服务于企业核心竞争力建设。其内容主要是对人才战略决策制定过程的分步骤标准和要求的界定。

⑦重大市场决策程序管理制度：其目的是保证市场决策对市场战略的贯彻实施，并具体形成企业的核心竞争能力。其内容主要是重大市场活动的可行性分析、风险分析、成本收益分析，以及决策制定过程的分步骤标准和要求的界定。

⑧一般市场决策程序管理制度：其目的和内容与重大市场决策程序大致相同，但要求相对简单，决策的参与人和责任人层次相对较低一些。

⑨中高层管理人员选拔任免程序管理制度：其目的是在中高层管理人员的选拔任用上，真正做到任人唯贤、任人唯能，保证选好人、用好人，不漏选对企业发展有用的高层人才，不错选金玉其外、败絮其中的庸才，

并在人工成本一定的情况下，选用最优秀的人才来充实企业的相关管理岗位，提升企业的经营管理水平。其内容是根据企业的实际情况把上述内容具体化、明确化。

⑩一般管理人员选拔任免程序管理制度：其目的和内容与中高层管理人员选拔程序管理制度大致相同，但要求相对简单，以降低决策成本。

（2）两个决策方案拟定论证实施规范。

①重大投资项目决策方案拟定论证管理细则：其目的是避免投资的盲目性，以保证获得充分的投资回报，降低投资风险。其内容包括方案拟订的基本要求、论证的基本方法。

②一般投资项目决策方案拟定论证管理细则：其目的和内容与重大投资项目决策方案拟定论证实施细则大致相同，但要求相对简单，以提升决策的反应速度，降低决策成本。

第四章

两个程序化决策制定的程序方法

在企业的经营管理决策中，只有筹资决策和质量标准决策属于程序化决策。其程序要求也比较简单，两者都有比较固定的分析计算内容和方法，通过算术加减，就可得到优化方案。因此，只要坚持通过分析计算进行优化选择来制定决策，一般不会有什么失误。

一、筹资决策的制定程序要求

1. 筹资决策要达到的三个目标

（1）获得企业运行和发展的所需资金来源，即可行的筹资渠道。募股得有人掏钱，负债得有人借钱，企业自筹得企业有经营收入和利润。

（2）筹资成本尽可能低。不仅要保证能筹到资金，而且所花费的筹资成本还要尽可能低。

（3）筹资风险尽可能低。即还债期限要尽可能分散，不会因为还债期限过于集中而导致企业债务危机。

2. 筹资决策的程序要求

筹资决策的程序要求，主要有如下几点：

（1）明确投资需要，制订筹资计划。

（2）分析寻找筹资渠道，明确可筹资金的来源。

（3）计算各个筹资渠道的筹资成本费用，即计算筹资费用率，每 1 万元资金所需筹资成本。银行贷款的筹资成本主要是利息和贷款交际费用；

股票筹资主要是股票发行费用；供货商和经销商信贷（供货款占用和预付款占用）主要是谈判费用，这种信贷一般是无息的；企业利润反耕融资主要是投资机会成本。

（4）分析企业现有负债结构，明确还债风险时期。

（5）分析企业未来现金收入流量，明确未来不同时期的还债能力。

（6）对照计算还债风险时期，在优化负债结构的基础上，选择安排新负债务。

（7）权衡还债风险和筹资成本，拟订筹资方案。

（8）选择筹资方案，在还债风险可承担的限度内，尽可能选择筹资成本低的筹资渠道以取得资金。

3. 企业发生债务危机的原因

现实企业运行中之所以会发生债务危机，甚至由这种债务危机而导致企业破产，就是因为筹资决策失误所致。筹资决策失误又主要是没有严格进行筹资决策的程序管理。

（1）没有对筹资渠道进行组合。

（2）没有对负债结构进行优化。

（3）对企业未来现金收入流量判断估算有误。

（4）决策随意化。

二、质量标准决策的制定程序要求

质量标准决策比筹资决策涉及的问题更简单。决策目标是为客户提供尽可能高的效能价格比的产品和服务，就企业价值而言，则是谋求尽可能高的质量成本比。效能就是质量，如果质量的提升不会导致成本的上升，即产品价格的上升，当然是质量越高越好，否则，就必须对质量标准进行选择。质量成本比或效能价格比很容易计算。

一般而言，随着质量改进投入成本的增加，产品质量水平也会提升，但提升的速度并不一样，只有当投入成本的增加，不再带来质量水平的增加时，这个质量成本比才能达到最大。

在质量成本曲线上，总有一个点使其斜率达到最大。斜率最大处的质量成本比最大。质量标准决策的程序要求比较简单，主要有以下四步：

（1）明确企业质量决策指导思想，无论是相对于客户，还是相对于企业自身，凡是要花代价的质量，绝不是标准越高越好。

（2）分析计算质量成本比或效能价格比，用公式表示，即 $P=Q/C$。当 $P=(Q_1-Q_0)/(C_1-C_0)=0$ 时，P 的值最大。

（3）根据最优方案制定质量标准。质量标准的制定，除了主要考虑质量成本比和效能价格比之外，还要考虑竞争对手的质量标准。但在一般情况下，质量标准的决策不能背离最高效能价格比太远，否则投入得不到补偿，企业经营必然会陷入困境。

（4）对质量标准进行分步分解，即在总的质量标准下，确定生产各个步骤的质量标准。

第五章

行业选择决策制定方法

行业选择决策可分为新行业进入决策、行业组合优化决策两种。前一种决策是指在企业现有行业之外，进入一个新行业经营，这是一种单一的行业进入决策。后一种决策则是对企业的现有多个行业进行取舍调整，一方面从一些行业退出来，另一方面又进入一些新行业，以实现企业的行业优化组合。这两类决策面对的问题就是一个，即对特定行业是选还是弃的问题。

行业选择决策是企业发展中的重大决策，必须慎之又慎。要保证行业选择决策不失误，就必须运用行业市场结构分析模型和价值关联关系分析模型，并在完成行业市场结构分析判断和关联共享分析判断后再作决策。

一、行业市场结构分析判断

行业市场结构分析的目标，是确定所要进入的行业是否具有充分的发展空间和赢利空间。他人在这个行业赚钱赚得让人眼馋，但对自己不一定是一个理想的行业。比如，在供方或买方存在高度垄断的行业，在市场不完善的情况下，有人可利用这种市场结构特征赚大钱，但换一个人则可能经营不下去。由此可见，行业市场结构没有绝对的好，也没有绝对的坏，关键是与自己企业的实际相适应才好。根据波特的行业市场结构分析模型，行业选择决策必须分别从竞争力的五个方面进行分析判断。其分析可按行业内市场竞争激烈程度、替代品发展前景、上游供货商的垄断状况、下游买方市场的垄断状况及进入壁垒的顺序进行。

1. 行业内市场竞争激烈程度

这是对市场前景的分析判断和现在市场内竞争对手情况的分析判断。没有发展前景的行业是绝对不能进入的，如果这个行业已经没有任何发展的余地，其成长已经停止，即使这个行业的生命周期还有相当长的时间，也不能进入。进入没有成长余地的行业，只能分割挤占他人的市场份额，这必然导致超常的市场竞争。如果自己没有充分强大的实力，那么这种进入可能会全军覆没。即使自己企业实力足够强，也会消耗自己很大的精力，甚至两败俱伤。如果现在市场的成长率还比较大，但现有的竞争已经白热化，自己加入这个行业，更会加剧这种竞争的激烈程度，其后果可能与没有市场发展余地一样。这就要求对以下问题作出分析判断：

（1）总的市场成长率有多高？低于 5% 则风险高，高于 30% 则风险低。

（2）市场总容量有多大？是不是大到只需很少的市场份额就足以保证自己企业的规模经济？是则风险小。

（3）是否已形成相对垄断的市场格局？是竞争垄断还是寡头垄断？任何形式的垄断都会使企业进入该市场的风险加大。如果是竞争垄断型市场，自己的实力只要能与其中一家抗衡，进入尚有获胜可能；反之则相反。如果是寡头垄断，其进入的风险会上升很多。在竞争垄断市场格局中，也有可能被联合抵制，扼杀于进入的门槛上。但通过一定的战略，合纵连横，尚可取胜。如果是寡头垄断，这种可能性就不存在了。

（4）固定资产规模限制大不大？大则风险大。

（5）建设周期长不长？长则风险大。

（6）产品市场周期性波动大不大？大则风险大。

（7）产品差异化程度高不高？不高则风险大。

（8）市场销售的品牌限制大不大？大则进入风险大。

（9）专有技术在经营中的作用大不大？大则风险大。

（10）退出壁垒高不高？高则风险大。

通过分析判断，只有所有风险都是自己企业可以承受的，才可以考虑进入的问题。

2. 替代品发展前景

替代品的发展会带来更激烈的竞争，尤其是替代品与原产品性能接近而价格又低廉的情况下。其分析判断包括：

（1）替代品性能差距是不是足够大？如果客户能容忍这种差距，则进入风险大。

（2）替代品的价格是否足够低？如果低得足以让人忽视其性能差距，则风险大。

（3）向替代品经营转换的成本高不高？高则风险大。

（4）客户对替代品的使用是否介意？不介意则风险大。

通过分析判断，只有所有风险都是自己企业可以承受的，才可以考虑进入的问题。

3. 上游供货商的垄断状况

上游供货商的垄断会降低行业的赢利能力，这是对行业选择的一个否定因素。至于对进入本身的作用，它则是一把“双刃剑”。新进入者可通过与上游供货商结成联盟来增加自己的竞争力。但原来的市场若存在一定程度的垄断，它也可以通过与供货商结成联盟以抵制新进入者，使之成为抵制新进入者的武器。如果上游供货商存在垄断，并且行业原有市场也存在一定程度的垄断，双方结盟就比较容易，其可能性就会增加。这种情况下进入该市场则是冒险，甚至直接是死路。

4. 下游买方市场的垄断状况

下游买方市场的垄断作用与上游供方市场的垄断作用完全相同，其分析判断的思考方式也完全相同。

5. 进入壁垒

进入壁垒是行业内现行市场的企业对新进入者可能采取的抵制措施。这种壁垒的高低与行业原有市场结构相关。市场越是相对分散，其壁垒可能越低，其作用也越有限。

如果通过分析判断，前四种竞争力带来的风险没有让人望而却步，那么须进一步思考分析以下问题：

（1）你的企业作为新进入者，会遇到原行业中企业的何种抵抗？

（2）你的企业能跨越这一行业的规模经济门槛吗？

（3）你的企业会受到专卖产品的差别、商标专有性、研究开发能力的专有性、低成本产品设计的专有性等方面的限制吗？

（4）你的企业能在较短时间内构建出自己特有的分销渠道吗？

（5）你的企业有可能形成自己的绝对成本优势吗？

（6）你的企业有必不可少的筹资渠道来保证其投入资金需求吗？

（7）政府政策会支持你的企业的选择吗？

（8）你的企业能承担退出这一行业的风险吗？

不过，即使你对上述所有问题都作出了比较圆满的回答，也还不能马上就进行决策。这里的分析判断仅仅是对外部环境的一种分析判断，自己企业的内部实际还可能存在制约因素，你还需三思。

二、关联共享分析判断

对企业内部的实际进行分析判断，主要是运用价值关联关系分析模型，就企业现有价值关联活动与进入的行业的价值关联活动进行价值关联共享关系分析判断，从企业内部的实际来分析论证行业进入决策。

1. 价值关联共享关系

所谓存在价值关联共享关系，就是在这个企业的不同价值活动中，同一个价值活动可为多个方面的企业生产经营——不同方面的客户价值提供满足。在一般情况下，价值关联共享环节在为多个行业的生产经营提供服务时，会增加一定的投入，但所投入的成本费用会低于重建同样的价值关联环节的费用。有些行业的生产经营，可以直接不做任何追加投入，就可由原有的价值活动来提供相应的服务；有的尽管也可以实现价值关联共享，但却要追加相应的投入。

2. 关联共享分析判断

所谓关联共享分析判断，就是把企业想进入行业的价值关联环节与企业现有价值关联环节进行对应分析，以分析判断：

（1）二者的价值活动之间是否存在关联？

（2）关联价值是大还是小？

（3）二者的价值活动之间是否存在共享？

（4）共享程度是高还是低？

价值活动之间存在关联关系，也就是一个行业的价值活动可直接从另外一个行业的价值活动中获得关联价值，节省成本费用投入或其他支持。

所谓关联价值的大小，是指这两个行业之间所获得的这种关联价值量的大小。大则意味着一个行业从另外一个行业所获得的成本费用节省和支持多，反则相反。价值活动之间存在共享，即新进行业的价值关联环节在某些或全部环节上，无须组织或只需部分组织共享价值活动。对于企业价值关联环节上的两类不同价值活动，无论在哪个或哪些环节上存在共享，都意味着企业在共享价值活动中的投入可以成倍地发挥作用，以提高企业投资的效率。不能实现共享，则意味着企业在这个不同的行业中经营，必须重新投入人力、财力、物力来相对独立地构建整个价值关联环节中的每一个环节。在这种情况下，不同行业的经营，就不可能获得价值关联共享的经济效益。

一般而言，价值活动关联共享环节越多，关联共享程度越高，给企业带来的价值关联共享效益就越大。

3. 价值关联共享效益

价值关联共享效益是企业规模经济的一个重要方面，但在现实的企业经营中，人们更多的只是想到同行业、同产品的规模经营所带来的规模效益，很少深入分析相关行业的生产经营，通过价值活动的关联共享实现的规模经济。

关联共享分析，是对企业进行行业重组决策和业务重组决策的重要前提。20 世纪 90 年代中期之后，中国大地上掀起了一股资本经营——进行企业产权重组的浪潮，绝大部分都以失败告终，有的甚至因此而陷入破产倒闭的境地。这其中一个很重要的原因，就是他们没有对这种价值关联共享关系作分析论证，导致不同行业、不同产品的生产经营被组合到一块儿之后，不能带来整合形式的规模经济。他人经营亏损，购并过来之后，仍是无法改变经营亏损的命运。有一家在 20 世纪 90 年代中期有相当知名度的企业，1997 年走上了资本运营的道路，希望通过零资产兼并这种低成本扩张方式实现企业的大规模发展。它先后在全国兼并了 13 家企业，这些企业与企业之间，在行业和产品的经营生产上，不存在任何形式的相关性，有建材、纺织、酿造、化工、机械等多个行业、多个产品的生产经营。也就是说，兼并进来的企业在行业上相互之间不存在足够多的价值活动关联共享，无法获得这种关联共享规模效益。结果在一年之后，该企业又不得不把以零资产收购进来的企业退还给原有的企业所有者。但在这期间，这个企业把它所能动用的流动资金，都花在这些企业的生产经营恢复工作上，整个企业一下子陷入困境，甚至到了等待破产清算的境地。

由此实现成功发展的海尔集团，通过吃休克鱼的办法成功地兼并了大量的困难企业，并在很短的时间内实现了扭亏为盈，从而创造出海尔奇迹，使海尔由20世纪90年代初到2001年实现了40多倍的规模扩张。从海尔的成功经验来看，它所收购兼并的企业，在行业上存在高度的一致性，大多属于它所从事的老本行——家电行业。海尔在这个发展过程中也曾留下过一个败笔，它在20世纪90年代中期进入了医药保健行业。但事实表明，这个行业并没有为海尔的发展提供什么帮助，甚至还在一定程度上拖累了海尔的发展。医药保健行业和家电业是两个完全不同的行业，在整个海尔集团的价值关联环节中很少有可共享的环节。也就是说，医药保健产品的经营无法从家电产品的生产经营的价值关联环节上获得一定的价值活动共享。海尔以其完美的服务建立了庞大而密集的高效销售网络，它的家电产品种类齐全，而且质量过硬，使它的专卖店获得了长足的发展。可是客户并不能从对家电的满意过度到对医药保健产品的满意上来，也不会到家电专卖店去购买医药保健品。在这里，两类产品就无法在销售服务这一价值活动环节上实现共享。而高效的销售网络却是海尔核心竞争力的一个重要方面。

4. 关联共享分析的具体操作方法

进行关联共享分析，就需要计算出这种关联共享价值大小。关联共享价值的大小完全可以通过类比预测精确地计算出来。比如在上下游行业之间存在的市场营销、销售服务与材料采购之间的价值活动的关联价值，就可直接通过计算销售费用率和采购费用率来准确地计算。假如一个企业进入了它的上游行业的生产经营，可节省的采购费用可直接用其材料用量乘以采购费用率得出。假设它所用的材料的采购费用每单位150元，全年需用2000个单位，所节省的采购费用为150元×2000=300000元。与此同时，新进入待业的生产经营还可节省一定的市场营销和销售服务费用。假设每单位产品的销售费用率为60元，向企业集团内部销售2000个单位，其市场营销和销售服务费用的节省额为60×2000=120000元。两项相加，得关联价值420000元。共享价值的计算则可直接通过价值活动节省的费用预计数得到。

在这种计算前，得首先通过表3－14（价值关联共享对应分析表）进行分析判断，以确定所存在的价值关联共享环节。

甚至为了简便，可只计算一个大致趋势，这可直接在定性的基础上进行比较后得出结论。比如，用“+”表示关联共享，没有“+”表示不存在关联共享价值；一个“+”表示存在部分关联共享价值；两个“+”表示存在较多的关联共享价值。把“+”统计起来，进行比较，就可相对准确地确定关联共享价值的大小。

比如有一个生产石油机械的企业，想进入冶金的轧钢生产。下面就这两个行业的关联共享分析列表，表3－14为价值关联共享对应分析表。

表3－14　价值关联共享对应分析表

石油机械 轧钢	基础管理	人力开发	市场营销	技术开发	材料采购	生产加工	销售服务	质量控制	成本控制
基础管理	+								
人力开发		++							
市场营销					+				
技术开发									
材料采购									
生产加工								+	+
销售服务					+				
质量控制									
成本控制							+		

通过分析发现，原企业从进入冶金轧钢行业所获得的关联共享价值非常有限。冶金轧钢行业作为石油机械行业的上游行业，只能为原企业提供材料采购、质量控制和成本控制带来微弱的价值。这个企业因为规模和实力有限，进入冶金轧钢行业根本不可能获得规模经济效益。所以，能给它原有行业经营带来的关联价值就不可能太大。冶金轧钢行业的经营从石油机械行业中所能获得的关联价值也仅仅是市场营销和销售服务的投入上的微弱节省。

这两个行业之间的共享价值也不多，仅仅在间接价值活动的两个环节上存在共享。即企业若在这两个行业经营，只能在基础管理上实现部分共享，并且还不能用一套管理班子同时直接管理两个行业的生产经营服务，因为行业差别大，原石油机械行业的经营管理力量不可能全部兼做冶金轧钢行业的经营管理。但在人力开发上可实现较多的共享，稍微增加规模即可为两个行业的生产经营提供所需服务。

这个企业的这一行业进入决策，相对于整个企业而言就很难说是恰当的决策。这个企业的这一决策，刚付诸实施，效果如何，只能拭目以待。

三、新行业选择决策的五步程序

新行业选择决策程序，可概括为以下五步：

（1）收集预选行业资料。

（2）运用行业市场结构分析模型，分析确定两三个可供选择的候选行业。

（3）运用价值关联关系分析模型，对候选行业的两类价值活动，分别与企业原有行业的两类价值活动，进行两两关联共享对比分析判断。

（4）就二者的共享程度的高低，以及价值关联的多少、大小进行比较，“+”个数多的，即共享程度高，共享效益也高，共享程度高的行业，也就是优选的行业。

（5）确定新进行业。

四、行业组合优化决策的五步程序

新进行业组合优化决策程序，可概括为以下五步：

（1）收集预选行业资料。

（2）运用行业市场结构分析模型，分析确定2～3个可供选择的新进候选行业，及行业市场结构不佳的2～3个可供选择的退出候选行业。

（3）运用价值关联关系分析模型，对企业原有行业和新进候选行业的两类价值活动，分别进行两两关联共享对比分析判断。

（4）就共享程度的高低，以及价值关联的多少、大小进行比较，通过计算“+”的个数，确定共享程度高的行业。

（5）在新进候选行业中确定新进行业，在退出候选行业中确定舍弃退出的行业。

第六章

产品选择决策制定方法

所谓产品选择决策，就是对产品线的深度和宽度进行决策，选择优化的产品组合，使企业价值关联环节发挥作用，进而提高企业的经济效益。这种决策不是简单地拓展产品线的深度和宽度，而是要调整好企业现有的两类价值活动，拓宽目标客户的范围，降低企业发展风险。而提升这种决策质量的关键，就是进行关联共享分析判断和链接风险分析判断。

产品选择决策是在企业确定行业结构之后，对产品线的深度和宽度进行决策。也就是选择确立优化的产品组合，使企业价值关联环节的每一个活动都起到以一当十的作用，进而提升企业的经济效益，减少失误。提升这种决策的质量的关键，是进行关联共享分析判断和链接风险分析判断。

关联共享分析判断在这里解决的问题是如何让企业价值关联环节上的两类价值活动充分发挥其作用，在产品组合上实现优化，获得效益。其具体方法与前述行业选择决策中运用的方法一样。但这种分析判断仅仅是就企业内部活动进行的优化，而产品选择决策除了考虑企业内部的情况之外，还要考虑客户的情况，即目标客户的选择问题。这就需要进行链接风险分析判断。

在对链接风险分析判断进行介绍之前，先看一个例子。

有一个专门生产石油机械产品的企业，主要生产一种浅层油管。而这种浅层油管，是只有当油气层距地表相对距离在500米以内时才能使用的油管。它们的产品主要提供给一家有独特优势的油田。在这个油田，油气层相对较浅，这家石油机械厂所提供的油管完全合乎质量要求。因而，这家石油机械厂过分强调与这个油田的特殊关系，从而使自己企业价值关联环节的价值活动都只是满足这家油田的需要。十多年来，这个石油机械厂就依赖于这家油田实现了不错的发展。

但进入20世纪90年代末之后，企业普遍强化管理，这家油田为了降低生产经营成本，对外采购采取了公开招标的办法。结果使这家石油机械厂丧失了它十多年来赖以存在和发展的客户，而它的产品又无法广泛地适应其他油田的需要，因此，它一下子陷入了困境。它的价值关联环节无法在短时期内调整到广泛适应客户要求的基础上来，最后不得不淡出这一行业。

从上述这个例子我们可以发现，在企业的价值关联环节中，与客户的链接是存在风险的。如果这一链接仅仅指向独一无二的客户，那么这个客户的任何变化都可能给这个企业带来灾难性的后果。链接风险也就是由这种链接的客户对象本身的稳定性和范围的大小所决定的。所链接的客户越是不稳定，这种风险就越大；所链接的客户对象越是集中，这种风险就越大。反之则相反。

链接风险是中小型企业普遍存在的一种企业发展风险。其原因有以下三个：

（1）企业价值活动所服务的目标客户过于集中，让自己吊死在一棵歪脖子树上。

（2）企业价值活动所服务的目标客户需求不稳定，变化太快，无法及时把握、及时调整自己的价值关联环节来适应这种变化。

（3）企业价值活动所服务的目标客户需求总量没有增长余地，企业无法由此实现发展。

产品选择决策，不是简单地拓展产品线的深度和宽度，而是要在尽可能不对企业现有的两类价值活动进行调整改变的情况下，拓宽目标客户的范围，以保证新的目标客户与原有目标客户之间有充分多的一致性和相似性，从而在不进行什么大的企业投入的情况下，降低企业发展风险。

链接风险分析判断是通过对企业目标客户的相近、相似的客户价值共同点进行判断，以确定企业经营风险。一般而言，客户价值共性越大，企业为客户提供价值满足的价值活动环节共享程度就越高。具体方法，是运用“客户价值共性分析表”来分析确定企业在原有的目标客户周围还有多少潜在目标客户。只有当潜在目标客户足够多，并且所构成的市场容量足够大时，企业现有价值链接才没有风险。潜在目标客户直接构成目标客户发生波动的缓冲市场，使企业不会因为原有目标客户的丧失而陷入困境。其操作要点如下：

（1）分析确定与原有目标客户有近似价值的客户群体。

（2）将这些客户群体的价值内容与原有目标客户两两进行比较。比较方法是把不同类客户群体的价值内容与原有目标客户的价值内容进行对比。在“客户价值共性分析表”中，仍用“＋”表示价值内容的共性。两两比较，没有共性，就没有“＋”，用一个“＋”表示存在部分共性，两个“＋”表示存在完全共性。最后根据“＋”的多少来确定对应开发延伸的产品线。“＋”越多，就意味着企业原有价值活动与新的客户越容易建立链接，即企业改换服务对象，要做的价值链改造越少，企业现有经营的风险越低。

（3）找出相似性最大的，选择至少十倍于现有目标客户需求量的预备客户。

（4）对与原有目标客户具有近似价值的客户群体，按照所得“＋”的多少进行排序，确定产品线拓展的顺序。

现就童装与孕装、衬衣三类产品客户价值共性，两两列表分析判断如表3－15、表3－16所示。

表3－15　童装与孕装的客户价值共性分析表

孕装＼童装	舒适	安全	方便	耐用	便宜	快乐	个性	自豪
舒适	+							
安全		+						
方便			+					
耐用				+				
便宜					+			
快乐								
个性								
自豪								

表 3－16 童装与衬衣的客户价值共性分析表

衬衣＼童装	舒适	安全	方便	耐用	便宜	快乐	个性	自豪
舒适								
安全								
方便								
耐用								
便宜					+			
快乐								
个性								
自豪								

童装与孕装两类产品的客户价值共性存在于舒适、安全等五个方面，而童装与衬衣两类产品的客户价值共性仅仅存在于便宜一个方面。企业产品线选择首先就只能选择向孕装拓展。但孕装市场容量过小，仅仅选择孕装作为企业缓冲市场可能是不够的。

产品选择决策，要解决的问题主要有以下两个：

（1）当企业规模过小，而又因产品线过宽导致经济效益不佳时，要收缩产品线的深度和宽度。这主要是运用关联共享分析判断，去除与企业整个产品组合价值活动环节共享程度低的产品生产经营，以收缩战线，提升效益。

（2）当企业原有链接风险太大时，要拓展产品线的深度和宽度。这既要进行关联共享分析判断，也要运用链接风险分析判断，以确定产品线宽度和深度的选择顺序，储备客户。并根据企业实力逐渐拓宽目标客户，降低企业经营的链接风险。其程序要求也主要是作相对应的两个分析判断。

第七章

市场推进决策制定方法

市场推进决策必须服务于产品销售，但绝不仅仅如此，其核心内容是通过特色优势分析判断，向客户传递企业的独有价值活动信息。

一、市场推进决策的目标

市场推进决策的目标不是把产品简单地卖出去，而是要扬长避短，把企业的长项和特色变成客户向往的价值。但这里并不是要欺骗客户、误导客户，而是要紧扣客户价值，充分让客户理解和认同自己企业的优势、长项的基础上，建设企业独特的核心竞争力。相对于行业选择决策和产品选择决策而言，市场推进决策则是一种短时间段的决策。这种决策复杂、多样、具体，但核心只有一个，即在企业现实价值关联环节在短时期内无法实现大调整、大改变的前提下，把企业价值活动最大限度地传导给客户，让客户实现价值满足。在此准确把握自己企业与最直接的竞争对手相比的特色优势，并把这些优势、特色放大，就成了提升市场、推进决策质量的关键。

在现实中，很多企业的市场推进决策没有把握住这一关键，其决策变得让人迷惑不解。比如，现在企业都赶时髦，比拼着找大牌明星为企业充当形象代言人。这种所谓的形象代言人与企业特色、优势之间能找出内在联系和共性来吗？可以说很难。花大钱完成的这种活动，纯粹是浪费客户的钱财，是画中盛宴，色彩艳丽而口福不至。有一家酒厂，请了一个香港影星做广告，在这个广告中仅仅亮出了这个影星的大脑袋，没有人明白它要向客户诉说什么。

企业要展示形象是不言而喻的。谁能代表企业的形象？绝不是什么大牌明星，而是企业的最高领导人。他的行为、言语最能代表企业的形象。客户除了从产品质量感知企业之外，就是从企业领导人的所说、所做之中感知。这就如买饼，除了看饼的质量外，就是看卖饼的人如何。

二、特色优势分析判断

如何才能最大限度地把企业价值活动传导给客户？特色优势分析判断是基础，也是前提。

企业要想在激烈的市场竞争中获胜，就必须有自己的核心竞争力。并且企业只要在市场中立足一段时间，也都会有自己的核心竞争力。而这种核心竞争力又都必然会体现在企业的直接价值活动和间接价值活动之中，在它的这两类价值活动之中，必然有不同于竞争对手的独特内容。企业要战胜它的竞争对手，不仅要创造出与竞争对手不一样的价值关联环节，而且要准确无误地将其传递给客户。并且只有当这些独特的价值活动被客户所认知、认同时，企业才可能在激烈的市场竞争中稳操胜券。

在现实的市场竞争中，市场推进决策，尤其是相对较短时间段中的市场推进决策，总是存在着很大的盲目性，很少人从价值关联环节的角度进行分析：如何确认自己的企业优于竞争对手，并具有有特色的价值关联环节？如何传达这些价值活动？一进入市场，竞争中更多的是降价，降价，再降价。两败俱伤后，不得不在残酷放血的价格战中陷入亏损的困难境地。

如果企业在市场竞争中能够自主地设计、创造有自己特色优势的核心竞争力，并把体现在独特活动上的特色优势传递给客户，这才能一方面保护企业自身的发展优势——核心竞争力；另一方面又避免价格战造成两败俱伤的局面，维持其所在行业的优势。

所谓特色优势分析判断，就是把自己企业的两类价值活动的具体内容在客户的认同与否上与多个竞争手进行比较，对以下三个问题作出分析判断。

（1）在哪些活动及其细节上优于对手？

（2）在哪些活动及其细节上仅与对手持平？

（3）在哪些活动及其细节上弱于对手？

具体方法是运用如表 3－17、表 3－18。在比较对应栏中，用“＋”表示优于对手，用“0”表示与对手持平，用“－”表示弱于对手。得“＋”的活动环节就是自己的特色优势所在；得“－”的活动环节就是自己的劣势所在。

表 3－17　特色优势分析：直接价值活动对比分析表

对手的价值活动 / 企业的价值活动		市场营销		技术开发		材料采购		生产加工				销售服务			质量控制		成本控制					
		理解客户	尊重客户	产品创新	工艺创新	质量保证	价格保证	设备保证	技术保证	工人技能	协调配合	售前服务	售中服务	售后服务	产品质量	服务质量	采购成本	生产成本	销售成本	管理费用	人工费用	筹资成本
市场营销	理解客户																					
	尊重客户																					
技术开发	产品创新																					
	工艺创新																					
材料采购	质量保证																					
	价格保证																					
生产加工	设备保证																					
	技术保证																					
	工人技能																					
	协调配合																					
销售服务	售前服务																					
	售中服务																					
	售后服务																					
质量控制	产品质量																					
	服务质量																					
成本控制	采购成本																					
	生产成本																					
	销售成本																					
	管理费用																					
	人工费用																					
	筹资成本																					

表 3－18　特色优势分析：间接价值活动对比分析表

企业的价值活动 \ 对手的价值活动		基础管理					人力开发		
		沟通授权	跟踪考核	奖惩激励	优化投入	协调关系	人才选聘	技能培训	潜能发掘
基础管理	沟通授权								
	跟踪考核								
	奖惩激励								
	优化投入								
	协调关系								
人力开发	人才选聘								
	技能培训								
	潜能发掘								

在完成了两类价值活动对比分析判断后，决策人也就明确了市场推进决策的目标和方向。在对具体问题制定决策时，还必须思考回答以下问题，这类决策的质量也就有保障了。

（1）这一决策是有助于体现企业特色优势，还是有助于建设企业的特色优势？

（2）这一决策可从哪些方面体现企业的特色优势或加强企业的特色优势？

（3）还有更好的办法、途径能体现或加强企业的特色优势吗？

第八章

内部挖潜决策制定方法

内部挖潜决策的质量高低取决于决策人对企业运行中的两个问题的把握：一是在企业运行中，哪些活动不能为客户和企业创造价值？二是哪些活动制约了其他价值活动的效果？要回答这两个问题，必须相应完成两个方面的决策分析判断，即价值创造分析判断和瓶颈短板分析判断。

一、价值创造分析

企业价值和客户价值存在直接的依存关系，企业价值的获得依赖于客户价值的获得，而客户价值的获得和满足，又依赖于企业的两类价值活动——直接价值活动和间接价值活动。在这两类价值活动中，是否每一个细节上的工作都能为客户创造价值，这就成了企业是否能高效运行的一个试金石。只有两类价值活动的每一个细小的环节都能为客户创造价值，企业才能最大限度地实现自身的发展。

1. 价值创造分析的作用

价值创造分析，既可以最大限度地消除低效和浪费，又可以为职业经理人避嫌。

2001 年是中国职业经理人灾难性的一年，很多有很高知名度的职业经理人在 2001 年年底前后被赶离了企业的重要岗位，不得不出走。其中一个重要的原因是他们在任职企业的决策中，没有充分进行价值创造分析，就将过多的资金投放在企业社会美誉价值建设上。通过广告进行形象提升，这对企业的长远发展有价值，但会在一定程度上牺牲投资回报这一价值。而在短期内提升企业形象和社会美誉，直接受益更多的是职业经理人。这就不免导致企业投资人对职业经理人的个人行为动机的怀疑。一大批职业经理人为此感到冤枉，其实更感到冤枉的是他们的老板。老板们聘请职业经理人来主政，不仅没有创造更多的投资回报，相反，还投入了大量不能快速带来效益的资金，致使蒙受发展减速甚至停滞的损失，同时自己还要承担不能“容才”的骂名。

如果企业的每项决策都作了价值创造分析，那么企业投资人可保护自己的利益，职业经理人也可少担“花别人的钱为自己造势”的嫌疑。通过进行价值创造分析，并把这种价值创造分析贯彻到企业内部的所有决策之中，一方面，可以使这种决策的标准依据客观化，降低和减少个人主观偏好的影响；另一方面，又让企业内部的各类决策紧紧围绕客户价值这一目标进行，有章可循，以最大限度地降低决策目标的模糊性和摇摆性，进而实现企业的持续快速发展。

2. 价值创造分析的具体操作方法

价值创造分析的具体方法，是将企业需要选择的相应活动与客户价值进行对应分析。如果此项工作无法为客户的八类价值中的任何一类价值带来满足，或者对其他价值活动有必不可少的支持作用，就说明这一工作是不必要的活动，就只能舍弃。这种分析可以在“价值创造分析表”（见表3－19）上完成。行向为活动的价值和意义，列向为企业内部某单位或部门活动。列向的活动与行向的相应价值联系，有正向作用，记上“＋”，有负向作用记上“－”，不相关联为空。只有价值点合计为正，即当“＋”总数减去“－”总数为正时，这项活动才可取，才能投入人力、物力、财力去实施。否则即必须清除。

二、“瓶颈”短板分析

企业的发展，在很大程度上都受制于自己的“瓶颈”短板。谈企业经营管理决策，一般人们都喜欢用水桶原理做比喻，是水桶的短板决定了这个水桶所盛的水的高低。但在现实的经营管理决策中，人们很少分析这个水桶的各块木板的真实含义，而是笼统地讨论长板或短板的问题，并没有把这些长板、短板具体到特定的分析模型上去。因而对长板、短板的界定往往是模棱两可、含含糊糊的。在这里，我们可通过运用企业价值关联关系分析模型，来分析确定整个企业经营活动中的“瓶颈”短板。

1. “瓶颈”短板对于企业的意义

存在“瓶颈”短板，这就意味着企业发展存在潜力，只要改善了企业价值关联环节的“瓶颈”短板，企业也就可以实现相对较大的发展。而这种“瓶颈”短板又是相对的，消除一个“瓶颈”短板，并不意味着这个企业的价值关联环节“瓶颈”短板都消除了。因为在这个价值关联环节链条上，一个“瓶颈”短板的消除，又会发现一个新的“瓶颈”短板。“瓶颈”短板是一个相对的概念，客户对企业的价值活动环节有满意的，也有相对不满意的。这些相对不满意的环节就是“瓶颈”短板。企业不断地分析并发现“瓶颈”短板，不断地消除这种“瓶颈”短板，也就能够实现持续稳定的发展。

表 3－19　企业活动的价值创造分析表

企业单位（部门）活动内容			价值点合计	价值满足作用								价值活动支持作用								
活动编序	活动名称	活动完成岗位名称		舒适	安全	方便	便宜	耐用	快乐	个性	自豪	市场营销	技术开发	材料采购	生产加工	销售服务	质量控制	成本控制	基础管理	人力开发
1																				
2																				
3																				
4																				
5																				
6																				
7																				
8																				
9																				
10																				
11																				

续表

企业单位（部门）活动内容			价值点合计	价值满足作用								价值活动支持作用								
活动编序	活动名称	活动完成岗位名称		舒适	安全	方便	便宜	耐用	快乐	个性	自豪	市场营销	技术开发	材料采购	生产加工	销售服务	质量控制	成本控制	基础管理	人力开发
12																				
13																				
14																				
15																				
16																				
17																				
18																				
19																				
20																				

建立在“瓶颈”短板分析基础上的决策，是企业谋求持续快速发展的基本要求，但人们似乎并不明白这一点。

在现实的企业经营中，企业决策人的发展思路往往是混乱的，不知道究竟通过哪条途径来实现企业发展，更没有把这条发展途径与企业的“瓶颈”短板关联起来。往往是企业经营管理决策方向不明确，东一枪、西一棒，撞上了机遇，才实现了企业的发展。企业发展不仅波动大，而且不确定因素太多，使这个企业总是处于一种“有今天，不知明天如何”这种深深的危机之中。企业经营领导人处于这样一种状态，员工更是如此，企业的发展就成了“水中月、镜中花”。

2. 分析确定“瓶颈”短板的两个方法

确定“瓶颈”短板的方法主要有以下两个。

（1）客户评价反馈法。

即通过对客户反馈信息进行调研分析，确定让客户感到不满意的价值活动环节。正是这种客户所不满意的价值关联环节使他们抛弃了我们，而投向了竞争对手的怀抱。

通过这种分析，就可以直接确定客户不满意的价值活动环节。但通过这种方法确定“瓶颈”短板，必须进行大量的市场调研来收集信息，这往往成本较高，并且仍可能不准确。

客户关心的是他所得到的价值满足，他不满意的话可能宁可用脚投票，也不会用嘴反馈。客户对你所提供的产品或服务中某个方面不满，会默默把他的购买选择转向你的竞争对手，也不一定向你反馈他对你企业的产品或服务具体哪个方面不满。

（2）内部活动关联作用分析法。

它是通过把企业一定的价值活动与其他价值活动进行比较，找出制约其他价值活动的特定价值活动环节。若有一个价值活动不能使其他价值活动充分发挥作用，这个价值活动也就是整个企业运行的“瓶颈”约束环节。

3. “瓶颈”短板分析判断方法的具体操作

“瓶颈”短板分析判断方法的具体操作可通过“‘瓶颈’短板分析判断表”来完成。在这个表中，列向的活动为分析判断对象，行向的为比较对象。列向的分析判断对象与行向的比较对象进行关联对应分析，若它已经直接或间接地制约限定了所比较的价值活动的作用，记上“－”。不存在这种制约限定关系，就为空白。全部完成后分析判断，“－”最多的价值活动就是“瓶颈”短板。

表 3－20、表 3－21 是一个企业做的“瓶颈”短板分析判断表。从这个表中可以看出，这个企业的第一大“瓶颈”短板是跟踪考核，第二大“瓶颈”短板是沟通授权，第三大“瓶颈”短板是理解客户。

表 3－20 “瓶颈”短板分析判断表（1）

分析判断价值活动环节 \ 对应价值活动环节		合计	市场营销		技术开发		材料采购		生产加工				销售服务		
			理解客户	尊重客户	产品创新	工艺创新	质量保证	价格保证	设备保证	技术保证	工人技能	协调配合	售前服务	售中服务	售后服务
市场营销	理解客户	8	－	－	－								－	－	－
	尊重客户	7		－	－								－	－	－
技术开发	产品创新	1			－										
	工艺创新	1				－									

续表

分析判断价值活动环节（行）／对应价值活动环节（列）		合计	市场营销		技术开发		材料采购		生产加工				销售服务		
			理解客户	尊重客户	产品创新	工艺创新	质量保证	价格保证	设备保证	技术保证	工人技能	协调配合	售前服务	售中服务	售后服务
材料采购	质量保证	1					–								
	价格保证	1						–							
生产加工	设备保证	1							–						
	技术保证	1								–					
	工人技能	1									–				
	协调配合	1										–			
销售服务	售前服务	1											–		
	售中服务	1												–	
	售后服务	1													–
质量控制	产品质量	1													
	服务质量	1													
成本控制	采购成本	1													
	生产成本	1													
	销售成本	1													
	管理费用	1													
	人工费用	1													
	筹资成本	1													
基础管理	沟通授权	15	–	–	–	–							–	–	–
	跟踪考核	25	–	–	–	–	–	–	–		–	–	–	–	–
	奖惩激励	9	–	–	–	–									
	优化投入	1													
	协调关系	2													
人力开发	人才选聘	5	–	–		–	–								
	技能培训	1													
	潜能发掘	1													

表 3－21　“瓶颈”短板分析判断表（2）

分析判断价值活动环节＼对应价值活动环节		合计	质量控制		成本控制						基础管理					人力开发		
			产品质量	服务质量	采购成本	生产成本	销售成本	管理费用	人工费用	筹资成本	沟通授权	跟踪考核	奖惩激励	优化投入	协调关系	人才选聘	技能培训	潜能发掘
市场营销	理解客户	8	－	－														
	尊重客户	7	－	－														
技术开发	产品创新	1																
	工艺创新	1																
材料采购	质量保证	1																
	价格保证	1																
生产加工	设备保证	1																
	技术保证	1																
	工人技能	1																
	协调配合	1																
销售服务	售前服务	1																
	售中服务	1																
	售后服务	1																
质量控制	产品质量	1	－															
	服务质量	1		－														
成本控制	采购成本	1			－													
	生产成本	1				－												
	销售成本	1					－											
	管理费用	1						－										
	人工费用	1							－									
	筹资成本	1								－								
基础管理	沟通授权	15			－	－		－			－	－	－		－	－	－	
	跟踪考核	25	－	－	－	－	－	－	－	－		－	－	－	－	－		
	奖惩激励	9						－	－	－	－		－					
	优化投入	1												－				
	协调关系	2							－						－			
人力开发	人才选聘	5														－		
	技能培训	1															－	
	潜能发掘	1																－

第九章

人事管理决策制定方法

“选对一个厂长，就会搞好一个厂；选错一个厂长，就会搞跨一个厂。”这是常识，又是现实。正是这种常识和现实，使众多的民营企业家不敢授权，甚至只相信自己的亲信，从而使企业很难聚集到所需要的人才。因而在企业的发展过程中，企业能不能发展、做大，解决人事管理决策——用人的问题是关键。

人事管理决策与授权相关，但却又不仅仅是一个授权问题。很多人都讲：

“我没有找到可用的人。”

“有能力却不忠诚，我不敢用。”

这里的问题，实际上是对一个人能力的评价和对一个人忠诚程度的判断问题。如果能够准确地评价他人的能力、判断他人的忠诚程度，人事管理决策问题就变成了一种简单的加减计算问题。

一、有效评价他人能力的方法

1. 心理测评法的局限

如何准确评价他人的能力？到目前为止，还没有人找到一个百分之百有效的方法。心理测评对他人潜能的把握有一定的帮助，但往往因为问题的答案要由被评价人自己选择，他在选择时又总是揣度测评者的意图，从而使这种评价失去了客观性。同时，潜力与能力不是同一个概念，潜力转化为能力有一个知识积累和经验积累的过程。没有相应的知识和经验积累，潜力将无法转化成能力，而知识、经验的积累也许是一个漫长的过程。另外，这种评价工作又过于专业化，只有心理学专家才能作出有效的分析评定，所以，它很难成为能在人事管理决策过程中普遍运用的方法。

2. 实践检验法——“小步快跑”

除心理评测法外，还有一种实践检验法。即通过“做过什么”、“做成过什么”、“在什么情况下做成的”三个问题的检验来确定其已有的能力。这里的问题是，一个人才的成长，总是存在一个由没有做过到做过这样一个过程，总是需要有人把他放到相应岗位上去做事，这就使企业在用人上难免要承担一些风险。

如何降低这种风险？方法是“小步快跑”。

何谓小步？小步就是从一个岗位提升到另一个岗位，这岗位条件要求之间不能有太大的差距，只能是部分条件要求有所提高。

何谓快跑？这就是只要他在一个岗位上有所表现，干成一件事之后，就提升到更高的岗位上去，不要强调多长的履职时间。

海尔集团管理人员很年轻，平均26岁，但在海尔用人的过程中，很少出现大的失误，其中一个重要经验就是严格坚守这种“小步快跑”的选人、用人方法。在海尔担大梁的也并不都是名牌高校的高才生。娃哈哈的宗庆后也是运用这一方法保证了企业的稳定发展。众多并没有多高学历的家庭妇女，通过实践检验和锻炼，一步一步担当了重任，并做出了出色的业绩。太阳神的怀汉新，崇尚名牌大学的高才生，从高校到高位，这却成了他的太阳神发展走弯路的一个重要原因。

3. “小步快跑”实践检验法的操作要点

“小步快跑”实践检验法的操作要点，可概括为以下五个方面：

（1）对企业中有发展培养潜力的员工，普遍建立开发档案。明确他们“做过什么”、“做成过什么”、“在什么情况下做成的”的记录。对于自荐或推荐新进的员工，包括高层人才，要求提供能证明的“三问题检验”经历记录。

（2）明确用人岗位的具体条件要求，明确界定其心理能力、责任要求、知识结构、技能水平和身体素质等要求内容。

（3）比较候选人成功担任过的职位条件要求与用人岗位条件要求，确定差距的大小。

（4）对候选人进行比较，就他们担任过的职位条件要求与用人条件要求的差距排序。

（5）结合忠诚度要求，最后确定人选。

二、准确判断他人忠诚度的有效办法

要判断他人的忠诚度，首先必须回答“一个人为什么会忠诚，而另一个人却不忠诚？原因究竟何在？”这样两个问题。

1. 忠诚与否与人性没有关系，也不是品行问题

很多人都认为忠诚与否，是由人的本性决定的。其实，人的本性都是一样的，差别仅仅在于他已有的经历让他形成的独特行事方式和思维惯性，这也就是品行。比如，如果一个人多次从油嘴滑舌、坑蒙拐骗、言实不符的行为中得到了好处，并且从未碰过壁、受到过惩罚，那么他就会从这种“激励”中学习，把这种行事方式当做他的一种聪明和本事，并不断如此反复，形成一种自以为得意的行事习惯。这并不是这个人的本性多么败坏，而是他少付出但却有大回报的多次先例，使他把这种非正常情况当成了正常情况。

任何一个人都不可能不追求自身利益和欲望的满足。有欲望，追求自身利益的满足，并不能说是一种缺点。而缺点只是在于他追求自身利益和欲望满足的方式不对，不应该损害他人利益。当一个人在以往的经历中，从没有过少付出、多获取的经历时，他的行事方式也就会自然而然地形成“要获取，须努力”的思维模式，他明白“要有所得，就必有所失”，“得”是自己的一定“失”换来的。所以，我们对一个人的忠诚度的评价只能由这个思路展开，才能找到有效的解决办法和途径。

人的品行作为一种习惯性的行事方式，并没有绝对的好，也没有绝对的坏。无论什么人都不可能不计较自己的利益得失，这就是没有绝对的好。所谓没有绝对的坏，人们总会明白少付出、多获取的事在世界上不是常理，更多的是一分耕耘，一分收获。只要以一种公平交换的心态来与人交往，也就可能建立忠诚。因此，即使一个人曾经有过“付出少而获取

多”的经历，只要通过严格得失二者之间的对等关系约束，仍然可以让这个人对企业忠诚。

2. 忠诚只不过是一种依存关系

什么是忠诚？

忠诚不是那种辱之不怒、屈之不怨、驱之不走、以德报怨的行为。若有这种人存在，这人绝不是忠诚，而是迂腐。

忠诚不是对他人的顺从，而是对自己利益的重视。它代表的是一种巩固的利益关系。家狗赶不走，有吃的，野狗也会变成家狗；没有吃的，家狗也会变成野狗。绝对的忠诚是不存在的，忠诚只是一种利益依存关系。如果一个人的最大利益只能从你那儿获得，不能从其他另外任何地方获得，他就会对你忠诚。正是这一忠诚的内在含义，为我们提供了判断他人忠诚度的有效方法——期望平衡法。

图 3－13　忠诚是有条件的

一般而言，只有当我对对方有所求，能从对方获得一定利益的满足，对方对我也同样有所求，能从我这里得到他所期望的利益的满足时，彼此才会尊重对方，所谓的忠诚才能建立起来，也只有建立在这种相互依存关系上的忠诚才可能长久。

现在我国不少企业的大老板，好不容易找到一个称心的经理人，但大都是“蜜月”尚未度完就分道扬镳了。其原因在于二者之中有人发现从对方获得的利益与自己的期望不一致。分析起来有以下三种情况：

（1）彼此的期望没有充分表达，当逐渐了解到对方的期望后，或者因为不能满足对方的期望，或者认为对方的期望不切实际而轻视对方的期望，从而造成其中一方不满。

（2）一方或双方没有想到对方的期望要由自己来满足，最后发现不能为对方的期望提供满足，因而造成对方不满。

（3）彼此之间获得的利益满足不对等，一方获得的满足大，而另一方却相对较小，较小的一方产生了不满。

这三种不满情况中的任何一种不满情况，只要公开表达，二者之间的矛盾就会公开化，彼此间的合作也就走到了尽头。而只有当双方都感到从对方所获得的利益满足与为对方提供的利益满足对等时，这种相互依存的忠诚关系才会建立起来。每个人都会把从对方获得的利益满足，与自己为对方提供的利益满足进行比较，如果这种比较让任何一方感到不平衡，这感到不平衡的一方就不可能有什么忠诚。

有些人认为，如果一个人心胸开阔，处事大度，在人际交往中不斤斤计较，这个人就有忠诚度。其实这种人不是我们所想象的那种具有高忠诚度的人，他只是能把短期利益和长远利益进行平衡的人。并且，如果他所获得的利益欲望满足总量，使他感觉到与所付出的——为对方提供的满足不对等时，他会不动声色地与你拉开距离，结束这种可能存在的依存关系，让所谓的忠诚永远消失。从这个意义上讲，这种人的忠诚度是更低的。如果他计较彼此之间利益的对等，那么说明他更看重这种依存关系，他的忠诚程度相应还可能更高一些。

3. 获得忠诚的期望平衡法

期望平衡法是通过公开准确地表达自己的期望，并通过平衡彼此的利益，结成相互依存的关系，稳固彼此之间的联系，从而达成持久的真诚合作的一种方法。其操作要点如下：

（1）明确我对对方的期望。即我需要从对方那里获得什么样的利益和欲望满足，并要尽可能具体化。这可使对方明确，要建立一种相互依存基础上的忠诚，其前提和基础是什么。

（2）让对方也明确提出他的期望。即让对方明确界定他希望从我这里得到的利益满足。

（3）交换评价对方的期望要求。如果对方的期望是自己可以满足的，并且和自己向对方提出的期望进行比较，基本上平衡，那么忠诚的基础也就存在了。

（4）相互承诺。相互保证为对方的期望提供满足。若不能满足对方的全部期望，可公开提出来讨论，看对方是否能愉快地改变或调整。若对方快乐地改变或调整了他的期望，自己也调整一下对他的期望，以保证彼此的期望在达成平衡的基础上都会最终兑现。

（5）检验承诺。当对对方兑现承诺没有信心时，有必要通过试用来检验。企业引进人，有一个试用期，这实际上就是在进行承诺检验。

（6）稳定依存关系。如果双方存在依存关系，二者相互从对方获得的利益满足基本平衡，并且又能够顺利通过承诺检验，这种长期的依存关系也就可能建立起来，那么彼此之间也就建立了一种忠诚关系。

一般而言，对方期望高，自己能为他提供的满足低，对方的忠诚度必然低。不要期望他人到你的企业中学雷锋。相反，若是对方的期望低，你却能为他带来较高的满足，他的忠诚度一般就会比较高。

运用期望平衡法判断他人的忠诚度，开诚布公地表达和讨论彼此的期望是关键。在中国，一些人总是羞于言利，甚至对自己获得的期望满足不满意时，还要找一个冠冕堂皇的理由离开，也不明说。这就需要通过制度和文化来调整，就像在海尔一样，鼓励员工为了自身的利益对所希望获得的岗位进行竞聘，打破虚伪的“君子不言利”的心理限制。

三、人事管理决策的程序要求

在人事管理决策中，如果我们严格按照“小步快跑”的办法测定检验对方的能力，又通过期望平衡法对对方的忠诚程度作了判断，这种人事管理决策也就可以保证不再失误，至少不会有大的失误。但是，现实中的人事管理决策，往往更容易受个人的情感和情绪变化的诱导，因此，为避免这种情感、情绪带来的人事管理决策的失误，健全完善人事管理决策程序非常必要。

人事管理决策的程序规范要点如下：

（1）明确相关岗位用人条件要求。即通过工作分析，明确相关岗位履职人的具体要求，应具备什么样的能力特征，要求从心理能力、职责要求、知识结构、技能水平和身体素质等方面作出明确的界定。

（2）寻找候选人。这一步就是寻找基本能满足所界定岗位条件要求的人。在这一步工作上经历检验是关键。因为，在岗位条件要求中，除了身体素质之外，其他几个方面的内容都难以准确测定，所以，这就只能通过他所承担过的相近岗位或相同岗位来判断他是否具备这一岗位所要求的能力。

（3）让候选人自我表述期望要求。即让对方填写“个人期望要求表”（表3－22），以明确表达他对企业的期望，以测定二者能否达成期望平衡。

（4）明确你对对方的期望。出示“企业用人期望要求表”（表3－23），即明确你希望他在这个岗位上为你的企业所作的贡献的具体内容。在成规模的企业里，大都有完整的岗位工作标准。如果没有这种岗位工作标准，或者说岗位工作标准所界定的内容不完整，则必须补充明确。

（5）明确能为对方带来的满足。一般而言，如果企业运行规范的话，那么对什么样的岗位履职人提供什么样的利益和欲望满足，都会有明确的标准，在此强调的是要向对方公开出示和说明这些标准。

（6）双方对期望进行比较。比较对方所提出的要求与企业所能提供的满足之间的关系。如果对方期望得到的满足大于企业所能提供的满足，如果有第二、第三候选人的话，即使他的能力条件是最优者，也不能作这种选择。因为期望之间不对称，企业不能提供他想要得到的东西，就不会有充分的积极性去履行他的职责。所以，一般选择其期望值低于企业所能提供的满足而又基本符合岗位条件要求的人。这种人对企业会更忠诚。企业为他带来的满足超越了他的期望，他就会充分珍惜这一机会。企业选人，对于一个既定的岗位，并不是能力越高越好，而是刚好适应，甚至稍稍低一点为最好。因为在这种情况下，履职人可以从这个岗位的履职中获得发展，使他产生更多的成就感，从企业经济福利之外获得满足。

（7）比较后初步确定岗位任职人。即通过对候选人的能力和期望对比排序分析，找出更适合岗位条件要求的人。

（8）能力和忠诚度检验。这一步主要是通过试用，来检验彼此期望能满足的程度。这种检验是双向的，一方面企业要检验所任用的人能不能真正有能力承担所要履行的职责；另一方面对方要检验企业能否为他真正提供期望的满足。对于从外面新引进的人员，绝对不能省略这一步，事实才是检验揭穿谎言的最有力武器。

（9）作最后的决定，正式任用。

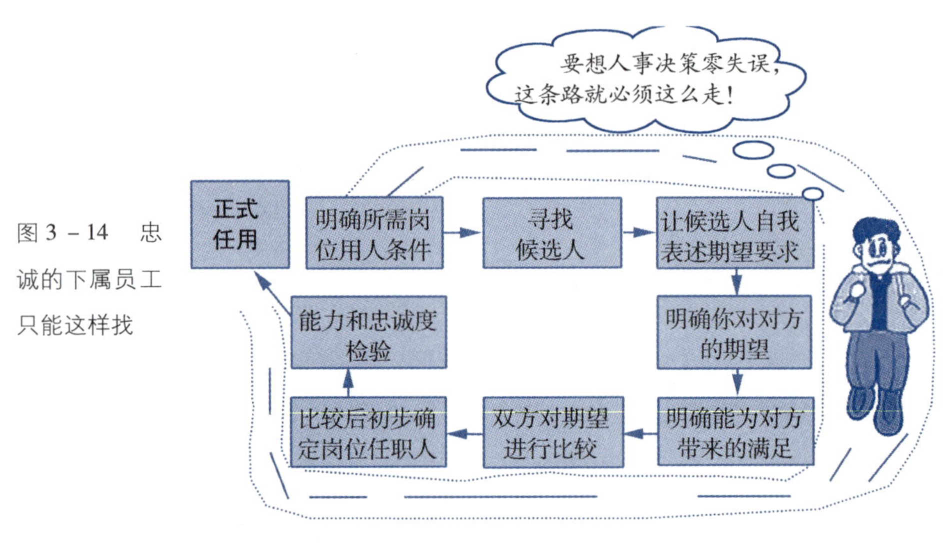

图3－14 忠诚的下属员工只能这样找

表3－22 个人期望要求表

姓名		出生于 年 月	性别		籍贯		
所受教育和培训简历							
起始年月	终止年月	学校或培训单位		教育培训性质		证明人	联系电话
经历及成果简历							
起始年月	终止年月	工作单位部门	职务	业绩成果		证明人	联系电话

续表

取得其最大业绩成果的背景说明	
背景1	
背景2	
背景3	
个人期望从企业获得的满足	
经济福利：要求说明年收入额和增长，以及福利保险期望	
地位权力期望：用参与活动说明	
权限期望：用人力、财力、物力数额说明	
平衡说明：由企业相关部门的主管填写	

表3－23　企业用人期望要求表

岗位名称		岗位所属单位部门		上司岗位名称	
学历要求		专业要求		性别要求	
经历要求	工作过的单位规模限制				
	担任过的职务限制				
	取得的成果限制				

续表

	业绩名称	目标要求	提供的条件	考核办法	考核人
业绩期望					
年收入额和增长，以及福利保险待遇					
地位权力					
权限说明					

参考文献

[1] 舒化鲁. 拥抱辉煌的六根魔杖——企业规范化管理实施方案. 北京：人民大学出版社，2003.

[2] 舒化鲁. 企业规范化管理标准体系. 北京：人民大学出版社，2004.

[3] 舒化鲁. 中国式管理系统实施方法. 北京：经济管理出版社，2006.

[4] 舒化鲁. 生－升方略——企业管理规范化模块操作. 北京：经济管理出版社，2009.

[5] 黄炳新，[菲] 陈永栽. 老子章句解读. 上海：古籍出版社，2001.

[6] 唐纳德·索尔等著，包刚升编译. 如何提升公司核心竞争力. 北京：企业管理出版社，2000.

[7] 尼克·海伊斯著，李靖坤译. 协作制胜——成功的团队管理. 大连：东北财经大学出版社，1998.

[8] 约翰·科特著，方云军等译. 变革的力量——领导与管理的差异. 北京：华夏出版社，1997.

[9] 沃特·斯塔普斯著，刘祥亚译. 像赢家那样思考. 海口：南海出版公司，2001.

[10] 亚特·宏恩著，季晶晶译. 领导力——平衡工作关系与目标. 北京：经济管理出版社，2001.

[11] 比尔·盖茨，沃伦·巴菲特，杰克·韦尔奇等著，刘小磊译. 巨人的智慧. 成都：四川人民出版社，1999.

[12] 罗伊·基尔伯特著，张京民译. 思维创新——提高经营绩效的捷径. 北京：中央编译出版社，2000.

[13] 迈克尔·波特著，陈小悦译. 竞争优势. 北京：华夏出版社，1997.

[14] 罗伯特·史雷特著，刘承钢等译. 通用商战实录. 北京：机械工业出版社，2000.

[15] 丽贝卡·桑德斯著，周乐平译. 戴尔公司传奇. 北京：机械工业出版社，2001.

[16] 诺尔·蒂奇等著，吴郑重译. 掌握命运——通用电气的改革历程. 上海：上海译文出版社，1996.

[17] 杰克·韦尔奇等著，曹彦等译. 杰克·韦尔奇自传. 北京：中信出版社，2001.

[18] 马克斯·韦伯. 儒教与道教. 北京：商务印书馆，1995.

[19] 艾尔·强森. 跨位. 延边：延边人民出版社，2002.

[20] 彼得·圣吉. 第五项修炼. 上海：上海三联书店，1994.

[21] 埃德·里格斯比. 合作的艺术. 北京：中信出版社，2003.

[22] 约翰·科特. 变革的力量. 北京：华夏出版社，1997.

[23] 小乔治·斯托尔克等. 企业成长战略. 北京：中国人民大学出版社，1999.

[24] 卡利斯·Y. 鲍德温，金·B. 克拉克等. 价值链管理. 北京：中国人民大学出版社，2001.

[25] 迈克尔·波特. 竞争战略. 北京：华夏出版社，1997.

[26] 迈克尔·波特. 竞争优势. 北京：华夏出版社，1997.

[27] 米歇尔·罗伯特. 超越竞争者——战略思考的力量. 北京：机械工业出版社，2001.

[28] 唐纳德·索尔等. 如何提升公司核心竞争力. 北京：企业管理出版社，2000.

[29] 詹姆斯·C. 柯林斯，杰里·I. 波勒斯. 基业长青. 北京：中信出版社，2002.

[30] 郭士纳. 谁说大象不能跳舞——IBM董事长郭士纳自传. 北京：中信出版社，2003.

[31] 佛朗索瓦·勒洛尔，克立斯托夫·安得烈. 情绪的力量. 北京：民主与建设出版社，2004.

[32] 杰克·特劳特，史蒂夫·瑞维金. 新定位. 北京：中国财政经济出版社，2002.

[33] 朗·西韦尔. 核心竞争力. 北京：华夏出版社，2003.

[34] 菲利普·赛德勒. 持续竞争力. 北京：北京大学出版社，2004.

[35] 赫伯特·西蒙. 现代决策理论的基石. 北京：北京经济学院出版社，1989.

[36] 彼德斯，毕特曼. 追求卓越. 北京：中国展望出版社，1989.

[37] 彼德斯，奥斯汀．卓越的热潮．北京：中国工人出版社，1992.

[38] 迈克尔·科索马罗等．微软的秘密．北京：北京大学出版社、西蒙与舒斯特国际出版公司，1996.

[39] 朗·西韦尔．核心竞争力．北京：华夏出版社，2003.

[40] Jonathan baron. 思维与决策．北京：中国轻工业出版社，2009.

[41] 广松涉．存在与意义——事的世界观之奠基．南京：南京大学出版社，2009.

[42] 保罗·格里斯利．管理价值观．北京：经济管理出版社，2002.

[43] 约翰·罗尔斯．正义论．上海：上海译文出版社，1991.

[44] W·D·拉蒙特．价值判断．北京：中国人民大学出版社，1992.

[45] 皮埃尔·勒鲁．论平等．北京：商务印书馆，1991.

[46] 赫尔加·德拉蒙德．奔向权力．北京：新华出版社，1994.

[47] 斯科特·普劳斯．决策与判断．北京：人民邮电出版社，2008.

[48] Gilovich Thomas，Dale W. Griffin，Kahneman Daniel. “Heuristics and Biases——The Psychology of Intuitive Judgment”：Cambridge University Press，2002.

[49] Gerd Gigerenzer. “Calculated Risks——How to Know When Numbers Deceive You”：Simon & Schuster，2003.

[50] Professor Reid K.（Kendrick）Hastie、Dr. Robyn M. Dawes. “Rational Choice in an Uncertain World——The Psychology of Judgement and Decision Making”：Sage Publications，Inc，2001.

[51] 希特．战略管理：赢得竞争优势（第2版）．北京：机械工业出版社，2010.

后　记

《企业规范化管理系统实施方案》系列书是作者积累二十余年研究的一个体系化总结，其中甚至还能看到三十多年前作者在一所农村中学担任负责人时的管理思考痕迹。管理是一门相对独立的科学，无论是企业管理，还是学校管理、医院管理、行政机关管理，乃至协会管理、学生管理，都有其共通性。因为都存在一个如何通过他人做好工作的问题，所不同的仅仅是工作内容。作者的研究和思考，从一开始就没有受源于西方国家 MBA 课程专业理论框框的限制，因为那时源于西方国家的 MBA 课程专业理论还没有输入进来。但如何通过他人做好工作的问题早已存在，甚至在伏羲一画开天画八卦时，就开始面对如何通过他人做好工作的问题。所以，从八卦中就可找到人类早期圣哲们关于这一问题的思考。作者很幸运，超越源于西方国家的 MBA 课程专业理论的企业管理研究刚刚在理论方法上形成体系，就遇上了急需这种理论方法体系的新时代的来临。

这新时代的开端，虽然无法确定具体年月日，但大体可以说就在新的千禧年来临之际。新的千禧年的来临，似乎注定要改换一个时代。因为一是从新的千禧年开始，西方经济发展就陷入停顿，至今无人在原有社会制度框架中找到补救的良方；二是从新的千禧年开始，包括美国在内的众多西方国家中有影响的企业一而再、再而三地暴出经营管控上的丑闻，显示出已有的法人治理和经营管控体系已不再适应新时代的社会经济发展的需要；三是始于 2011 年夏末的占领华尔街运动一浪高过一浪，并且已经蔓延到所有发达国家，说明西方发达国家的社会经济矛盾已经积聚到将要摧毁已有社会经济制度的程度。这一系列事件的发生对于无人怀疑的西方经济学和管理学的理论，不啻是一种暗示，它们存在偏颇，尽管现在还不能说已经敲响了它们的丧钟。

这里无暇讨论源于西方国家的现主流管理学，在理论上缺少严密的概念、定理体系，陷于“头痛医头、脚痛医脚”的肤浅中难以自拔的问题，而仅仅分析讨论 MBA 课程专业理论相互独立、壁垒相隔的缺陷如何弥补的问题。

MBA 课程专业理论人为地划出鸿沟把企业组织运行管理分隔为封闭的孤岛，使从事企业管理的人看不到企业。企业管理因此变成了战略管理、营销管理、财务管理、人力资源管理、生产管理、技术管理等诸多因素的堆砌和拼接。不仅企业借以存在和发展的关系协调有效性难以获得，而且只能由关系协调有效性创造的效益也难以产生。因此，从整体全局把控企业组织运行就成了公司 CEO 一个人思考的事。更糟糕的是，从整体全局把控企业组织运行的知识和技能还得靠 CEO 从经营管控实践中一点一点地体悟、积累。这就使得能成为杰出 CEO 的人才，甚至勉强能胜任 CEO 岗位要求的人才，稀缺得不能再稀缺了。也正是这种稀缺让他们奇货可居，一方面攫取了不应该由他们占有的利益，另一方面他们又凭借这种稀缺的知识和技能，忽悠企业发展的其他利益关联主体。结果就像安然公司前总裁肯尼斯·莱一样，CEO 自己春风得意，名利双收，最后却把公司送进了火葬场。

我不明白，研究企业管理的专家学者，为什么不超越于 MBA 课程专业划出的鸿沟把企业组织作为一个有机体进行分析研究，以全面揭示其发展的内在规律，并在此基础上建立企业管理理论呢？

笔者坚信，《企业规范化管理系统实施方案》系列书所开创的研究，会有越来越多的专家学者加入进来。我期待对此有兴趣的专家学者与我联系，以共同丰富和完善这一研究。

《企业规范化管理系统实施方案》得以出版，北京语言大学管理学院副教授赵涛博士做了大量的工作，在此深表感谢。感谢张杰楠先生仔细而认真的编辑工作，他为提高书稿质量付出了很大努力。同时也要感谢电子工业出版社的大力支持。

舒化鲁

2011 年深秋于大运河畔

联系电话：13911126299

电子信箱：harold. s@ 163. com

交流网站：www. hwaaaaa. com

举报电话：(010)88254396；(010)88258888
传　　真：(010)88254397
E－mail：　dbqq@phei.com.cn
通信地址：北京市万寿路173信箱
　　　　　电子工业出版社总编办公室
邮　　编：100036